The Elements of Journalism

*What Newspeople
Should Know and
the Public Should Expect*
(Third Edition)

未名社科·媒介与社会丛书（翻译版）

新闻的十大基本原则

新闻从业者须知和公众的期待

（第三版）

比尔·科瓦奇
〔美〕（Bill Kovach）　著
汤姆·罗森斯蒂尔
（Tom Rosenstiel）

刘海龙　连晓东　译

北京大学出版社
PEKING UNIVERSITY PRESS

著作权合同登记号　图字：01-2019-0436

图书在版编目（CIP）数据

新闻的十大基本原则：新闻从业者须知和公众的期待/（美）比尔·科瓦奇,（美）汤姆·罗森斯蒂尔著；刘海龙，连晓东译.—3版.—北京：北京大学出版社,2025.1

ISBN 978-7-301-34855-0

Ⅰ.①新… Ⅱ.①比… ②汤… ③刘… ④连… Ⅲ.①新闻工作—研究 Ⅳ.①G21

中国国家版本馆CIP数据核字(2024)第044965号

THE ELEMENTS OF JOURNALISM, Revised and Updated 3rd Edition
by Bill Kovach and Tom Rosenstiel
Copyright © 2001, 2007, 2014 by Bill Kovach and Tom Rosenstiel
Published by arrangement with Bill Kovach and Tom Rosenstiel, c/o Black Inc., the David Black Literary Agency through Bardon-Chinese Media Agency
Simplified Chinese translation copyright © 2025 by Peking University Press
ALL RIGHTS RESERVED

书　　　名	新闻的十大基本原则：新闻从业者须知和公众的期待（第三版） XINWEN DE SHIDA JIBEN YUANZE: XINWEN CONGYEZHE XUZHI HE GONGZHONG DE QIDAI(DI-SAN BAN)
著作责任者	〔美〕比尔·科瓦奇（Bill Kovach） 〔美〕汤姆·罗森斯蒂尔（Tom Rosenstiel）　著 刘海龙　连晓东　译
责 任 编 辑	周丽锦
标 准 书 号	ISBN 978-7-301-34855-0
出 版 发 行	北京大学出版社
地　　　址	北京市海淀区成府路205号　100871
网　　　址	http://www.pup.cn
新 浪 微 博	@北京大学出版社　　@未名社科-北大图书
微信公众号	北京大学出版社　　北大出版社社科图书
电 子 邮 箱	编辑部 ss@pup.cn　　总编室 zpup@pup.cn
电　　　话	邮购部 010-62752015　　发行部 010-62750672 编辑部 010-62765016
印 刷 者	三河市北燕印装有限公司
经 销 者	新华书店
	650毫米×980毫米　16开本　23.5印张　305千字 2011年1月第1版　2014年9月第2版 2025年1月第3版　2025年1月第1次印刷
定　　　价	99.00元

未经许可，不得以任何方式复制或抄袭本书之部分或全部内容。

版权所有，侵权必究

举报电话：010-62752024　电子邮箱：fd@pup.cn

图书如有印装质量问题，请与出版部联系，电话：010-62756370

序
新闻理论与实践融合的范本

2010年12月，我读到科瓦奇、罗森斯蒂尔的《新闻的十大基本原则：新闻从业者须知和公众的期待》（以下简称《新闻的十大基本原则》）的中译本，发现这回找到了"新闻理论"的感觉。长期以来，我国的新闻工作比较强调理论指导，但这里的"理论"在相当程度上不是学术，而是各种政治要求和从政治角度出发对某些概念的定义。关于这种情形，刘海龙在该书译者前言里写道："新中国成立初期的新闻理论是对当时新闻体制的正当化过程（legitimation），其主要目的不是指导实践，而是试图通过唯物主义哲学观念回答社会主义新闻体制是否具有合理性的问题。"为了强化这种效用，新闻理论被单独列为一门主课，在很长时间内政治术语替代了新闻学术。

新闻学是应用学科，新闻理论来自实践，与哲学的性质不同，所谓"新闻哲学"只是一种说法，把新闻理论哲学化是没有出路的。新闻是有理论的，但这是一种应用理论，不能脱离新闻实践来讲述。不少国家的新闻学教育，其理论与实践是融合在一起的，没有单独的新闻理论课程。其实我国最早的新闻学论著，其理论与实践就是融合的，例如徐宝璜 1919 年出版的《新闻学》和邵飘萍 1923 年出版的《实际应用新闻学》。

现在我国的新闻理论仍然是单独的学科基础课，在不改变教学框架的前提下，新闻理论的改革必须与新闻实践紧密结合，《新闻的十大基本原则》给我们提供了一个"新闻理论研究"的范本。

这本书是谈新闻真实的。关于新闻真实，我国以前的新闻理论教材的表述是：真实是新闻的生命。新闻的真实性既是我国新闻工作的基本要求，又是我国新闻工作的优良传统。新闻的真实性具体表现在以下几个方面：（1）构成新闻的基本要素必须完全真实（应该朝这个方向努力，但不可能完全做到）；（2）新闻中引用的各种材料要真实可靠（应该朝这个方向努力，但不可能完全做到）；（3）能表现整体上、本质上的真实（做不到）；（4）新闻与其所反映的客观现实必须完全相符（做不到）；（5）对人、单位、事件的评价要客观（应该做到）；（6）不能脱离新闻来源随意发挥（应该做到）；（7）新闻报道的语言必须准确（原则上可以做到）。

以前的新闻理论课本，基本就是用这种话语建构的。这样的"新闻理论"多少脱离了新闻实践。而《新闻的十大基本原则》这样表述"新闻真实"和"真相"：

> "新闻真实"不只意味着准确（accuracy）。它是一个发生在最初的新闻报道与公众、新闻工作者和记者三者的互动之间的去伪存真的过程。新闻的首要原则——超功利地追求真相——最终将新闻与其他形式的传播区别开来。
>
> 真相是一个复杂的，甚至有时相互矛盾的现象，但是如果把它看成一个持续的过程，那么新闻能够做到报道真相。新闻从虚假信息（misinformation）、误导性信息（disinformation）或带偏见的自吹自擂中剥离出有用的信息，接下来在随后的去伪存真的过程中观察社群的反应。寻找真相的过程总是成为一场对话。

再来看看马克思 170 多年前作为《莱茵报》主编关于新闻真实的论述：

> 在有机的报纸运动下，全部事实就被揭示出来。最初，这个完整的事实只是以同时发展着的各种观点的形式出现在我们的面前，这些观点有时有意地，有时无意地揭示出现象的某一方面。但是归根结底，报纸的这种工作只是为它的一个工作人员准备材料，让他把材料组成一个统一的整体。报纸就是这样通过分工——不是由某一个人做全部工作，而是由这个人数众多的团体中的每一个成员担负一件不大的工作——一步一步地弄清全部事实的。（根据德文原文重译）

显然，这样的表述才是来自新闻实践的"新闻理论"语言，而且从实践上升到理论，能够真正给人以启示。

《新闻的十大基本原则》讲述了十条新闻工作的原则，其实翻来覆去、归根结底讲述的原则只有一条，即新闻真实。这本书之所以生动，在于作者们的全部论述均来自复杂而多彩的新闻实践，各种情形都考虑到了，同时又高于实践，能够得出令人深思的结论。其中对于用主观替代客观的批评，尤其值得我们关注。

《新闻的十大基本原则》中提出的第一条原则便是："新闻工作的首要义务是对真实负责。"它说明，

> 在过去三百年间，为了实现提供新闻的功能，即为了让人们形成对世界的看法而提供间接的知识，专业的新闻工作者逐渐确立了一套松散的原则和价值观。在这些原则之中，最重要的就是：新闻工作的首要义务是对真实负责。

> 希望得到真实的信息，这是人的基本欲求。因为新闻是人们了解和思考自己身外世界的主要依据……真实会带来安全感，因为安全感来自知晓。真实是新闻的本质。

新闻真实只能是英国哲学家大卫·休谟所说的"是"（to be）的结构命题，而不能是"应是"（ought to be）的价值命题。《新闻

的十大基本原则》强调的便是这一点。美国作家、芝加哥论坛出版公司总裁杰克·富勒也说:"新闻工作的核心目标是说出真相,这样人民才能得到所需的信息以行使统治权。"这本书提出了称职的新闻工作者应该具备的精神与道德追求,同时也细致地叙述了新闻工作实际操作中的具体规范。

这本书不像我国过去的新闻理论教材那样,把说明新闻工作的作用、性质和任务作为重点,而是阐述新闻工作者的职业规范,如刘海龙所说,"它用研究实然世界的经验方法,完成了对应然原则的建构",并且说明怎样践行这些职业规范。

换一个视角感觉"新闻理论",建议读一读《新闻的十大基本原则》,它的内容来自实践且高于实践。

陈力丹
2014 年 7 月 16 日

中译本第二版译者前言
从默会知识到公共知识

2009年我在美国访问期间，与一位曾做过记者的新闻学者谈起手头正在翻译的《新闻的十大基本原则：新闻从业者须知和公众的期待》（以下简称《新闻的十大基本原则》），她会意地一笑说："你说的是那本新闻工作者的《圣经》吧。"类似的反应我在不少人那里见过，可见此书在美国新闻界影响之大。我将部分译文发到"人人网"（当时还叫"校内网"）时，几位同学回复说，这本书已经被作为他们的教材使用。为了让更多的新闻学子和新闻工作者读到这本近年来少有的新闻研究佳作，我和妻子利用在美国访学期间的闲暇时间，翻译了此书。

本书的两位作者都有长期的新闻实践和新闻研究经历，因此该书贴近现实，生动活泼，2001年一问世便迅速成为畅销书，目前呈现给读者的是2007年出版的修订版。这一版与第一版相比，加入了一条新的原则，并增加了不少新案例。

作者之一比尔·科瓦奇在《纽约时报》工作过18年（1968—1986），曾任华盛顿分社社长，在《亚特兰大宪章报》工作过两年，担任过哈佛大学尼曼基金会负责人、卓越新闻项目资深顾问和密苏里新闻学院教师，他还是本书中提到的"热心新闻工作者委员会"的创始人。据他介绍，他曾随福特总统和卡特总统来访过中国。本书的另一位作者汤姆·罗森斯蒂尔在《洛杉矶时报》和《新闻周刊》等媒体有长达三十年的新闻工作经验。1997年他在哥伦比亚大学新闻学院创立了"卓越新闻项目"，2007年该项目从哥大分离出来，成为皮尤研究中心的项目。该项目的网站www.journalism.org是新闻研究领域的知名网站。他们二人还合作出版过一本名为《扭曲的速度：混合媒体时代的美国》（*Warp Speed: America in the Age of Mixed Media*, 1999）的书。

我通过朋友联系到两位作者，他们非常支持本书的翻译工作，就翻译中的一些问题给予了耐心解答，并热情期望中国的新闻工作者也能加入对书中问题的讨论。

作为实践智慧的新闻学

为了更全面地理解这本近年来在美国新闻界颇具影响的著作，有必要先把它放回写作的语境，然后再来思考它对中国新闻界的启示。

首先值得注意的是中美新闻研究和新闻教育领域存在一个明显的差异：在中国被奉为显学、从业者必修的新闻理论，在美国几乎找不到踪影。这并不是说美国的新闻教育中没有理论成分，而是他们认为新闻工作作为一种实践，具有知行合一的特点，新闻精神已经融入采写编评等实务课程，不需要单独开设一门理论课来传授。正因为如此，在中文里"journalism"才既有"新闻学"的意思，又有"新闻工作"的意思。[①]

[①] 参见潘忠党：《新闻与传播之别——解读凯里〈新闻教育错在哪里〉》，《国际新闻界》2006年第4期，第12—16页。

从广义上来讲，新闻研究也是新闻工作的一部分，在实践与理论之间，新闻学离前者更近，离后者较远。所以学者们也大可不必一听到"新闻无学"便着急上火。这里的"学"指的是学院派尊崇的以发现新知识为取向的智力游戏。这就像法国哲学家德里达访问中国时曾说过"中国没有哲学，只有思想"一样，他所说的"哲学"特指源于古希腊的理性智慧，并不含有贬低中国人的意思。①

同样，这种学术取向的"学"对于新闻工作来说有用，但很间接。新闻工作需要的是能解决现实问题的实践智慧。尽管看上去，理论取向的新闻学术研究和实践取向的新闻学讨论的是同一个对象，但是二者的旨趣和方法存在很大差异。

即使在美国的新闻研究者内部，这个分歧也十分明显。这在承载这两类研究的期刊上表现得比较突出，尽管近年来一些刊物［如《新闻学》(*Journalism*)］试图弥合这种分歧，但是《哥伦比亚新闻评论》(*Columbia Journalism Review*) 和《新闻与大众传播季刊》(*Journalism and Mass Communication Quarterly*) 的不同还是一望可知的。芭比·泽丽泽区分了新闻研究中的三类诠释共同体 (interpretive community) ——新闻工作者、新闻教育者和新闻研究者。她形象地针对这三者之间的分歧做了如下描述：

> 新闻工作者说新闻研究者和新闻教育者无权把他们的脏衣服晾出来给人参观；新闻研究者说新闻工作者和新闻教育者不够理论化；新闻教育者说新闻工作者把头埋在沙子里，新闻研究者把头伸进云里。②

---

① 参见杜小真、张宁主编：《德里达中国讲演录》，北京：中央编译出版社2003年版，第139页。
② Barbie Zelizer, "Journalism and the Academy," in Karin Wahl-Jorgensen and Thomas Hanitzsch ed., *The Handbook of Journalism Studies*, New York: Routledge, 2008, pp. 29-41.

按照这个划分，《新闻的十大基本原则》应当属于新闻教育者的话语，过于现实的新闻工作者可能嫌它太理想化，而学院派的新闻研究者则会嫌它陷于新闻专业主义的意识形态不能自拔。在中国，新闻教育者和新闻研究者的分化还不明显，导致对"新闻理论"的理解与美国不大相同。

中国的新闻理论也不是从新闻学研究一开始就存在。早期翻译的松本君平的《新闻学》和埃德温·L.休曼的《实用新闻学》，以及徐宝璜的《新闻学》、邵飘萍的《实际应用新闻学》等中国新闻学的源头，都沿袭了美国式新闻研究这种追求实用智慧的精神，基本属于泽丽泽划分的三类诠释共同体中的新闻教育者的传统。①

当代中国新闻理论的出现可追溯到陆定一的《我们对于新闻学的基本观点》②，这篇破中有立的文章把唯物主义思想引入新闻研究，将马克思主义理论与新闻学结合在一起，开创了中国新闻学研究的哲学传统。20世纪50年代通过学习苏联新闻教育模式，这套新闻理论得到进一步完善。从产生的语境来看，新中国成立初期的新闻理论是对当时新闻体制的正当化过程（legitimation），其主要目的不是指导实践，而是试图通过唯物主义哲学观念回答社会主义新闻体制是否具有合理性的问题。这个知识体系偏重学理，在实践维度上并无独特的贡献，这一缺失直接导致1978年以后在新闻教育的课堂上"西方的"（主要是"美国的"）新闻实践方法和唯物主义新闻理论表面上"和平共处"的特殊局面。

中国新闻理论产生的语境对今天的中国新闻理论研究影响深远。一方面，路径依赖和体制方面的原因，让哲学（包括非唯物主

---

① 参见松本君平、休曼、徐宝璜、邵飘萍等：《新闻文存》，北京：中国新闻出版社1987年版。
② 陆定一：《我们对于新闻学的基本观点》，《陆定一新闻文选》，北京：新华出版社1987年版，第1—11页。

义的哲学）成为中国新闻理论的主要背景学科，追求学术化、理论化成为新闻理论研究的主流。但另一方面，由于不少研究者没有意识到学术理论与实践知识的区别，缺乏研究规范，一批打着学术研究之名，既无理论建树，又无实践价值的所谓学术成果出现于新闻理论研究领域。当这种"学术研究"与海外对接时，会发现自身和美国新闻教育者的研究相比过于理论化，与美国的新闻学术研究相比，又缺乏规范。于是，美国新闻教育者的研究被划入新闻业务和技巧的范畴，美国的新闻学术研究被划入"传播学"范畴。① 这便出现了前面提到的在美国的新闻教育中没有"新闻理论"的现象。

这里对中国新闻理论产生背景的简单回顾，目的并不是否定它，而是为了更深刻地理解中西新闻理论的差异。正如译者在另一篇论述传播学本土化的文章中提出的，我们要正视中国特色并在此基础上继续前进，而不是采取一种鸵鸟似的回避态度或非此即彼的否定态度。② 但是如果意识不到这一点，仍然抱着寻找中国式新闻理论的心态来看这本《新闻的十大基本原则》，肯定会失望而归，因为它大多是一些经验的总结，谈不上多高深。在美国的书店里，如果碰巧没有"新闻"这一分类的话，这本书多半会被放到"语言"或"写作"的书架上。

---

① 比如近年来译介的北美学术界的研究成果，如《做新闻》《什么在决定新闻》《发掘新闻》《维系民主》等都被列入传播学系列丛书。当然，这个"传播学"也是中国新闻学研究者建构起来的他者。通过建构对立面，中国的新闻学进一步完成了自己的正当化过程，形成了本土/西方、马克思主义的/非马克思主义的、实用/虚文等一系列二元对立。参见刘海龙：《被经验的中介和被中介的经验——从传播理论教材的译介看传播学在中国》，《国际新闻界》2006年第5期，第5—11页；刘海龙：《"传播学"引进中的"失踪者"：从1978年—1989年批判学派的引介看中国早期的传播学观念》，《新闻与传播研究》2007年第4期，第29—35、95页。

② 参见刘海龙：《从受众研究看"传播学本土化"话语》，《国际新闻界》2008年第7期，第5—10页。

作为手艺的新闻工作

《新闻的十大基本原则》不是一本纯学术著作。正如副标题"新闻工作者须知和公众的期待"所提示的,这是一本针对新闻工作者和普通公民的普及性读物。科瓦奇先生在给我的信中强调,这本书的主旨是找出合格的新闻工作者所应具备的最基本的个人品质,也就是书中总结的新闻的十大基本原则:

(1) 新闻工作的首要义务是对真实负责。
(2) 新闻工作首先要忠于公民。
(3) 新闻工作的实质是用核实进行约束。
(4) 新闻工作者必须独立于报道对象
(5) 新闻工作者必须成为独立的权力监督者。
(6) 新闻媒体必须成为公共批评和妥协的论坛。
(7) 新闻工作者必须让重要的事变得有趣并且与受众息息相关。
(8) 新闻工作者应该使新闻全面、均衡。
(9) 新闻工作者有责任按个人良知行事。
(10) 公民对新闻也享有权利和承担义务。

在本书的修订版里,增加了初版没有的第十条原则,对公民也提出了要求。不论这些原则的细节如何变化,其道一以贯之,就是作者们在导论里提出的"新闻工作的目标是为人民提供获得自由和自治所需的信息"。自由是个人权利的核心,自治(self-governing)是民主的精髓。与中国的新闻理论倚重哲学不同,美国的"新闻理论"把政治学作为最重要的背景学科。新闻与民主的关系是本书十大主题背后的复调。

细心的读者还会注意到,上述规范理论(normative theory)并不是逻辑思辨的结果，而是基于大量的调查与访谈，对新闻工作者共识的描述。它用研究实然世界的经验方法，完成了对应然原则的建构。换句话说，这些原则不是客观的法则（law），而是新闻工作者约定俗成的行业规则（rules）。这一点也体现出美国新闻研究注重实践智慧的特征。

近年来，不少研究者不再把新闻工作看成一个专业（profession），而是把它看成一门手艺（craft）。① 原因在于，和更具有专业性的医生、律师、会计等职业相比，新闻工作中能够被规范化、标准化的部分实在有限。多数新闻工作者是在实践中，在师父的言传身教中摸索、试错、领悟并成为熟练匠人的。在一代又一代新闻工作者的实践中，逐渐形成了共同体接受的行业规则。因此，作者们认为，新闻工作的基本原则必须在传统内寻找，而不是通过逻辑推导植入。但是或许是出于谨慎，或许是出于对《宪法第一修正案》中不得为言论立法的要求的敬畏，在新闻工作者中流传下来的这些原则从未被清晰地阐述过。此书的重要贡献，不在于它提出了什么全新的见解，而是首次把美国新闻传统中这些默会的知识（tacit knowledge）转换成了用语言表述的公共知识（public knowledge），让它们接受来自不同媒体和文化的新闻工作者的实践检验。

"默会的知识"是由匈牙利学者卡尔·波兰尼提出的概念，他认为人类的知识除了可以言说的知识（articulated knowledge）外，还有一种只可意会不可言传的默会的知识。后者来自长期的经验积累，是主观的、个人化的知识。② 之前提到的"新闻无学"所包含的另一层含义，正是指新闻工作的这种无法通过语言把握，只能通过师父带徒弟、依靠每个实践者体会和顿悟的特征。波兰尼有一句

---

① 参见 Barbie Zelizer, *Taking Journalism Seriously: News and the Academy*, London: Sage, 2004, p. 34。

② 参见〔英〕迈克尔·波兰尼：《个人知识：迈向后批判哲学》，许泽民译，陈维政校，贵阳：贵州人民出版社 2000 年版。

名言——"我们知道的比我们说出的要多",然而语言的吸引力如此之大,老子明知"道可道,非常道",仍要花上五千字来解释他所谓的"道"。本书的两位作者也固执地想通过自己的调研,把这些被新闻工作者当作理所当然的直觉变成能够被讨论的公共知识。

本书名为"The Elements of Journalism",正有此喻义,即基本元素须臾不可离,却易被当成理所当然之事而忽略。这个书名写成英语一目了然,但要翻译成准确的中文却令译者颇为踌躇。除了前面讨论过的"journalism"难译之外,按照"信达雅"的要求把"elements"的含义传达出来也不容易。这个概念来自古希腊和许多文明中都存在的"元素说",其认为世界由一种或几种基质构成,比如古希腊的土、水、气、火,中国的"五行"说等。作者用这个比喻来暗示这些原则具有普遍性,是新闻活动的基础。但是在中国的新闻理论里,"新闻的元素"或者"新闻的要素"一般指构成新闻事实的5W和1个H,一时难以改变。笔者发现作者在文中有时也使用"principles"来换用"elements","基本原则"这个概念倒是不易引起误解。在卓越新闻项目的网站上,这几条规范也被称为"新闻工作的原则"(principles of journalism)。我给作者科瓦奇发去电子邮件,询问可否用principles(基本原则)来翻译书名,也得到了他的肯定。

美国新闻业的危机

为什么作者们要选择在这个时间点做这个总结性的工作呢?按照他们的说法,是因为美国的新闻界正处在一个关键的转折点上。说得更直白一些,就是随着产业和技术的发展,美国的新闻界出现了价值危机。在令人不知所措的新形势下,新闻工作的标准是与时俱进,还是坚守传统?如果坚守传统,哪些传统是时代的产物,哪些传统是永恒的？

这本《新闻的十大基本原则》正是对上述问题的回应。本书之所以被称为新闻的"新保守主义"的代表，就是因为它在主张适应变化的同时，也强调坚守新闻工作的传统，提倡通过修炼内功，来应对来自不同方向的挑战。

美国新闻业面临的危机可以归纳为四点。一是集团化、公司化带来的价值危机和经济危机。非新闻行业的大公司经营新闻媒体带来的新闻质量下降、新闻标准滑坡和对多元观点的压制已经不是新鲜话题，本书也多有涉及。此外，书中提到的一些现象近年来有了新变化，2008年以来美国的经济危机导致一些历史悠久的知名报刊停刊或转向网络出版更引发了我们对媒介经营模式的思考。不少媒体的问题并不出在发行量和新闻质量上，而是出在经营上。有的媒体的市价被投资市场炒得过高，致使媒体拥有者（多来自非信息产业）以虚高的价格购入，欠下银行大笔贷款，一旦金融市场泡沫破裂，资金链出现问题，公司就面临破产危机。还有的媒体的营利模式过于依赖广告，一旦经济形势不好，或者广告商对媒体失去信心，媒体就会面临经营困境。比如，2010年老牌新闻杂志《新闻周刊》尽管仍有100万份的发行量，但是由于广告商不愿在此刊物上投放广告，遂陷入危机，最后不得不以1美元低价出售。新闻媒体如何保证其经营模式更稳定？是否可以在私有化、商业化模式之外探索其他的经营模式？但是，相比这些问题，本书更关注的是如何通过优质的内容和消费者建立起更牢固的关系，认为受众的关注和支持是媒体抵御外界冲击的关键。

第二个危机是客观中立的价值正受到挑战。受市场萎缩的影响，为吸引眼球，近年来美国一些媒体放弃了客观中立的信条，以言论类脱口秀节目和福克斯新闻为代表，走上了一条言论化新闻的道路。发表见解本身没有错，但是作者们认为如果在观众不知情的情况下,以观点剪裁事实,甚至歪曲事实,就违背了新闻的基本准则。这一危机暴露了传统客观性原则固有的缺陷,这一点早就为学界所诟病。① 言论新闻的支持者提出,因为谁也不能宣称自己是客观的,所以不如放弃它,比如保守派媒体就指责美国的主流媒体具有"自由主义偏向",二者是五十步笑百步。为了解决这一问题,作者们在这本书里提出了一个新的原则——透明性(transparency)。他们认为,既然谁也无法保证自己不偏不倚,不如索性放弃这种自我标榜,老老实实地把调查和判断过程、立场和预设向受众公开,让他们来评判、选择和监督,以方法和程序的客观来代替结果的客观。当然,这并不意味着作者们完全放弃了传统的客观性概念,而是提醒新闻工作者放弃传统的武断,重新建立一种透明的客观性或受监督的客观性。

第三个危机是新闻的娱乐化。新闻娱乐化是商业逻辑影响新闻价值观的后果之一。如果把新闻仅仅看成吸引受众注意力的信息产品,新闻与娱乐的区别就会荡然无存。按照传统的看法,这样做会导致新闻的目标由为公众服务转向俘获更多的消费者,新闻的公共性将遭到破坏。但是在严肃新闻的受众规模日益萎缩以及老龄化问题日益严重的情况下,以乔·斯图尔特的《每日秀》(*Daily Show*)为代表的"伪新闻节目"向这种传统的划分提出了挑战。《每日秀》恶搞、调侃严肃的时事和新闻,在某种程度上复兴了美国建国前后讽刺性新闻的风格。尽管它愤世嫉俗的虚无主义基调引来不少学者的批评,却让大量青少年观众重新开始关注新闻节目。主持人斯图尔特的播报风格虽然夸张,然而他机智的评论延续了传统新闻

---

① 参见 Gaye Tuchman, "Objectivity as Strategic Ritual: An Examination of Newsmen's Notions of Objectivity," *American Journal of Sociology*, 1972, Vol. 77, No. 4; Dan Schiller, *Objectivity and the News: The Public and the Rise of Commercial Journalism*, Philadelphia: University of Pennsylvania Press, 1981; 罗伯特·哈克特、赵月枝:《维系民主? 西方政治与新闻客观性》,沈荟、周雨译,清华大学出版社 2005 年版。

工作中的监督精神。

类似的节目使不少人重新开始思考新闻与娱乐的关系。比如，约翰·扎勒把传统的新闻称为全能新闻（Full News）。他把这种新闻比作巡逻，认为其要为公民提供能够帮助形成意见的所有信息，巨细无遗地关注所有事情。但是他发现，全能新闻的标准越高，信息越专业，选民获得的信息就越少。由于普通民众注意力有限，这种严肃的高级新闻实际上把他们拒于千里之外。出于现实的考虑，扎勒提出了一个新标准——报警新闻（the Burglar Alarm News），这种新闻平时可以降低标准，采用戏剧性的、娱乐的方式报道日常事件，吸引受众，但是到了关键时刻，便全力以赴关注重大事件。[①]扎勒的看法引发了学界的讨论[②]，但它为我们提供了一个与众不同的实用主义方案。目前学术界和实践界也有不少人开始转换思路，提出不要简单地排斥娱乐，而要研究如何让娱乐更好地为严肃的新闻服务。这本书正好可以帮助我们重新思考新闻的定义：哪些原则可以妥协，哪些原则丝毫不能动摇。

第四个危机是新媒体对新闻工作的影响。新媒体抢夺了传统媒体的市场份额，这已经是毋庸置疑的现实。本书作者更担心的则是新媒体会动摇新闻工作的基本标准和原则。随着博客、推特等可自由发表信息的互联网应用的出现，许多人认为专业的新闻工作已经不再重要。比如，《草根媒体》的作者丹·吉尔摩就提出，现有的新闻是大公司生产的单向性的新闻（corporate journalism），Web 2.0则为创造双向对话的新闻（conversational mode of journalism）提供了条件。前者的经营模式使其无法为公共利益服务，后者则可以

---

① 参见 John Zaller, "A New Standard of News Quality: Burglar Alarms for the Monitorial Citizen," *Political Communication*, 2003, Vol. 20, pp. 109-130。

② 参见 Lance Bennet, "The Burglar Alarm that Just Keeps Ringing: A Reply to Zaller," *Political Communication*, 2003, Vol. 20, pp. 131-138。

承担起这个责任。①

本书的"保守主义"立场在这个问题上也体现得比较明显。作者们承认不能忽视公民的参与,并在2007年的修订版里特地加入了一个新的原则("公民对新闻也享有权利和承担义务"),但是他们仍然认为专业的新闻工作是其他信息传播方式无法替代的。网民虽然可以提供有价值的内幕信息或者进行监督,但是由于其身份处于流动状态,受众无法快速地判断信息的可信性,一些别有用心的网络推手和"水军"甚至会让受众无所适从。更重要的是,网络信息良莠不齐,业余作者所生产的文章内容庞杂,造成受众获取信息的效率下降,甚至冲击了严肃、优质的内容生产机构。二位作者在数字时代强调新闻的基本原则,正是要用更严格的标准,将优质、可靠的新闻与劣质、不可信的信息区别开,重建专业新闻的权威性。

裸体和吉他

在社会大变革时期,往往会出现一股回到传统的思潮。这既是社会有机体本能的保护机制,也为变革时期的人们提供了一个重估传统价值的契机。尽管中国和美国的社会环境存在巨大差异,前文介绍的美国新闻界面临的危机与中国新闻界面临的问题也不尽相同,但美国新闻界长期以来形成的基本原则可以为我们思考相似的问题提供重要的参考,尤其是结合案例对新闻实际操作规范的介绍,对中国的新闻工作者尤其具有启发意义。

几年前,译者曾结合中国的案例,向非新闻专业的新闻工作者介绍过本书的部分内容。讲座结束后有听众感慨地说,没想到学校

---

① 参见 Dan Gillmor, *We the Media: Grassroots Journalism by the People, for the People*, Cambridge: O'Reilly, 2006。

的老师对我们的要求这么高。译者纠正说这些不是学校老师的要求，而是公众的要求。其实正如本书的作者所提出的那样，新闻界在遇到经营危机的时刻，首先要明确的是自己真正为之服务的对象是谁。在信息纷繁复杂的今天，公众只有意识到媒体的价值，才会和媒体建立起长期的信任和契约关系。作者们在本书中提出了一个"裸体和吉他"原理（见第9章）。

> 如果你想吸引受众，可以到街角表演脱衣舞，脱到一丝不挂。在短时间内，或许你会吸引一群看客。但问题是，如何才能让他们持续观看？一旦他们看过了你的裸体，为什么还要留下？如何避免观众转移注意力？还有另一种方法。假设你回到同一个街角表演吉他。第一天听的人很少，但是第二天可能会增加一些，这取决于你的吉他弹奏水平和曲目的丰富性。如果你弹得好，曲目多种多样，你就用不着去费劲地保持观众数量，总有新观众被不断地吸引进来，替代那些听厌了的老观众。

本书所提出的大部分原则，正是在长期的新闻实践中形成的维系公众的措施。作者们相信，优质的新闻才会最终获得市场，他们使用了大量案例进行论证。随着社会的进步和公众媒介素养的提升，中国的公众会对新闻工作者提出更高的要求。近些年公众对于新闻伦理和新闻法制的关注增加，公民还自己行动起来，通过调查揭露虚假报道。这些现象发出了一个信号：如果媒体轻视受众，把一些重要的原则看成无关紧要的细枝末节，那么媒体一定会为自己的自负买单。

当然，如何做到更好地为公众服务，还需要中国的新闻工作者与研究者共同探索。排斥全球经验、闭门造车固然不可取，简单地将西方理论照搬到中国或者仅仅为了验证西方理论的正确性而进行模仿更不可取。自信、开放的立场应该是把中国看成全球新闻界的一个重要组成部分，借鉴他国经验，再通过中国的实践，为新闻与民主关系的研究提供新理论，丰富全球新闻界对这个问题的认识。

回到新闻—民主关系的基本问题

在新闻与民主的关系这一问题上，本书提出了一个"连锁公众"（interlocking public）理论，该理论赞成约翰·杜威的民主目的论，反对沃尔特·李普曼的民主工具论。李普曼与杜威之争是美国传媒学者詹姆斯·凯里建构起来的一段叙事。[1] 李普曼认为新闻无法"正确地"反映现实，公众无法形成"正确的"民意，民主无法做出"正确的"决策。凯里认为这种看法存在不足。他以杜威的看法反驳李普曼。杜威提出，民主的目标不是有效地管理公众事务，而是让人们充分发挥自己的潜力、追求人的自由。换句话说，民主本身即是目的。因此，新闻和其他传播形式的目的是为人们提供交流的机会，推动形成具有共同文化的共同体。[2]

有学者认为这种看法将小城镇的对话式交流过度浪漫化。[3] 然而，关键的问题在于这些论述并没有给出一个关于民主的清晰的、具有操作性的定义。英国学者戴维·赫尔德认为，"民主"有多种模式，它不是单数，而是复数。[4] 不同的民主模式对于新闻的功能、标准乃至形式都可能存在不同的看法。比如，程序民主可能更强调

---

[1] 其实二者在现实中并没有正面争论过这个问题。参见 Michael Schudson, "The 'Lippmann-Dewey Debate' and the Invention of Walter Lippmann as an Anti-Democrat 1985-1996," *International Journal of Communication*, 2008, Vol. 2, pp. 1031-1042。

[2] 参见〔美〕詹姆斯·W. 凯瑞:《作为文化的传播》，丁未译，北京：华夏出版社 2005 年版，第 54—66 页。

[3] 参见 Michael Schudson, "Why Conversation is Not the Soul of Democracy," *Critical Studies in Mass Communication*, 1997, Vol. 14, No, 4, pp. 297-309。

[4] 参见〔英〕戴维·赫尔德:《民主的模式》，燕继荣等译，王浦劬校，北京：中央编译出版社 1998 年版。

新闻的监督和揭丑作用，竞争性民主强调新闻对政治候选人的充分报道，参与式民主强调新闻对公共问题的深入分析和公民动员，协商式民主则强调新闻要成为理性意见交流的平台。① 尽管不同的民主模式对于新闻的要求有不少重叠的部分，但是不同的政治意识形态对新闻的规范性要求还是存在明显差异。这种差异不一定存在于民族国家之间，就是在同一个文化内，也存在对民主的不同理解。在深度报道和解释性报道、新新闻、精确新闻、公民新闻等新闻标准的背后都存在着关于新闻—民主关系的争论。

要对上述问题形成深刻的认识，既需要大智慧，也需要借鉴其他文化的成果。眼前的这本《新闻的十大基本原则》，将为我们思考这一问题提供重要的参考。

刘海龙
2014 年 6 月

---

① 参见 Jesper Strömbäck, "In Search of a Standard: Four Models of Democracy and Their Normative Implications for Journalism," *Journalism Studies*, 2006, Vol. 6, No. 3, pp. 331-345。

第三版译者前言
数字时代那些不死的新闻基本原则

距离《新闻的十大基本原则：新闻从业者须知与公众的期待》（以下简称《新闻的十大基本原则》）中文第一版的出版时间已经过去了13年。在此期间，新闻业经历了沧海桑田的变化。技术革命推动新闻阅读由传统媒体转向数字媒介，由专业媒体转向自媒体。在数字新闻时代，流量成为衡量新闻影响力的最重要指标，新闻内容的真实性与专业性在流量面前，变得异常脆弱。与此同时，受众也在变化，对真相的普遍漠然，成为各种无根的虚假信息的通行证。就连权威信源，也在巨大的不确定性面前，丧失了发言权和公信力。

确实就像狄更斯所说，这是最好的时代，也是最坏的时代。信息突然带来巨大的经济利益，同时也让传统的新闻界面临巨大危机。

新闻业的整体危机成为《新闻的十大基本原则（第三版）》的核心问题。虽然这一版也已出版多年，但是现在看起来，它讨论的问题并没有过时，反而变得更加重要。这一版面临的最有挑战性的问题是：在

19世纪和20世纪提出并且指引新闻业发展的那些基本原则是否仍然适用?是否还真的存在任何基本原则?

两位作者的回答是:"随着数字革命的轮廓越来越清晰,我们更有信心断言,新闻的基本原则不仅会继续存在,而且在一个人人都能生产和发布新闻的时代,它们将变得更加重要。"

作者们认为媒介技术的发展带来的最大变化,不是新闻的基本原则的消失,而是它们应该被每一个从事新型数字新闻生产的新闻工作者所遵守。因为这些基本原则不是由生产者制定出来的,而是由公众,也就是新闻的消费者提出的。

所以我们讨论新闻的变化,其实是在讨论公众对新闻需求的变化。这就带出了一个更尖锐的问题:今天的公众是否还需要严肃的高质量的新闻?

本书的回答一如既往:如果媒体要建立品牌,与它的受众形成一种固定的关系,那么只有坚持高质量,它才能够得到受众的信任。如果只追求短期效益,相关手段可能会在一段时间内吸引受众,但是从长远来看,这种模式不可维持。这是因为,不重视质量的新闻,并不能帮助公众在现实生活中做出理智的判断,提供有价值的信息。这就是书中提到的"裸体和吉他"原理。

话虽如此,但是结合中国的语境重新思考这个结论,会发现这个判断忽略了三个问题。一是消费者生活在一个信息过载的环境中,可能并不需要一个固定的信息源或确定性,而是渴望新鲜感与不确定性。当各种热点信息被"投喂"给消费者时,这些不断出现的新的信息源会满足他们的信息欲求。虽然一个品牌未必能够持续地给他们提供刺激,但是不断出现的追求短期效益的信息源会不断地吸引他们的注意力。这就像我们附近有两个餐馆,一家老字号,品质有保证,但是另一家不断地更换老板和菜品,尽管后者口味一般,但是它满足了食客的新鲜感。我们可能某一次会感到失望,但是当此地又换了新餐馆，我们还是会忍不住再进去一试。多变的信息环境用新鲜感代替了确定性，这也是今天许多本应该被分给严肃媒体的注意力都被其他耸人听闻的信息源吸引走的原因。

第二个被忽略的问题是，追求长期效益的新闻生产者可能还没有等到获得长期回报，就倒在了野蛮无序的注意力竞争中。新闻工作者要能沉下心来做高质量的新闻报道，需要一个好的信息生产环境。在这个环境中，长期的投入能够获得稳定的回报，社会体制在保护版权和鼓励优质内容生产方面能提供有效保障。本书比较关注新闻工作者的能动性，对新闻的生存环境涉及得比较少，但其实再理想的承诺也需要最低限度的条件才能兑现。

第三个被忽略的问题是，新闻对于公民具有何种功能。《新闻的十大基本原则》从第一版开始，就不断地强调一个前提：新闻是公民进行自治的必要的信息。新闻除了满足人的求知欲外，还必须与权利的行使发生关系，这样才能激起公众对高质量新闻的需求。反过来，如果公民的政治效能感比较弱，犬儒主义盛行，公众对新闻的要求也会越来越低。

借助这三个被忽略的问题，我们也可以看到两位作者的乐观回答背后，其实还存在新闻体制与社会体制支撑的问题，这是新闻的基本原则得以存在与延续的前提条件。只有注意到这种社会差异，我们才能够正确地理解本书提到的这些原则在新的技术环境下的延续。

尽管存在体制上的差异，书中的讨论仍有不少值得借鉴和给人启发之处。比如书中提到，透明性原则不仅适用于传统媒介机构，还适用于自媒体。透明性作为一个替代客观性的概念，其实质还是提倡受众参与新闻生产。新闻不应该是由特定人士生产、受众被动消费的信息，而应该是以受众的需求为中心、吸引受众参与的信息。如果自媒体想得到受众的信任，也要开放信息的生产与核实过程。今天，信息与生产机构之间的关系变得越来越松散。过去只要信任某个信息源，即可信任它发布的信息，而今天随着新闻日益原子化，每条信息都需要自己证明自己。

正如书中所说："这项责任要求从事新闻工作的人尽可能如实、公开地告诉受众，他们知道什么以及不知道什么。如果你一开始就做不到对受众真诚，又如何能够自称追求和传递真相呢？"

另一个值得关注的问题是新闻机构如何使用网络测量指标。今天的数字新闻常常依据简单粗暴的点击量来衡量新闻的质量，但是很少深入地对调查的指标做进一步的细化，比如有多少人是因为与内容不符的刺激性标题误点击的，有多少人真的读完了内容，阅读者中有多少人对内容感到满意。只依赖现有的新闻点击量来推测受众需要和喜欢什么新闻，并不能真正了解公众的需求是什么。

本书在第 9 章中写道："新闻业的发展日新月异，它无法使用大多数传统的市场调查方法，因为后者只使用静态的、统一的选项进行测试。新闻是尚未发生的事情，而人们很难事先知道他们想看哪种类型的报道。"因此，"当新闻业进入一个更依赖数据的时代，我们应该从过去的调查（尤其是关于电视的调查）中吸取教训，以避免被自我实现的预言误导，避免简单使用吸引注意力的噱头，因为这种做法在长远来看是一种自我毁灭"。

使用更有针对性的指标来评估新闻及其影响，真正了解公众的需求，才能避免被表面化的数据所误导。"并不是每样重要的东西都能评估，也不是每样能评估的东西都重要。为了避免评估错误的东西或错过重要的东西，媒体应该围绕自己的新闻价值观来建立其评估方法。前文提及的在线新闻也可以基于新闻的价值得到评估。新闻（或任何内容）都可以根据其投入程度、质量、对公众的重要程度或影响力被打分、评级。"

对评估体系的反思与重构，将决定权真正还给新闻工作者与公众，而不是遵照市场营销的简单指标，这是决定新闻的质量和未来的重要问题。

除了以上两点，关于新媒体时代新闻业应该如何适应技术的变化，本书还提供了很多观点和案例，相信每个人都会发现对自己有启发的内容。

在融媒体新闻的时代，本书为我们提供了很多具有实操性的案例和技术指导，但是这本书并不仅仅是一本技术手册，更值得我们学习的还有字里行间的一种特殊的力量。在一个新媒体技术层出不穷、新闻的基本原则式微的时代，阅读《新闻的十大基本原则》会让我们重新相信新闻，相信公众。正是这种理想主义精神，让我们在绝望中看到希望。

刘海龙
2024 年 7 月

目 录

前　言　/ 001

导　论　/ 009

第1章　新闻工作的目的是什么？　/ 021
　　求知的本能　/ 028
　　新闻事业的诞生　/ 029
　　网络时代的新闻自由　/ 032
　　新闻是有组织的合作性信息　/ 036
　　新闻工作者关于民主的理论　/ 040
　　连锁公众理论　/ 045
　　新的挑战　/ 050

第2章　真实：首要且最令人困惑的原则　/ 053
　　新闻真实　/ 062

第3章　新闻工作者为谁服务　/ 077
　　从独立到孤立　/ 085
　　对超然原则的强烈反弹　/ 089
　　公民而非顾客　/ 092
　　防火墙　/ 093

第 4 章　经过核实的新闻　/ 107

被误解的客观性　/ 110

断言的新闻还是确证式新闻　/ 116

数字时代核实面临的挑战　/ 137

偏　见　/ 139

核实的技巧　/ 141

真相的多重来源　/ 147

第 5 章　保持独立　/ 149

独立思考　/ 156

独立性的演化　/ 160

行动独立　/ 162

重估独立性　/ 163

独立于阶层和经济地位　/ 171

独立于种族、民族、宗教和性别　/ 174

第 6 章　监督权力并为无声者发声　/ 182

传统的调查性报道　/ 189

解释性调查性报道　/ 190

对调查的报道　/ 194

监督者角色遭到削弱　/ 197

作为诉讼行为的调查性报道　/ 200

第 7 章　作为公共论坛的新闻　/ 207

最早的社交媒体　/ 215

第 8 章　引人入胜且息息相关　/ 227

娱信和煽情的诱惑　/ 234

一些新方法　/ 240

第 9 章　全面、均衡　/ 258

目标人口统计谬误　/ 260

隐喻的局限　/ 264

被迫夸大　/ 265

对评估标准的分析　/ 268

市场营销挑战市场营销　/ 272

新闻工作者的新型市场调查　/ 275

真正的网络评估指标　/ 278

新型新闻消费者　/ 280

第 10 章　对个人良知负责　/ 284

凭良知办事绝非易事　/ 292

诚实文化　/ 296

思想的多样性是真正的目标　/ 298

让人违背良知的压力　/ 300

建设一个能让良知和多样性茁壮成长的文化　/ 301

公民的角色　/ 303

第 11 章　公民的权利与义务　/ 305

公民的权利和义务法案　/ 310

致　谢　/ 319

注　释　/ 323

前　言

当我们2001年初次撰写本书时，我们的目的和今天完全不同。

那时我们的目的是找出那些在不同的媒介和传统中工作的自称新闻工作者的人共同认可的原则。即使在当时，这些共享的新闻业的观念和理论也并不像大多数人（包括新闻从业者）想象的那样被很好地理解和表述过。在不同的媒体工作的人使用着完全不同的词汇。许多人把实践本身，即他们在日常工作中使用的技巧，误认为实现目标的基本原则。（新闻工作者应该报道事实的真相，这是基本原则；但是撰写新闻报道时使用倒金字塔结构，则是实践。）新闻工作者接受的是强调技术的学徒制模式的培训，他们中的大多数人会排斥过于理论化的抽象问题，比如界定新闻工作者的社会角色。由于关注到逐渐到来的数字革命带来的越来越大的压力，商业新闻机构中经营人员和采编人员之间的文化战争也日益激烈。我们撰写本书的一个原因就是，如果对新闻工作背后的基本原则和价值缺乏清晰的认识，新闻工作者就会变得十分脆弱。其一，这会导致一种只看营收、不鼓励创新的心态。其二，划时代的数字革命迫使新闻工作者重新思考如何代表公民完成其基本使命。

然而，即使回到那时，我们整理出来的构成新闻工作基本原则的那些价值观，主要还是局限在专业新闻工作领域——这里有一个组织松散的群体，他们以新闻工作为生并且称自己为新闻工作者。

现在，十几年过去了，在新版中，我们的目标在一个重要的方面发生了变化。我们的目标是找出负责任的新闻生产背后的核心原则，在这种新闻生产中，世界上每个人都可能是其员工。

新闻工作及新闻的基本原则必须比以往任何时候都更加关注全体公民，因为公民和新闻工作者、记者和编辑、受众和生产者之间的区别虽然没有消失，但已经模糊不清了。新闻工作没有死亡。它变得更加具有合作性。新闻工作者也没有被替代或变得无关紧要。他们的角色变得更加复杂且更加重要。

自从 2007 年本书的第二版出版以来，这一转型变得尤其复杂。在 20 世纪居于垄断地位的那些媒体品牌，如《新闻周刊》（*Newsweek*）杂志、时报-镜报公司（Times Mirror）、奈特-里德报业公司（Knight Ridder）等都已不复存在。电视新闻网的规模萎缩了超过一半，报纸的新闻编辑部数量压缩了接近三分之一，报纸产业的收益下降得更厉害。在不到五年的时间里，数字革命在很大程度上推翻了支持新闻报道与呈现长达一个多世纪的经济模式。

面对上述变化，我们越来越多地被问到同样的问题：

在何种程度上，在 19 世纪和 20 世纪指引新闻业发展的那些基本原则仍然适用？是否还真的存在所谓基本原则？

随着数字革命的轮廓越来越清晰，我们更有信心断言，新闻的基本原则不仅会继续存在，而且在一个人人都能生产和发布新闻的时代，它们将变得更加重要。

被深刻地改变的是生产新闻的人如何实现这些原则。

新闻的核心原则能继续存在的原因非常简单：它们从一开始就不是产生于新闻工作者。它们来自公众对于新闻要可信、有用的需求。新闻的基本原则可以让人们知道有关事件的事实与背景、知道应该如何应对这些信息，并做出妥协，找到解决方案，让自己的社群变得更好。

在当下，这些原则更加重要，因为新闻是否来自一个值得信任的品牌已经不再是判断其价值的唯一线索。在一个新闻可能来自许多信源的时代，我们必须学会擦亮双眼，自己探索哪些内容可信，哪些内容值得怀疑。

换句话说，新闻的基本原则永远属于公众。作为今天的公民，我们要想生存下去，必须以前所未有的方式理解它们、拥有它们、使用它们。

举例来说，不论新闻报道是由目击的公民生产，或是由倡导性的非营利组织赞助，还是由传统的新闻源发布，我们始终需要它的真实性。但是，在一个虚假的传言可以实时发布在推特（Twitter）上的时代，新闻报道落实真实性原则的方式发生了实质性的变化。报道者无法忽视已经被公开或由其他地方报道过的内容。他或她必须意识到虚假传言的存在，追踪其影响，并且说明为何它不可信，或者必须具备什么条件才能证明它是真实的。

提出新闻的基本原则会延续，不应该被误解为怀旧和抗拒革新。相反，它提倡适应新闻采集和传送的新方式，更深入和更广泛地实现上述新闻工作的目标。

在2001年出版的《新闻的十大基本原则：新闻从业者须知和公众的期待》（以下简称《新闻的十大基本原则》）第一版中，我们提出了新闻工作的目标，即新闻工作的价值和目的是帮助公民获得必需的知识，以进行自治和掌控自己的生活。我们在第一版中列出的那些新闻工作的原则道出了许多新闻工作者未能明确表达，但是在不同的新闻报道风格和报道方式中一以贯之的东西。我们描述了新闻的目标、它的价值观、为什么要创作新闻，以及什么样的新闻应该公之于众。

在本书的前两版出版后，新闻工作成为一种合作性的实践，一种生产新闻的人与消费新闻的人不断参与的对话。在第三版中，我们将描述这些合作的情况，并且描述新闻工作必须具备的新观念，正是因为有了这些新观念，新闻才可靠、有用，足以完成它所追求的服务公众的使命——这也是美国用宪法加以保护的使命。

这一目标并不容易达到。乍一看，前十年发生的很多变化似乎阻碍了新闻业的复兴。以广告为基础的盈利模式的崩溃，导致大部分媒体机构的新闻编辑部缩编。同时，社交媒体的新浪潮袭来，它们以优兔（YouTube）、脸谱（Facebook）、推特、缤趣（Pinterest）、故事化（Storify）、照片墙（Instagram）等应用为代表，以内容简洁、网络化和易用为特点。这些新平台开始兑现以下承诺：我们不仅都是消费者，而且都是生产者。社交媒体的第一波——博客阶段还仅仅是暗示了这一承诺。

在这些变化发生之后，有组织的新闻业面对的危机主要还不是受众的问题。尤其是在地方这个层面，受众在数字空间中仍然是从他们信任并熟悉的新闻品牌处获得新闻，不过他们是通过许多不同的分发系统接触到这些品牌。机构化的新闻工作面临的更根本的危机是营收问题。虽然受众迁移到了在线新闻发布渠道，但是收益并没有随之迁移。

与此同时，摧毁新闻的经济结构的技术也创造了威力强大的新工具，让我们能够获得更好的新闻。通过与过去仅仅被当成受众的社群合作生产，并通过网络机制变得更基于现实经验，新闻可以更精确，信息量更大，更吸引人。

网络的开放性既可以促进自由，也可以发挥相反的作用。想要反抗威权统治的公民有更多的工具实现自己的目标。但是，这一网络同样对所有想控制公众的人开放，这些人包括宣传家、商人和政府官员。

因此，更多的责任落到了我们公民和新闻工作者身上，我们必须掌握新闻的根本并保护它。新闻是公共生活的文献。当全世界的人都成为新闻业的员工，理解新闻工作的基本原则就成为每个人的责任。

熟悉本书之前版本的读者会发现新版的变化无处不在。许多说明我们观念的例子被更新了。有一些案例在原有事件的基础上加入了新的发展，因为它们彼此关联，共同讲述了更复杂的故事。新版还在聚合者的作用、社交媒体、与社群进一步的合作，或者一些人所说的"开放新闻"[1]等问题上比之前的版本有了更深入的讨论。与此同时，本版也回应了自大萧条以来的新一波媒体集中化问题，在这一潮流下，许多媒体公司被对冲基金和其他不以新闻工作为核心业务的公司收购。过去流向新闻业的收入现在转向了像谷歌（Google）这样的公司，它们只是分发新闻，而不是创造新闻及其价值。[2]

我们对第三章重新进行了构思，以适应目前新闻经常由智库、公司和倡导性群体等机构生产的事实。在何种程度上，公民会认为这些机构生产的新闻是可信的？本书的第二版讨论过新闻公司中看重盈利的思维方式所造成的影响越来越大，以及2001年后大量公司兼并的失败。第三版还对新闻的价值面临的新的威胁进行了讨论，比如新闻公司面临着在线展示性广告带来的收入与平台的受众规模不成正比的问题。

在第一版里，我们提出客观性的真正意义不在于没有偏见，而在于做到透明。我们最初引入这一观点时，它面对着很多挑战和争议。今天它被接受并引起了广泛的共鸣。我们在十年前提出，透明的确证方法是职业新闻工作者回应公众对其工作的质疑的最重要的工具。现在,它也是邀请公众参与生产新闻的一种方式。它能创造一种合作的新闻,比记者或者公民单独生产的新闻更好。

在第七章,我们表明,作为公共论坛的新闻的性质随着社交媒体的革新发生了极大的变化。在第二版中,我们讨论了被语言学家德博拉·坦嫩(Deborah Tannen)称为"辩论文化"(Argument Culture)的东西,即媒体为了吸引受众而展示的两极分化的辩论,如何让位于一种新的东西:提供肯定和确认,而不是煽情的辩论。我们称其为新确证式新闻(new Journalism of Affirmation),原因是它基于党派的承诺建立受众群,这种新党派新闻(neo-partisan journalism)从2007年起越来越受欢迎。与此同时,从博客向社交媒体论坛的转变——每个人都成为参与者和评论者——使网络成为辩论文化的新舞台。

在第九章,我们表明,混合新闻和娱乐(也被称为"娱信")被新型的小报化信息所代替,发行人追求页面浏览量最大化以及原始数据和材料,这常常与基于深度与质量的长期发展相背离。那一章包含了新闻发行人在数字时代进行调查和使用指标的新方法。

在第十章,我们考察了新闻中的良知原则如何从一个在大的新闻体制环境中做出正确判断的问题扩展到在新的环境中实现它的问题。在这个新的环境中,担保人或所有者出于商业原因,有时也出于政治原因,为报道活动提供资助。

最近出现且仍在进行中的新闻革命加剧了过去六年间的许多矛盾:推崇技术的人与感到了技术造成的威胁的人之间的矛盾,支持用户生成内容的人与强调专业主义的人之间的矛盾,担心专业新闻采编人员的作用减弱的人与认为传统媒体缺陷明显、其影响力下降是件好事的人之间的矛盾。

这些张力一旦最终得到化解,就会被证明是健康的。摧毁新闻的经济模式的同一种技术也可以为新闻提供非同寻常的采集和传输方式。21世纪的新闻会比20世纪的新闻更具吸引力，更具价值，信息量更大。

但是，与此同时，有一些张力却被证明起了反作用。维新派与守旧派往往没有认识到，他们对彼此的需要比他们意识到的更多。这一相互依赖并不像看上去那样是个新鲜的现象。今天看起来不够透明和没有充分听取受众声音的一些做法，比如致主编的信、评论版、嘉宾专栏、更正，甚至电头和作者署名，其实都源自同样的建立连接的精神，这一精神今天倡导把网络化的新闻放在最重要的位置。

换句话说，新闻的未来深深地扎根于其历史及其永恒的价值观，这一点许多人并没有意识到。但是，未来究竟是一个启蒙的新时代还是操纵的时代，既取决于公众对新闻的要求，也取决于公众参与负责任的新闻生产的程度。

《新闻的十大基本原则》进行了修订和更新，就是希望协助公众和新闻工作者在未来更好地完成上述任务。

比尔·科瓦奇、汤姆·罗森斯蒂尔
2014年1月

导 论

当研究世上硕果仅存的少数原始文化的人类学家对比他们关于这些文化的交流特性的笔记时,有一些意外的发现。无论在非洲与世隔绝的部落,还是在太平洋上的遥远岛屿,人们对新闻的定义本质上基本相同。他们交换相似的家长里短。他们谈论自己的领袖。甚至在收集和传递新闻时,他们也会选择特征相似的信使。这些信使步履如飞,准确地收集信息,并用引人入胜的方式向他人复述。虽然新闻的品位有时高有时低,内容有的时候很严肃,有的时候没那么严肃,但是历史学家发现,最基本的新闻价值从未因时间的流逝而发生过变化。历史学家米切尔·斯蒂芬斯(Mitchell Stephens)写道:"在不同历史时期和不同文化中,人类交换相似的新闻。"[1]①

应该如何解释这种连续性和一致性?历史学家和社会学家得出的结论是:新闻迎合了人类最本能的冲动。人们具有某种内在的需求(本能)——去了解自己能够感知的世界之外究竟发生了什么,山后面究竟发生了什么事情。[2] 了解无法亲眼所见的事会令我们感到安全和自信,觉得世界在我们的控制之中。有作家把这称为"对知的渴望"(a hunger for awareness)[3]。

---

① 参见〔美〕米切尔·斯蒂芬斯:《新闻的历史(第三版)》,陈继静译,北京:北京大学出版社2014年版。(本书脚注均为译者注,以下不再一一标注。)

分享信息始终是朋友或熟人见面后首先要做的事情之一。"听说……了吗？"我们想知道他们是否也听说了我们知道的事情，或者他们听到的是否和我们听到的一样。分享发现的感觉令人兴奋。当我们和他人建立关系、选择朋友、品评人物时，标准之一就是此人对某条信息的反应和我们是否一致。

当新闻的流动受阻，"黑暗降临"，焦虑增加。[4]世界变得过于寂静。孤独感油然而生。亚利桑那州参议员、前总统候选人约翰·麦凯恩（John McCain）回忆在河内的五年半战俘生涯时写道：当时最想念的不是舒适的生活、可口的饭菜、自由，甚至家人和朋友。"我最想念的是信息——未经审查和歪曲的、丰富的信息。"[5]在纽约州立大学石溪分校（SUNY University at Stony Brook）的新闻课堂上，学生被置于新闻管制的环境下，他们不被允许接触任何媒体。在此期间，他们开始穿与天气不符的衣服，没必要时也带雨伞，并且变得焦虑。[6]

我们可以把这称为求知的本能（Awareness Instinct）。

我们需要新闻维持生活，保护自己，联络他人，区分敌友。所谓新闻事业，只是社会生产出来的一个系统，它提供关于现状如何和未来将会怎样的信息。这就是我们关心新闻和新闻事业的品质的原因：它们影响了我们的生活质量、思想和文化。新闻从产生之初就创造了今天的技术人员所谓信息的"社会流"的东西。曾写过数本宗教史领域的畅销书的作家托马斯·卡希尔（Thomas Cahill）说：你可以从一个文化中流传的故事里看出这个文化中的人的世界观、被隐藏起来的恐惧和欲望。[7]

面对新的传播革命，我们讲述的故事会描述我们的何种世界观——我们的恐惧、欲望和价值观？

在数字革命前夕，1997年6月一个下雨的星期六，25位新闻工作者在哈佛大学教工俱乐部（Harvard Faculty Club）共聚一堂。在长条桌边坐着国内几家顶尖报纸的编辑、一些在电视和广播节目里家喻户晓的名人、几位一流的新闻教育工作者，还有一些全国知名的作家。本书的作者也在现场。虽然数字时代刚刚开始，但是新闻工作者认为自己的专业已经出现了严重的问题。他们觉得同行的工作与他们心中理想的新闻事业相去甚远。他们担心当前的新闻业不仅没有为大多数公众的利益服务，相反，他们所从事的职业可能正在损害公众的利益。

相应的，公众对新闻工作者的不信任感也与日俱增，甚至还会憎恨他们。情况还在恶化。1999年，只有不到一半的美国人（45%）认为新闻界捍卫了民主，这一数字相比1985年低了10个百分点。[8]到2011年，认为新闻业对民主有害的人已经和认为新闻业对民主有益的人同样多（均为42%）。只有15%的人认为新闻业是独立的，这一数字还不到1985年（37%）的一半。[9]

问题是这不只是公众的感知。到20世纪90年代末，许多新闻工作者也和公众一样对新闻业变得越来越不信任。在剑桥会议那天，《费城询问报》（*Philadelphia Inquirer*）的总编辑麦克斯韦尔·金（Maxwell King）说："在编辑部里，我们不再谈论新闻事业本身。"另一位编辑也同意他的说法："我们正在忍受商业压力和职业底线的冲突带来的煎熬。"大家担心的并不是新闻的价值正在恶化，而是新闻公司的运营方式，这种方式暗示它们不再相信那些价值。

新闻正在变成娱乐和娱乐化的新闻。新闻工作者的奖金越来越多地与公司的利润率挂钩，而不是工作质量。在讨论的最后，哥伦比亚大学（Columbia University）教授詹姆斯·凯里（James Carey）做了后来被很多人认为具有总结意义的发言："问题在于，你们眼睁睁地看着新闻事业消失在更大的传播的世界里，而你们盼望的是在这个更大的世界中复兴新闻事业。"

数字技术并没有完全毁掉为新闻事业提供经济支持的广告收入模式,也没有削弱新闻工作者在向受众发布新闻之前的核实能力。比如说,报纸的收益在未来的七年或更长的时间里还能继续增加。美国新闻和教育机构的领导者的担心来自商业化,即各个公司的负责人更关心利润的增长,因为这会让投资人更开心,但是他们没有信心向更优秀和更有创新性的新闻业投资,尽管后者会帮他们吸引新的受众。

在很大程度上,考虑到新闻产业(news industry)公司的结构,新闻编辑部的负责人担忧的是重要的生存问题。如果新闻事业(journalism),即公民获得新闻的系统,被商业化收编并降为一个子类(subsumed),那么替代它的会是什么?广告?娱乐?电子商务?宣传?意识形态新闻?分众化?收编将会导致什么后果?用户生成内容的观念,即每个人参与新闻生产,除了少数数字化先锋谈论过,尚未形成严肃的讨论。

那天与会的许多人在自己的职业生涯中看到过新闻产业经历的巨大变化。在互联网出现前的一个世纪里,颠覆性技术和新的格式大约每15年到20年就会出现一次。广播在20世纪20年代出现,接下来电视在50年代出现(第二次世界大战推迟了这个时间),然后是有线电视,接下来是80年代政府对电子媒体的放松管制,这开启了广播和电视的党派新闻新时代。每次随着新的技术出现,就会出现新的娱乐形式,争相吸引人们的注意。占据主导地位的媒体会随之变化,给新媒体让位,失去受众,然后变成一种小众媒体。

万幸的是,新闻业得以幸存,因为它提供了一种对文化来说具有独特价值的东西——独立的、可靠的、准确的、全面的信息,公民需要这些信息以理解周遭的世界。如果要求新闻业提供其他东西,民主文化必然遭受灭顶之灾。当政府控制了新闻,就会发生这种情况，就像在纳粹德国等国家那样。如今，在某些国家，我们再次看到了同一现象：新闻被操纵以激励资本主义的发展，公民却不被鼓励参与公共生活。

20世纪80年代以来，公众对于新闻业日益增长的不满并不意味着对新闻业的价值观的抛弃。这是记者未能践行这些价值观的结果。比如，要是仔细研究有关信任的数据，你会看到即使在现在，公众也没有放弃这样的期待——新闻应该独立、可靠，或者新闻应该由那些服务于公共利益的人来生产。皮尤人民与新闻媒体调查中心（Pew Research Center for the People and the Press，以下简称"皮尤中心"）的数据显示，绝大多数（64%）公众更愿意从没有政治倾向的信源处获取新闻，这一数字在过去二十多年来几乎没有发生过变化。[10]当人们被问及在线新闻的内容时，这一数字甚至更高（74%）。[11]公众基本上仍然期待新闻由能力更强的专业人士生产；令他们失望的是新闻并未达到其许诺的水平。

在某种程度上，信任危机充满反讽的意味。许多新闻公司努力适应正在变化的市场，传递它们认为公众想看的新闻，试图让新闻更像娱乐。电视新闻尤其向名人丑闻和真实犯罪倾斜，本意是吸引观众回流，但是极不成功。20世纪90年代，晚间电视新闻中排名第一位的话题是犯罪，但是在那10年里犯罪率其实在下降。虽然关于O. J. 辛普森（O. J. Simpson）审判案的新闻和一名叫琼贝妮特·拉姆齐（JonBenét Ramsey）的儿童被谋杀的新闻会迅速提高收视率，但是受众开始感到他们被利用了。可信度调查发现，公众公开谴责媒体的煽情做法，不过这一事实被一些新闻行业的人视为公众的虚伪并且不予理会。

试图让受众对老旧的平台保持兴趣，为了保持利润而控制新闻生产的成本，这些近视的做法分散了新闻公司的注意力，让它们没有看到最重要的事情：人们并没有抛弃新闻。他们抛弃的只是传统的形式,转向了更方便的新形式。通过 24 小时有线新闻就可以很容易地了解新闻标题,而不必等到 6:30 的晚间新闻报道,尽管后者可能质量更高。不久以后,网络被证明更加便于使用,内容更有深度,最终更为便携。

新闻工作者对于公众不断增长的不满和迁移也难辞其咎。他们把过多的赌注押在对传统的高质量新闻的信仰上,而没有好好研究新闻受众的变化。他们把互联网视为对自己所知的东西的威胁,而没有意识到它是一个机会,他们可以利用这个机会,通过新的内容形式和新的方法获得更多新受众。1997 年的剑桥会议就是一个信号,表明在数字革命之前,许多新闻工作者就感觉到他们的行业失去了对公众以及满足公众需求的新闻业的关注。

简言之,新闻行业未能适应数字革命的集体性失败,其根源是对新闻的信心危机,早在十年前这一警报就已经响起。

在接下来的若干年,一群又一群的媒体寡头"城头变幻大王旗"。生产新闻并通过出售广告补贴新闻的媒体公司被一群更小型的技术公司取代,后者主要通过制造设备、开发操作系统、出售应用程序、组织内容和开展电子商务等方式来控制互联网的用户访问。像《新闻周刊》、《美国新闻与世界报道》(*U. S. News & World Report*)等品牌都消失了。谷歌和脸谱获得的公众注意力是那些传统的媒体帝国永远无法想象的。

在上述场景中,问题始终不变:作为公民,我们是否能获得独立、准确的信息,以实现自治?

1997 年在剑桥参加会议的新闻工作者决定实施一个项目:让新闻工作者和公众仔细审视新闻工作应该做些什么。我们要一起开始解答两个问题:如果新闻工作者认为新闻不同于其他传播形式,那么这两者的区别是什么?如果他们认为新闻业需要变革但是又不能牺牲一些核心原则,这些原则又是什么?

在接下来的两年里，这个现在自称热心新闻工作者委员会（Committee of Concerned Journalists，CCJ）的群体组织了一次关于新闻采集及其职责的调查，这是有史以来新闻工作者针对这个题目展开的最系统和最全面的调查。我们举办了共计有3000人参加的21个公共论坛，超过300名新闻工作者在论坛上发言。我们和大学的研究团队合作，针对100多位新闻工作者的价值观问题进行了每人三个半小时的采访。我们对新闻工作者的基本职业准则进行了两次抽样调查。我们还举办了一个关于《宪法第一修正案》和新闻学者的高峰会议。通过卓越新闻项目（Project for Excellence in Journalism，PEJ），我们对新闻报道进行了12项内容分析。我们研究了前辈新闻工作者的经历，并走遍全国，培训新闻编辑部的工作人员。

本书中的许多想法就来自这一调查的成果，并随着多年来的研究不断成熟。你在本书中读到的不是关于新闻工作应该是什么的争论，而是那些参与新闻创造的人的思想精华，他们阐释了公民认为新闻的目的是什么，以及相应的，新闻工作者应该如何传递新闻。我们可以充满信心地说，新闻活动的演化历史及其在此过程中形成的价值观对我们新世纪的新闻工作也具有启发性。新型新闻没有理由抛弃传统新闻的优点，因为新闻永远充满活力，每一代人都会在前人的基础上创造全新的新闻。

有鉴于此，我们为21世纪任何可能生产新闻的人提供了一系列原则，无论他们是新闻编辑部的专业人员、目击现场后在图片分享平台发布照片的公民，还是从社交媒体的报告和对话中抽取信息并将其转化为新闻的写手。书中还为消费者提供了一份指南，告诉他们应该从读到的新闻中寻找什么价值。

2001年出版的第一版是对20世纪末的新闻理论和文化的描述。2007年出版的第二版开始以承上启下的方式讨论数字时代的来临。第三版在传统经济模式崩溃并导致大部分机构的新闻编辑部缩编，社交媒体的兴起使得新闻的生产范围更广泛、形式更多元的情况下，探讨了新闻业坚持核心价值观的必要性。

自从本书的第二版出版以来，我们在书中使用的一些表述，其内涵已经发生了变化。我们曾经说过，"新闻工作者"（journalist）这个词描述的是有组织的专业人员，他们在 C. W. 安德森（C. W. Anderson）、克莱·舍基（Clay Shirky）和埃米莉·贝尔（Emily Bell）所说的产业新闻业（Industrial Journalism）中工作，但是现在这个词可以描述任何人，只要他或她生产新闻并且追求以符合伦理的和负责任的方式做这件事。[12]

这是一个重要的变化，但是在许多方面不像一些人想象的那样，是根本性的转变。我们在书中反复指出，问题的关键从来不在于谁是或者谁不是新闻工作者，而是这一工作生产的内容是否符合我们所说的新闻的特征。这个判断依然是正确的。

即使面对着数字时代带来的划时代的变革，我们也能发现发生的一切都有其深层原因。虽然多数新闻工作者不能轻松地道出关于新闻的理论（甚至不同意他们所从事的职业应当遵循共享的原则），但是社会上的大多数人期待新闻工作者能够按照专业理论行动。

更让人困惑的是，我们的教育体系期望学生在高中和大学毕业时具备代数、几何、外语和文学等方面的素养，然而，我们很少提出严肃的要求，或者付出长期的努力来教导年轻的公民理解新闻。

不论是公民还是新闻工作者，由于对他们缺乏清晰的认识，我们的新闻受到了损害。如果我们接受这样一个信条，即民主和新闻一荣俱荣，一损俱损，那么这一信条也会导致美国政治的极化，无法化解2008年以来使美国，甚至整个世界陷入困境的经济危机。无法清晰地说明新闻工作应该是什么样的，以及如何明智地消费新闻，导致新闻工作者和公民缺乏条件应对数字转型的影响。数字转型不仅要求生产新闻有更加明确的目标，而且要求消费新闻的人更加自觉。

除非我们能掌握并挽救新闻自由的理论和实践，否则我们就会面临《宪法第一修正案》赋予我们的首要权利消失的风险。目前我们所消费的新闻的质量，取决于公众要求什么，而不是出版人需要什么或能够提供什么。自由的媒体也和自由表达有明确的区别。报道每天发生的事件和评论这些事件，这两个行为彼此相关，但是它们不是同义词。概言之，民主生活的质量取决于公众对事实的掌握以及对这些事实的理解。因此，即使网络时代也需要新闻工作者。我们能否拥有更多新闻工作者又取决于公民能否分辨宣传与新闻之间的差异，以及他们是否关心这个差异。

尽管发生了翻天覆地的变化，我们仍然要求我们的新闻工作遵循明确的原则，这些原则是公民有权利期待的。

对新闻工作的原则性要求仍然非常清晰。尽管随着时间的推移，这些原则时隐时现，但是它们始终存在，因为它们提供了公民需要从新闻中获得的东西，让公民可以在一个日益复杂的世界中适应生活的要求。换句话说，即使新闻随着技术的发展和新兴的社会需求的出现而不断变化，这些原则也仍然对新闻工作者和人民有益。它们是新闻工作的基本原则。这些基本原则中最关键的就是：新闻工作的目标是为人民提供获得自由和自治所需的信息。

这十大基本原则是：

（1）新闻工作的首要义务是对真实负责。

（2）新闻工作首先要忠于公民。

（3）新闻工作的实质是用核实进行约束。

（4）新闻工作者必须独立于报道对象。

（5）新闻工作者必须成为独立的权力监督者。

（6）新闻媒体必须成为公共批评和妥协的论坛。

(7)新闻工作者必须让重要的事变得有趣并且与受众息息相关。

(8)新闻工作者应该使新闻全面、均衡。

(9)新闻工作者有责任按个人良知行事。

(10)公民对新闻也享有权利和承担义务——当他们自己成为新闻的生产者和编辑者时更应如此。

为什么是这十个原则?一些读者会有遗珠之憾。怎么没有提到公平性?平衡性呢?在调查了新闻业的过去并展望未来后,我们发现,一些为人们熟悉甚至有用的新闻观念由于过于模糊而无法上升到新闻的基本原则的高度。比如,公平性就是个非常主观的概念,对操作缺乏指导性。平衡性虽然具有操作性,却有局限性,经常会扭曲真相。

另一个误解是,独立就意味着新闻工作者必须保持中立。客观性这一概念被随意剪裁,以至于它被用来描述它本来想要纠正之事。如果我们的工作想做出一点儿贡献的话,那么我们想重新抓住客观性这一概念最初被发明时想传达的意义,这个概念最早在20世纪初由社会科学界进入新闻业。客观性起初并不是想说明新闻工作者没有偏见。恰恰相反,它想表达的是新闻工作者永远做不到客观,所以他们必须使用客观的方法。换句话说,在认识到每个人都有偏见的情况下,新闻报道就像科学研究一样,其流程应该是合理的、严格的和透明的——这一流程在网络时代更为重要。今天的内容来自这么多信源,作为方法的客观性(而不是个人的客观性)概念所传达的意义显然比以往更重要。

在由新闻和信息构成的新型开放生态系统中,专业新闻工作者的角色的重要性也有所下降,公民的角色的作用更大,但是并非所有的声音都一样大。在开放的市场中,那些有办法垄断的人处于有利地位,他们拥有金钱,可以用有组织的策略进行信息扩散,还能精心设计网络以提升讯息的到达率。如果说 20 世纪"产业化的"或专业的新闻界构成了第四权力，而今天由公民充当生产者和目击者的新型开放系统构成了第五权力的话，那么重要的是认识到这一新群体也包括曾经被报道的机构和由个体行动者构成的新闻工作者，即那些为达到商业和政治目的影响公众的新闻制造者。同样，认为更多的信源就意味着更多的真相也显得过于简单。尽管人们怀有这些乌托邦式的热情，但是如果我们忽略了使新闻更可信的基本原则，那么规模较小的第四权力所做的贡献和第五权力的新贡献加在一起，可能也并不能满足社会的需求。到那时，新闻业将不再是独立的机构，无法再系统地、自由地监督社会中其他强大的权力和机构。

在新世纪，民主社会所面临的最具深远意义的问题之一就是新闻是会作为独立的、可信的信息来源生存下去，还是会被一个由自利的宣传、只消费来自少数渠道的信息或"过滤泡"信息的公民构成的系统所替代，在这个系统中，所有的观点都不需要证明，谁的声音大谁便获胜。这个问题的答案不仅取决于我们能否获得可靠的新闻，还取决于公民能否识别出哪些新闻是可靠的；取决于我们对新闻有什么要求，对生产新闻的人有什么要求；取决于我们能否清晰并确定地阐明什么是独立的新闻，以及我们作为公民是否关心这个问题。

有些人可能会问：是否有专门的计划来"修复"新闻业中存在的问题？我们打算分两部分来回答这个问题。

答案的第一部分是：渴望通过一个公式、毕其功于一役或大胆的行动来解决问题，并不能反映变化是如何发生的。

答案的第二部分是：不能通过一个由 5 点计划或 10 点计划构成的方案解决新闻的社会角色问题，因为我们二人加起来超过七十年的新闻工作经验和教训让我们明白如何才能找到解决办法。

问题的答案应该在那些使用新闻的基本原则生产新闻的人以及在日常工作和思考中严格地应用这些原则的人身上寻找。答案也会出现在公民发现优秀的作品、创造自己的新闻并因此对新闻产生更多的需求的过程中。这个解决方案和运动员在赛场上的完美表现遵循相似的原理：不断地重复这些原则，直到它们成为自己的第二天性。正是这些实践孕育了明确的目标、行动的信心和公众的尊重。

　　我们要把指导新闻工作的基本原则和某一代人通过特定媒介实现这些目标的权宜性技巧加以区别，这是关键的一点。只有了解了这些原则的重要性，不把它们与具体实践混为一谈，新闻工作才能在新世纪和新技术一起进化，遵循伦理要求，实现它过去曾经实现的关于民主的目标，创造出新形式的新闻，为网络时代的公民提供可靠的信息。

第 1 章　新闻工作的目的是什么?

今天,"新闻工作的目的是什么"这一问题是网上关于科技和新闻的许多话语的隐含主题,它还出现在线下无数讨论该话题的会议中。虽然这些话语经常带有革命运动中政治或神学的腔调,但是与 20 世纪普遍的对新闻的目的缺乏反思的状态相比,这些思考却健康得多。

对美国来说,在过去的一个世纪的大部分时间里,新闻业这个词就是同义反复。如果你拥有印刷机或广播执照,你说什么是新闻什么就是新闻。大约 16 年前,当我们开始寻找可信赖的新闻背后的核心原则时,时任《费城询问报》总编辑的麦克斯韦尔·金用当时的新闻工作者可能做出的回答说明了这种缺乏反思的状况:"我们用自己的工作说明一切。"或者,当他们被迫回答为什么公众可以信任他们时,新闻工作者会把自己善的意图与善的实践混为一谈。他们认为不证自明的一件事是:因为新闻编辑室与商业绝缘,所以他们是在为公共利益工作。[1]

这个简单化的回答的危害性超出了新闻工作者的想象。它引起了公众的怀疑。随着公众在全球性的互动空间公开发表评论的能力日益提高,这种怀疑变得越来越集中和强烈。如果制造新闻的人不能很好地说明自己,那么认为新闻工作者的基本动机不那么善良的想法就不是无稽之谈。由于新闻人的沉默,他们让这个行业中经营部门的人员认为新闻编辑部里都是些自以为是的道德理想主义者。新闻工作者之所以不能批判性地思考他们为什么要这么做,是因为他们想象他们的动机是善良的。

现在,在一个开放的、充满竞争的市场中,这种简单化的、回避式的回答——"新闻业是不证自明的公共服务"暴露了它的空虚。如今,随着新的传播科技的发展,任何拥有电脑可以上网的人都可以声称自己是在"做新闻工作"。科技还催生了新的新闻经济组织形式,在这些组织中新闻工作的规范正被推翻并被重新定义,有时甚至被弃之一旁。

一些人认为,或许科技已经延展了新闻的定义,因此现在任何东西都可以被视为新闻。然而,如果仔细考察,我们会发现新闻工作的目的并不是由科技定义的,也不是由新闻工作者或他们所使用的技术定义的,而是由另外一些更基本的东西——新闻在人们的生活中具有的功能——定义的。

尽管表面看来新闻工作有了不少变化,但事实上,自从"新闻"(the press)① 这一概念在三百多年前第一次出现开始,很明显,其目标一直保持不变(当然,这些目标并不总是能很好地实现)。尽管新闻的传播速度、应用的技术及传递的手段已经发生变化,并还将以更快的速度变化,但是在新闻的社会功能中,始终存在着一种关于新闻工作的清晰的理论和哲学。这种理论和哲学源于新闻的功能,并具有一致性和持久性。

新闻工作的首要目标是为公民提供自由和自治所需的信息。

在听取公民和新闻工作者的意见、观察技术革命造成的影响

---

① The press 最初指印刷媒体,包括书籍和报纸;后来逐渐专指报道新闻的报纸和小册子;随着其他媒介的出现,该词的含义扩展到泛指所有新闻媒体和新闻界。

时，我们发现新闻的功能内含几个基本原则。新闻帮助我们定义自己的社群，协助我们创造共同的语言以及根植于现实的共识。新闻工作还有助于确定社群的目标、英雄和恶棍。美国全国广播公司（NBC）前主播汤姆·布罗考（Tom Brokaw）接受帮助我们寻找新闻的基本原则的学术研究伙伴的访问时说："如果我们拥有共同的信息基础，我们的社会就会臻于完美。"[2] 新闻媒体具有监督的义务，它使人们戒骄戒躁，替被遗忘者说话。"我希望帮助那些想要表达的人以及无权的人发出声音"，《纽约每日新闻》（New York Daily News）前记者陈婉莹（Yuen Ying Chan）说，她曾在香港创立了一个新闻工作者培训项目。[3] 已故的詹姆斯·凯里是最具创造性的思想家之一，他在几十年前这样说："或许归根结底，新闻工作不过是在传递和放大民众中的对话而已。"[4] 显然，互联网、博客、社交媒体和移动设备的兴起为公民创造自己的新闻提供了许多空间，并显然让这一愿景比以往任何时候都更加合宜。

对新闻工作的这种界定长久以来一直保持不变，被证明已经深入人心，成为不同时代的新闻生产者的思维方式，还成为我们想象未来的新闻的基础。从历史上看，我们甚至很难把新闻工作的概念同创造社群和民主的概念截然分开。我们会发现，新闻工作对于实现这一目标如此重要，以至于那些想压制自由的社会必须首先压制新闻。有趣的是，它们并不需要压制资本主义。最好的情况是，正如我们将要证明的，至少新闻可以帮助我们理解公民是如何行动的。

把新闻视为社会连接手段和信息流还开启了一个更开阔、更具有创新性的新闻进化图景。它揭示新闻一直以来都更像是一项提供社会连接（social connection）和知识的服务，而不是固定的产品，即提供新闻报道和广告的渠道。

具有讽刺意味的是，这些新闻事业长期坚持的理论和目标今天正面临前所未有的挑战，似乎与人群中的对话格格不入。我们认为这既不符合历史规律，也会造成自我毁灭。

在数字空间中，有些人有这样一种倾向，即否定新闻业的价值，好像它只为新闻工作者自己服务，与公众没有联系。与此同时，在网络上被创造出来的信息公司提供社会连接（对餐厅的评价、最新的娱乐内容、关于本地商品和服务的信息），但是不提供新闻，并且与新闻所提供的公共善（civic good）联系不大，甚至没有联系。其中一些公司提供展示新闻的聚合空间，但是新闻只是流经这些空间的另一种商品，并不承载任何特殊的价值。

在这一转变中，新闻业与政府的关系也发生了变化。来自政府的威胁不再只是信息审查——不允许媒体发布有利于公共利益的信息。在新技术的帮助下，政府有更多的手段腐蚀新闻，除了信息审查外，还会用自己的内容取代新闻。这些手段包括一系列制造伪新闻（pseudojournalism）的方法，如建立伪新闻网站、发布政府制作的视频新闻、给那些愿意为了钱宣传某项政策的"个人媒体"（media personalities）提供补贴等。如今，从总统到各地市议会的议员，政府官员都通过自己的渠道直接与公众互动，包括提供自己制作的视频材料，这给人一种印象，好像许多政府事件并不需要新闻媒体"报道"，因为它们已经是"公开的"。不仅如此，巴拉克·奥巴马（Barack Obama）政府还使用技术手段建立了一个覆盖面很大的网络，去确认、恐吓和迫害那些可能向媒体提供了信息的政府雇员。

总而言之，这些力量加在一起对新闻业构成了越来越大的威胁，即新闻作为监督权力、发现滥权、警示公众、创造社会联系的独立信源的角色可能会在商业的、政治的和政府的信源制造的传播流中被冲垮。《宪法第一修正案》的真谛——保护自由的新闻业成为独立的体制——有史以来第一次遇到这样的威胁，即政府不是单纯地进行信息审查，而是提供另一种现实。

一些人在听到上述讨论时会反对说，给新闻工作下定义，这本身就十分危险，甚至是过时的做法。他们提出，给新闻工作下定义就是限制它。或许这么做确实违反了《宪法第一修正案》的精神，即"国会不得提出限制言论或新闻自由的立法"。他们认为这也就是新闻记者不应像医生或律师一样持有执照或必须进行资格认证的原因。他们还担心给新闻工作下定义只会导致它无法与时俱进，可能会使其在经营上处于劣势。

事实上，拒绝为新闻工作下定义并不是一个一直为人接受的基本原则，它不过是最近才出现的一种说法，并且在很大程度上受到了商业因素的影响。在新闻史上更具创新性的时期，即一个世纪以前，出版人曾自豪地把他们提倡的新闻价值观写在头版的社论栏、言论版和公司标识上。他们还经常公开攻击竞争对手的新闻价值观。这是一种营销手段。公民根据报纸的风格和处理新闻的方法选择要阅读的出版物。只是在新闻界开始呈现出集团化、同质化和垄断化的特征之后，它才变得沉默起来。律师们建议新闻公司不要明确写出自己的原则，以免其在法庭上成为对自己不利的证据。因此，避免定义是一个商业策略，而不是《宪法第一修正案》的产物。

此外，还有一些人提出，不仅新闻工作的目标不应该随意改变，它的形式（form）也应该保持不变。他们以自己儿时看到的新闻为标准来衡量改变，他们所担心的就像尼尔·波斯曼（Neil Postman）那句名言所说的那样，我们正在"娱乐至死"。这些批评忽略了另一个事实：在很大程度上，每一代人都在创造他们自己的新闻事业，这是在对技术进步做出反应，而技术进步使内容的生产和（或）发行更有效率。但是，我们发现，每一代人的新闻工作的目标和基本原则都是一致的。就像我们从撰写本书的第一版时就发现的那样，尽管存在一些表面上的不同，但在不同的国家以及不同的文化和政治制度下，关于新闻的基本价值具有明显的一致性。

虽然职业新闻工作者一直以来对于给自己的工作下定义感到不太舒服，但是他们还是能针对其工作目标达成基本共识。当我们开始记录新闻人的共同看法时，我们首先听到的是下面这个回答："新闻工作的核心目标是说出真相，这样人民才能得到所需的信息以行使统治权。"这番话来自杰克·富勒（Jack Fuller）①，他是一名作家、小说家、律师，后来还成为论坛出版公司（Tribune Publishing Company）的总裁，《芝加哥论坛报》（*Chicago Tribune*）就隶属于该公司。[5]

有趣的是，当新入场者开始生产新闻和信息时，尽管他们最初不会称自己为新闻工作者，但是他们通常认同富勒提出的目标。奥马尔·沃索（Omar Wasow）是"纽约在线"（New York Online）网站的创立者，也是最早自称"车库企业家"的人之一。他说自己想帮助创造这样一种公民，他们是"媒体的消费者、贪婪的信息接收者和打假者……参与内容制造同时谨慎地做出反应的受众"[6]。差不多十年后，2006年，肖恩·威廉姆斯（Shawn Williams）创建了博客 DallasSouthBlog.com，专注于南达拉斯和全国其他地方非裔美国人的问题。2013年，这个博客更名为 DallasSouthNews（南达拉斯新闻），并将自己描述为"一家非营利性新闻组织，致力于将技术、社交媒体和新闻原则应用于为弱势社群赋能和帮助其获取信息"。威廉姆斯说，他从未想过自己会投身于新闻事业。他是波因特研究院全国顾问委员会（National Advisory Board of the Poynter Institute）

---

① 参见〔美〕杰克·富勒：《信息时代的新闻价值观》，展江译，北京：新华出版社1999年版。

的一员，该机构是美国最受认可的新闻培训组织之一。

我们想要确定的是这些观念并不只是少数人的个别意见。我们和皮尤中心合作，调查了新闻工作者心目中新闻最突出的特征。被访的新闻工作者主动提到了民主功能，是其他答案的两倍。[7]我们还与斯坦福大学（Stanford University）、哈佛大学（Harvard University）和芝加哥大学（University of Chicago）的发展心理学家合作，他们对一百多位新闻工作者进行了开放式深度访谈后，也得出了相同的结论。他们在报告中写道："各个层次的新闻工作者都坚定地表现出对一些核心标准的忠诚，其默契程度令人吃惊，这些标准和为公众提供信息服务的任务联系之紧密，也令人印象深刻。"[8]

新闻工作者的伦理准则和职业使命宣言也为我们提供了相同的证据。美国报业编辑协会（American Society of News Editors）（北美最大的新闻编辑部管理者协会）的准则提出：新闻工作的目标是"通过向人民提供信息，为大众的福祉服务"。斯克里普斯公司（Scripps Company）的报头上写着："给人民光，他们会找到自己的路。"对于21世纪形成的媒体而言，这些准则也丝毫没有问题。ProPublica在自己的使命宣言中宣布："为了公共利益实践并促进调查新闻的发展。"新闻平台"环球邮报"（GlobalPost）也将自己的使命表述为：致力于"在一个日益互联的世界增进我们的民主对话"[9]。

那些不从事新闻工作的人，也能意识到新闻负有范围更广泛的社会和道德义务。2000年6月，教皇约翰·保罗二世（Pope John Paul II）说："由于对公众意见具有巨大而直接的影响，新闻工作不能仅仅由经济势力、商业利润和少数人的利益引导。相反，它应该被认为在某种程度上具有神圣的使命。从业者要认识到，自己被托付如此举足轻重的传播权力，目的是增进所有人的福祉。"[10]

这种民主的使命并不是在现代才出现的观念。几个世纪以来，创造统治权（creating sovereignty）的概念贯穿于所有有关新闻的重大宣言或讨论。这一概念不仅来自新闻工作者，也来自那些为民主原则而奋斗的革命者，无论在美国还是在几乎所有其他发展中的民主国家。

求知的本能

历史学家米切尔·斯蒂芬斯研究了历史上新闻在人们生活中的功能，并发现了一个我们在本书开头提到的显著的、亘古不变的现象。他写道："人们关心的基本话题、评价新闻价值的基本标准似乎没有什么差异。在不同历史时期和不同文化中，人类交换相似的新闻，因此人类对新闻的兴趣即使不是天生的，至少也具有某种必然性。"[11]不同的学者都对上述问题做出了同样的解释。人们是出于本能而渴望新闻——我们称这种本能为求知的本能。他们需要了解他们无法亲身经历的事件。对未知事物的了解给了他们安全感，让他们可以规划和讨论自己的生活。交换这类信息成为创建社群、建立人际关系的基础。

新闻是我们了解世事变化、重大问题及各色人等的一种传播形式。当然，历史学家也指出，统治者利用新闻把治下的群体凝聚为一体。新闻提供了统一的意识和共同的目标。它甚至帮助独裁者控制人民，用共同面临的威胁把人们捆绑在一起。

历史还揭示了另一个重要的趋势：越是民主的社会，新闻和信息就越多。当人类社会第一次走向民主时，某种前新闻事业（pre-journalism）出现了。最早的民主社会——古希腊建立在雅典市场的口头新闻事业之上，在那里，"几乎每个与公众事务相关的重要事件都是公开的"，新闻教育学家约翰·霍恩伯格（John Hohenberg）

写道。[12]罗马人发明了《每日纪闻》（acta diurna）①，这种新闻誊写在莎草纸上，张贴于公共场所，对元老院每日的议事情况、政治和社会生活进行报道。[13]但是，随着欧洲社会越来越专制和暴力，到中世纪时这种传播形式逐渐衰落，书写新闻基本消亡。

新闻事业的诞生

伴随着中世纪的终结，新闻又以歌谣和故事的形式、以浪迹天涯的游吟诗人所吟唱的新闻歌谣的形式重新出现。

我们目前认定的现代新闻事业始见于17世纪早期，它源于人们的清谈，尤其是在公共场所的交谈。在英格兰，第一张报纸诞生于咖啡馆——当时的咖啡馆为数众多，其中一些足以因专门提供某类信息而闻名。报纸非常流行，一些学者抱怨说："那上面只讨论新闻和宗教界的琐事。"

后来，在美国，新闻业从小酒馆或小酒吧（pub or publick house）里发展起来。那些被称为"publican"的酒吧老板主持热火朝天的谈话，内容是旅行者带来的信息。那些旅行者还把自己的所见所闻记在日志本上，保存在酒吧的一角供人阅读。有生意头脑的印刷商开始收集咖啡馆里的航运新闻、异域见闻、小道消息以及政治言论，并把它们印在纸上。

随着第一批报纸的出现，英国的政治家们开始谈论一个新现象，他们称其为公众意见（public opinion）。18世纪初期，新闻记者或出版商开始形成言论自由和出版自由的理论。1720年，两位伦敦报人用"卡托"（Cato）的笔名提出一种新观念，称只要是真相就不应被称为诽谤。但是，当时英国普通法的规定正好相反：不

---

① 《每日纪闻》是公告式的官方公报，公元前59年由当选为罗马执政官的尤利乌斯·恺撒下令创办。关于其具体形态，学术界尚存在争议。

仅任何对政府的批评都是有罪的,而且"越是真相,诽谤的罪行越严重",因为真相的危害更大。[14]

卡托的观点对美洲殖民地产生了深远的影响,当时的美洲对英国王室的不满与日俱增。一个名叫本杰明·富兰克林(Benjamin Franklin)的前途无量的年轻人也是众多翻印卡托文章的出版商中的一员。当1735年青年出版商约翰·彼得·曾格(John Peter Zenger)因批评由英皇任命的纽约州州长而受审时,卡托的观念成为辩护词的主要依据。曾格的律师①提出,人民拥有"说出和写出真相、揭露和反对独断权力的权利"。富兰克林和另一些出版商支付了曾格的律师费。陪审团判曾格无罪。这一裁决在殖民地的法律圈引起了不小的震动,美国的出版自由观念开始以正规的形式出现。

这一理念也深植于美国开国元勋的思想。我们可以在詹姆斯·麦迪逊(James Madison)起草的《弗吉尼亚权利宣言》(Virginia Declaration of Rights)、约翰·亚当斯(John Adams)起草的《马萨诸塞州宪法》以及大多数新颁布的殖民地的权利宣言中看到这一理念。托马斯·杰斐逊(Thomas Jefferson)对乔治·华盛顿(George Washington)说:"任何政府都应接受审查,在享有新闻出版自由的地方,没人能免于此。"②[15]然而,不论是富兰克林还是麦迪逊,都认为这样的语言不能写进联邦宪法,然而有两位代表,来自弗吉尼亚州的乔治·曼森(George Mason)和来自马萨诸塞州的埃尔布

---

① 曾格的律师是来自费城的安德鲁·汉密尔顿(Andrew Hamilton, 1676—1741)。
② 原文是:No government ought to be without censors, and where the press is free, no one ever will. If virtuous, it need not fear the fair operation of attack and defense. Nature has given to man no other means of sifting out the truth whether in religion, law or politics. I think it as honorable to the government neither to know nor notice its sycophants or censors, as it would be undignified and criminal to pamper the former and persecute the latter。(任何政府都应接受审查,在享有新闻出版自由的地方,没人能免于此。政府无须害怕公平合理的攻击和辩护。除此之外,上天没有赋予人类任何其他手段去筛选真理,无论是宗教真理、法律真理抑或政治真理都是如此。我认为,得体的政府不应该把它的赞扬者和审查者放在心上,如果对前者大加褒扬而对后者横加迫害,不仅有失尊严,同时也是在犯罪。)

里奇·格里（Elbridge Gerry）退出了制宪会议，并和托马斯·潘恩（Thomas Paine）、萨缪尔·亚当斯（Samuel Adams）一道，鼓动公众，要求把制定一份书面的权利法案作为通过宪法的必要条件。因此，新闻出版自由成为美国人民向自己的政府提出的第一项要求。

在后来的两百年间，新闻是自由的堡垒的观念进入了美国的法律文件。最高法院1971年判决《纽约时报》（*New York Times*）有权公布被称为五角大楼文件（the Pentagon Papers）的政府机密文件，判词中写道："在《宪法第一修正案》中，美国的开国元勋给予新闻出版自由特殊的保护，这一保护有助于它完成在我们的民主制度中的重要使命。新闻应该为被统治者服务，而不是为统治者服务。"[16]这一观念在法庭上得到了一次又一次的确认。《宪法第一修正案》的研究者、时任密歇根大学（University of Michigan）校长的李·博林杰（Lee Bollinger）在我们为本书举行的一次会议上告诉我们，法庭一再确认的观念十分简单：在众声喧哗中，人民自会分辨真假，因而有能力实现自治。[17]

即使新闻事业曾掌握在20世纪前夕的黄色新闻高手或20世纪20年代的小报手中，建立社群和促进民主仍然居于新闻事业的核心位置。在黄色新闻达到顶峰的时候，约瑟夫·普利策（Joseph Pulitzer）和威廉·伦道夫·赫斯特（William Randolph Hearst）不仅迎合受众追求煽情的趣味，也迎合其爱国主义的冲动。普利策用头版引诱读者上钩，但是他用社论版教他们如何做一个美国公民。在选举前夜，他和赫斯特都试图压过对方一头，一个租下麦迪逊广场公园（Madison Square Garden）办免费晚会，另一个则在自己报社摩天楼的一侧用灯光显示选举结果。

无论是回首三百年还是三千年，我们都无法将新闻和社群，尤其是比较民主的社群截然分开。

网络时代的新闻自由

今天的信息传播十分自由,那种只有一种新闻的观念在每个人都有机会在某个时候生产新闻的时代已经过时。也许,就连《宪法第一修正案》自身也可能被视为比较封闭的精英主义时代的产物。

当然,把媒体看成把关人,并认为其能决定公众应该知道什么和不应该知道什么的观念已经无法严格界定新闻的角色。如果《纽约时报》决定不报道某事,在数不清的网站、广播脱口秀节目主播、社交媒体网络、博客或反对党中至少有一个会挺身而出。脸谱和推特的兴起,更不必说像维基解密(WikiLeaks)这样的组织,改变了新闻最核心的等式,即信息如何被公众所知。这个等式从"一对多"变成了"多对多"。在过去的10年中,数不清的书名表达了这一观点,从丹·吉尔摩(Dan Gillmor)的《自媒体》(*We the Media*)到克莱·舍基的《人人时代》(*Here Comes Everybody*)。

这些变化深刻地改变了每个人的信息生活,即使是不用推特、不发布社交媒体状态或不在网上发表评论的人也不例外。当我们用谷歌搜索信息、在数不清的信息渠道间游走、与朋友分享新闻或链接、在脸谱的页面上点赞时,我们就成为自己的编辑、研究员甚至新闻采集者。过去被称为新闻的东西现在只是这些信息大杂烩的一部分。就像其他公共机构一样,它所扮演的中介和核实者的角色正在被弱化,整体影响正在变小。我们正在见证一类新型的、积极的美国公民的崛起,人们刚刚开始考虑这种公民身份应负有何种义务。21世纪的新闻工作必须承认这一趋势,新闻工作者必须用新的方式组织其工作,协助公众用他们所需要的工具武装自己,更好地履行积极公民的义务。

在把关人这一隐喻中,新闻被想象成站在农庄瞭望塔旁的警卫，决定哪些事实对公众重要，经过充分审查后可以公之于众。在网络世界，有组织的新闻机构所扮演的警卫角色只会影响信息空间中有限的一部分内容。这些新闻是唯有新闻工作者才能够获得的，包括对他们自己公司的报道，以及某些本地信息。在警察局通过推特发布官方信息和网络直播政府会议的时代，即使是这些领域的新闻报道也在萎缩。

对一些人而言，把关人隐喻的终结可能意味着新闻的终结。人人发布信息的时代已经来临。谁还需要付费的观察员？

然而，我们得出了不同的结论。新闻界在向公众传递信息方面的垄断地位已经终结，我们相信这是一个提高我们所接收新闻的质量的机会，而不是相反。要做到这一点，新闻生产者必须更好地了解公民希望从新闻中得到什么，公民和数字网络机制可以为此做出什么贡献，以及更精准地把握专业的新闻工作者的任务，具备必要的组织、核实以及补充信息的能力。

什么是我们所说的"更精准地把握专业的新闻工作者的任务"？硅谷具有传奇色彩的智库，施乐帕克研究中心（Xerox PARC）① 的前主任约翰·西利·布朗（John Seeley Brown）很早就看到，新闻媒体作为公共论坛，为民主社会的公众服务的观念并没有因为科技而改变，改变的只是新闻工作者完成这一任务的具体方式。"在新经济和新的传播文化条件下，我们需要做的是建构意义。在一个变得越来越疯狂的世界，我们最渴望的是找到某些不变的东西。"布朗解释说，这就意味着新闻工作者需要"具备从多个角度观察事物并抓住事物本质的能力"[18]。未来学家保罗·萨福（Paul Saffo）把这一任务描述为运用新闻调查和判断的方法，"在充满不确定性的

---

① Xerox PARC 是 Xerox Palo Alto Research Center 的简称。该中心于 1970 年成立于美国加利福尼亚州的帕洛阿托市（Palo Alto）。个人电脑、激光打印机、鼠标、以太网、图形用户界面、语音压缩技术等现代计算机技术都诞生于此。从 2002 年 1 月 4 日起，该中心成为独立公司——Palo Alto Research Center Incorporated。

环境里发现结论"[19]。

因此,新型的新闻工作者不再决定公众需要知道**什么**——这是古典的把关人的角色。他们应该与受众和科技合作,从信息中理出头绪,使其有用,并采取行动。这并不意味着只是简单地在新闻报道中加入解释或分析。相反,它涉及一系列不同的和独立的任务,如果更为细致地理解这些任务,新闻生产者会比以往有更好的表现。

我们在2010年写的《真相:信息超载时代如何知道该相信什么》(*Blur: How to Know What's True in the Age of Information Overload*)一书中提出,把关人这个隐喻用一个词遮蔽了公众想从新闻中获得的不同功能。我们在书中指出,如果这些特定的需求得到更清晰的确认和理解,新闻工作者就会更好地满足它们,包括知道如何更好地与公民合作,并利用技术创造出更优质的新闻。

新型新闻工作者的首要任务和传统的新闻工作者一样,是核实什么信息是可靠的,扮演**证明者(Authenticator)** 的角色。在网络世界,关于一起事件,受众在看到正式的新闻叙述之前会听到各种不同的判断。因此,不同于传统的新闻工作者,新型新闻工作者的作用是和受众一起整理这些不同的叙述,让他们知道哪些是可以相信的事实,哪些不是。

对于任何想报道和呈现新闻的人来说,第二个任务是成为**意义阐释者(Sense Maker)**,即将事件放在能够使信息变成知识的语境中。使这项任务更加独特的是,只要任务稍有变化,责任和新闻的呈现形式就会发生微妙的变化。举例来说,报道新闻和信息的人必须知道他们何时从证明事实转向了综合事实和赋予事实语境,这一点十分重要。此时,对事件的分析进入了另一个主观的层面。这种分析必须清晰地说明这一变化,即通过分享不同的证据,说明为何这种诠释可能是最合理的。

第三个任务是做事件的**目击者**（Bear Witness）。当从事新闻工作的人成为事件唯一的观察者时，他就在执行这个任务。把这一点确定为新闻工作者要扮演的独特的角色是非常有用的，尽管当前新闻工作者不再经常扮演把关人的角色。从事新闻工作的人不只是简单进行评论的解释者。做监督者，做追问问题和挖掘真相的哨兵，仍然十分重要。重视目击者角色同时意味着报道别人不能报道的事件（这样才称得上目击），然后告诉读者为什么此事至关重要。这也暗示，机构性新闻媒体不能只把人力资源部署在热闹的地方和人们已经产生兴趣的地方。这么做虽然很容易产生流量，但会使新闻发布机构失去作用。如果一个公民卷入了自认为重要的事件，却发现周围没有新闻记者，他或她就可能突然决定要进行新闻报道，在推特上发布信息或者拍摄照片及视频，这样事件便有了记录。

第四个任务与目击者有密切的关系，但是也存在差异，即扮演**监督者**（Watchdog）的角色。进行调查性报道是新闻工作者经典的角色，即揭露不法行为。但是，在实践上和组织上，它都与更常见且经常被低估的目击者角色有明显不同，区分二者十分重要。目击者更为例行式的监控可能成为监督者开展调查的导火索。但是，这两种角色不是一回事。

除了上文列举的被把关人概念遮蔽的四个角色外，公众至少还要求新闻业发挥另外五个功能。看完下文，读者可能还会想到更多的功能，这只会对新闻业有更多的帮助。关键是要找出那些对我们的生活有益的新闻的功能。以下是我们发现的五个功能，也就是公民对新闻的五项要求：

睿智的聚合者（或策展人）[Intelligent Aggregator (or Curator)]：从别人的叙述中挑选出最好的内容，可能还要对比与其冲突的内容，并将其推荐给受众，事实上扮演了编辑的角色，工作内容是所有可获得的其他信息。

论坛组织者（Forum Leader）：以反映你的新闻工作价值观的方式组织公众讨论。

赋能者（Empowerer）：为受众提供工具和信息，使他们能够为自己行动。这涉及使信息具有交互性，当需要采取行动时提供日期，说明如何更深入地参与行动。这可能还包括组织活动，将社群成员集中到一起解决问题等。

榜样（Role Model）：在网络化的新闻环境中，新闻工作比以往更具有公共性。如何获得新闻、如何行动以及如何决策都处于众目睽睽之下。相关行为必须具有示范性，因为它是品牌的一部分——这表现得比过去更为明显。

社群建立者（Community Builder）：在传统的新闻工作模型里，新闻为自己说话，公民用新闻和信息做什么不是新闻提供者操心的事。但是，现在情况有所不同。新闻的目的是帮助人们自治，但是为他们提供有助于自治的信息只是开始。新闻还必须涉及如何解决社群和每个个体遇到的问题。新闻和宣传鼓动之间存在边界，推动解决问题和宣传鼓动也是两回事。

新闻是有组织的合作性信息

一些鼓吹数字革命的人相信既然再也无人能够控制信息，新闻机构中的专业新闻工作者在很大程度上就变得不再必要，或者他们的角色会缩小到一个狭窄的地带，不再像过去那样集中在报道和确定事实的活动上。既然大众享有的信息比少数新闻工作者偶然收集的信息更广泛、更深入，前者肯定更接近真相。博客主乔纳森·斯特雷（Jonathan Stray）在为哈佛大学尼曼新闻实验室（Harvard's Nieman Journalism Lab）撰写的一篇博文中归纳了这一观点："互联网用不同的方式解决了基于事件的事实的基本分布问题；不再有人需要通过新闻机构才知道白宫说了什么,因为所有新闻简报都发布在优兔上。我们需要的只是有人告诉我们它意味着什么。"[20]

斯特雷的观点来自一群作家,这些作家组成了一个被称为"新闻运动的未来"的组织。也许没有什么能比三位学院派研究者以《后工业化新闻》(*Post-Industrial Journalism*)为题撰写的"宣言"更能清楚地表达该群体的想法。这三位研究者分别是 C. W. 安德森、埃米莉·贝尔和克莱·舍基。他们说的和斯特雷差不多,只不过稍微宽泛一些:"新闻工作者不是被取代(replaced)了,而是被转移(displaced)了。他们在编辑链条上向上移动,从生产最初的观察结果转向了核实和诠释的角色,解释公众生产的文本、音频、照片和视频流的意义。"[21]

这种认为新闻工作可以从事实收集转移到综合和诠释的观点或许可以被称为新闻的转移理论(Displacement Theory of News)。

然而,一些人对另一种生产方式的推崇又走得过远,他们过度怀疑公民和技术带来的好处,并将旧的生产方式浪漫化。"新闻工作者在现场从事的公民劳动是那些弓腰驼背地坐在电脑屏幕前打字的博客主无法复制的。"[22]时任《纽约时报》执行总编辑比尔·凯勒(Bill Keller)2007 年在伦敦的一次公开演讲中这样说。

这两种观点都过于极端。

公民和机器不应该试图"复制"专业新闻工作者的角色。

与此同时,存在一种类似的看法:公众和机器可以通过合作"转移"专业新闻工作者所扮演的事实搜寻角色。这同样非常片面。我们需要新闻工作者做得更多,而不只是解释公众生产的信息流。这种转移的观念,或隐含的传统的新闻业已经过时的观念,或偏离搜寻核心事实的工作,都没有真正抓住关于权力机构如何运行以及如何报道这些机构的现实。最后,关于新闻工作者搜寻事实的角色已被转移的看法过于理论化,甚至是危险的。它让政府、公司和其他机构拥有过大的权力，控制了对公众的事实供应。白宫现在拥有优兔频道、推特账号以及汤博乐（Tumblr）轻博客账号这一事实不能被错误地理解为政府变得公开和透明。如果新闻工作者仅满足于获得官方发布的材料而不是自己挖掘更完整的真相版本，新闻的质量就不会提高。网络固然可以为每个人提供发布信息的工具，却不能保证所有重要事实得到发布，也没有以公民可以使用的方式来构造这些事实。

或许更重要的是，技术并没有"解决"如何了解关于事件的关键事实的问题。关于影响公众的大多数事件的事实并不是公开呈现的。即使是大多数公开会议上公布的决定，也往往是在秘密的行政会议，或更小规模的、更私密的会议上，在远离公众视线的地方做出的。我们需要知道的东西很少在优兔上发布。然而，如果我们的政治过程越来越多地转移到那里（这一点我们是支持的），那么毫无疑问，许多新闻生产中的真正决策会进一步转移到幕后。公共事务直播频道 C-SPAN 并不会神奇地让议会更好地运作。阐释阿富汗事务或是医疗保险立法的影响需要更多的实地采访，而不是"对公众生产的流媒体进行解释"。换句话说，我们不能想象关于公共生活的事实成为由网络采集和提交的商品。

对于大多数新闻而言，获得关于某个事件的事实涉及多个维度的发现过程：一个官方行动、一个事件或一次信息发布，随之而来的是调查，回应，以及观察、发现新的问题，然后是更多的调查。这个过程会不断重复，涉及大量的实地调查，以及对官方和公众生产的信息流的解释、说明。

关于技术和网络转移事实报道的讨论只涉及有限的少数话题，常常只是国内事务。"并不是所有的新闻都重要，"安德森、贝尔和舍基在他们的"宣言"里写道，这暗示大量关于艺术、体育和生活方式的报道，以及其他很多报道并不重要。"今天被生产出来的大多数新闻只是娱乐或消遣。"但是,他们错了。正如我们将在后文详细描述的那样,对文化、社会事件、时尚、体育以及其他领域的报道在很大程度上影响了我们对社群和公共空间的理解,以及作为公民的我们的生活方式。新闻业将自身局限于对政府机构的问责,将会限制自己的价值、参与程度以及维持自身生存的机会。

我们从怀疑主义者和乌托邦主义者两个极端的中间点上看到了新闻的未来。网络和公民不是取代了新闻工作者,而是使一种新型的、更丰富的新闻成为可能,在这种新闻中,公民、技术和专业新闻工作者携手创造出其中任何一方都不可能单独创造的更深入、更全面的公共信息。

机器将带来前人难以想象的计算能力,让新闻更量化、更准确。

公民将带来专业知识、经验和从更有利的角度观察事件的能力,在知识和专业性的深度方面超过任何新闻编辑部和传统记者的私人信源。

新闻工作者带来的则是获得信息的渠道,质询掌权者的能力,挖掘、转译和通过三角证据法核实所获信息的能力,以及更重要的,传统的以开放的心态进行调查的做法。

这三类参与者无间合作就能创造出一种新型新闻,其可被准确地理解为有组织的合作性信息(organized collaborative intelligence)。

换句话说,我们需要未来的新闻工作者充分利用网络的潜力,审查和组织网络输入的信息,与此同时在任何时候都能够提供专业的工作原则。这样才能让受众更深入、更全面地理解事实和共同体。

这一愿景中的未来的新闻工作者要做的不仅仅是生产新闻报道和说明性图片、表格。相反,他们将协助收集、组织和整理社群的信息，将机器网络技术与来自范围更广泛的公民和其他信源的知识、信息组合在一起，还要用上新闻工作者所拥有的报道、核实和审查的技巧。这种新闻不再是静态的产品。它们就是我们所说的有组织的社群信息。

然而，这种更优质的新闻，能够兑现创造社群和提高公民生活质量这一承诺的信息并非仅仅依赖新闻工作或仅仅依赖技术就可以生产出来。这种新闻观并不认为新闻工作者被取代、复制、限制或提升为意义的合成者。这种新闻观也不否定叙事的力量、现场报道的重要性以及发现事实的重要性。这是关于新闻业的未来的愿景，它并不否定新闻业的过去。

相反，这种关于新新闻的新愿景依赖网络媒体文化的承诺，也就是像传统的系统那样，致力于提供经过核实的、真实的信息，并且在事实的基础上进行意义阐释。启蒙时代的推动力量是追求真实的信息，并在此基础上形成了个人价值和公共的新闻界的观念。信息把公众从集权的独裁者或独断的权力中解放出来。我们看到，同一种类型的控制今天在新的地方形成，它们来自公司和政府，而不是君主和宗教。如果确证式新闻要在新时代里继续存在，那么它必须成为一种为公民赋能的力量，为他们提供所需的信息，使他们有效地参与自治。

新闻工作者关于民主的理论

人们客观上需要知道什么和主观上想知道什么，这个问题至关重要。如果公众处于不知情状态，那么新闻界有责任搞清楚其原因以及应该采取何种措施。然而，对于新闻工作者而言，近年来履行这一责任变得越来越困难。

从历史上看，大多数新闻工作者对自己作为信息中介的角色和公司的营利能力没有异议，他们满足于与商业压力隔绝。他们满足于让一种叫作"新闻判断"的东西来支配他们的决定。这是一个主观的，而且极其不科学的观念，但好处是这些判断不受商业压力影响。

我们总是有理由担心这种对主观的新闻判断的信任到底有多大作用。我们可能拥有能够想象得到的最自由的媒体，但是在过去的三十年里，能够说出本州众议院议员名字的美国人低至30%。[23] 即使在总统大选中，也只有刚刚过半的美国选民参加投票——投票率比没有《宪法第一修正案》的国家还低。[24] 大多数人从地方电视台获得新闻，超过其他任何信源，然而这种媒体几乎不关注政府运行的过程。[25] 在另一项调查中，只有29%的人说自己前一天读过日报，人们对外部世界的了解和五十年前相比似乎并没有更多。[26] 此外，也没有证据显示互联网出现后这些数字发生了实质性的变化。[27] 如果再深究的话，我们会发现，媒体向人们提供自治所需信息的理念很可能只是一个幻想。人们或许根本就不关心这个问题。在现实中，我们可能根本就没有实现自治。政府在运转，其余的人基本上只是看客。

这个问题在20世纪20年代一度成为热点，它源于报人沃尔特·李普曼（Walter Lippmann）和哲学家约翰·杜威（John Dewey）的争论。那是一个对民主持悲观态度的时代。德国和意大利的民主政府垮台。布尔什维克的革命在西方此起彼伏。人们对于国家利用高新科技和新型宣传技术控制民众意志的恐惧在不断增长。

李普曼当时已经是美国最著名的新闻工作者之一，他在畅销书《公众意见》（*Public Opinion*）中提出，民主制度存在根本缺陷。他说，人们大多只能通过间接的方式了解世界，然后通过"他们头脑中虚构的图像"想象世界。他们主要通过大众媒体来接受这些主观图像。李普曼认为，问题在于，因为媒体的缺陷无可救药，人们头脑中的图像不可避免地被扭曲并且残缺不全。同样糟糕的是，即使真相就摆在公众面前，由于存有个人偏见和刻板印象，以及心神涣散和愚昧无知，他们也根本没有能力理解它。最终，李普曼认为公众就像戏院里的过客，"在第三幕中间进场，在大幕落下前退场，在他们观赏的时间里，只能够辨认出谁是英雄，谁是坏蛋"[28]。

《公众意见》成为名著，而且被许多人视为现代传播研究的发轫之作。[29]它也深深地震动了美国最负盛名的哲学家、哥伦比亚大学教授约翰·杜威。杜威称李普曼对于人类感知局限性的分析"是用笔写就的对民主制度的最有效的控诉"[30]。

但是，杜威后来在自己所著的《公众及其问题》(*The Public and Its Problems*)一书中更详细地阐述了他的批评，提出李普曼对于民主的定义存在根本错误。杜威说，民主的目标不是有效地管理公众事务，而是帮助人们充分发挥自己的潜力。换句话说，民主是目的，而不是手段。确实，公众仅是政府的"最终仲裁人"，通常只为争论制订宽泛的原则。然而，杜威认为，这正是美国国父们想要的全部，因为民主生活除了包含高效治理，还包含更多的内容。民主的真正目标是追求人的自由。要解决民主中存在的问题，方法不是放弃民主，而是尽可能强化媒体的技能和提升公众的素质。

杜威感觉到的东西在今天的网络新闻文化中更容易体会，因为公民除了是受众，还是生产者、批评者、消费者和编辑。他相信，如果人们可以自由交流，民主自然会从人类互动中成长起来。因此，民主并不是为了有效管理而使用的策略。

九十年后，李普曼和杜威间的争论仍然为民主社会中是否可以实现新闻自由这一问题提供了重要论点。尽管时移世易，但是李普曼的怀疑主义和杜威的乐观主义仍然回荡在带有神学色彩的争论中，其中一派担心专业新闻的消亡，另一派则认为群众的智慧更可取。

尽管公民能够决定他们需要知道什么和什么时候想知道，但是新闻工作者的议程设置者的角色并没有消失，即他们会告诉受众什么是最重要的新闻，什么是头条新闻。专业报道新闻的人仍然要决定如何分配资源，报道哪些新闻，给予哪些新闻更大的篇幅，哪些新闻可以用较小的篇幅处理。他们每天要做出无数个类似的决策。

然而，今天对于新闻的选择都被实时公开直播，并且可以用点击量、阅读量、评论数、点赞数和转发量等加以衡量。议程自身变成了对话，健康的对话。

对于新闻工作者来说，具有挑战性的是如何对这些变化做出回应，从而继续扮演建设性的议程设置者的角色，帮助社群和不同的公众，使他们生产的新闻能够对周围的人有益。例如，新闻出版商能否谨慎地使用各种量化指标，而不是搬起石头砸自己的脚，让内容变得浅薄，仅仅通过使用名人的照片和相关的帖子增加阅读量。他们是否使用了恰当的表达，在理解公众的同时为新闻增加了一种重要性，即提示公众："这条新闻很重要，你是不是应该关注一下？"（我们将在第9章详细地讨论这个问题。）

新闻工作者可不仅仅是在生产新闻，他们还在从事更重要的工作。在编辑设计一个版面或网页，或者记者决定重点报道哪个角度或细节时，他们同时是在根据自己的日常人际互动经验来猜想读者想要或是需要知道什么。他们没有意识到，在工作的同时，他们也在实践某种民主理论——这种理论关于政治、公民权利受何种力量推动以及人们怎样做出判断。

此处，我们的目的是提出一种理论；这个理论通常没有被意识到，但是我们认为它隐含在为作为公民的我们提供最佳服务的新闻业中。

许多批评者认为，李普曼的观点过分地主导了新闻工作者在该观点提出后九十年中的实践。[31]研究显示，报纸和电视新闻报道的目标市场定位是销售广告而不是为范围更广泛的公民提供信息。一些出版物,尤其是报纸,有意迎合精英群体,因为这个群体对某些广告商最有吸引力。另一些媒体,比如地方电视广播网的目标是那些买车和啤酒的观众,因此很少提供政治新闻。[32]媒体不愿意报道政策和政治理念,要不就把它们表现为体育竞赛,甚至把某个政策立场看成压制竞争对手的精打细算。[33]记者们承认,即使在政治选举报道中,直接采访选民这一做法也成为正在消失的艺术,它被民意测验这样的貌似科学的做法所取代,而公众在这一过程中所要做的只是对媒体设计的问题做出回应而已。即使是这样,对公众的呈现也不完整,抽样调查经常会筛掉非选民,在调查结果中完全听不到人口中这一重要群体的声音。看到民意测验的崛起,詹姆斯·凯里写道,我们的新闻工作"以公众的名义证明自己的正当性,但是公众除了充当看客外在其中不起任何作用"[34]。公民成为一个抽象的概念,有时媒体会谈及它,但不会与之交谈。

毫无疑问,公民媒体的兴起和消费者权力的增加有助于解决公众在公共讨论中被抽象化的问题。公众正在努力加入对话。不难想象,那些拥有自己政治议程的人更容易被报道。传统的新闻总是更擅长报道发生在公共空间的官方争论,而不擅长报道发生在餐桌上的真正的公共争论。

自称通过今天社交媒体上的言论了解公民关心什么的新闻工作者很快会发现自己同样错了。

然而,这并没有解决新闻工作者如何才能发现公民想要什么和需要什么的问题。相反,这意味着媒体需要一个更清晰的有关民主和公民的理论。

当我们研究新的公共网络空间中新闻工作者和公民的互动关系时,我们发现,今天的公众和传统的争论中提到的公众相比,复杂性和流动性更强。我们认为这一特征为公民和新闻工作者如何行动提供了开门的钥匙。

连锁公众理论

戴夫·伯金（Dave Burgin），曾在佛罗里达州和加利福尼亚州的报社担任编辑。他在教年轻的同行排版艺术时，会传授他们一个关于新型受众的理论。他会说，想象一下，你的读者中只有不到15%的人想读某份报纸某个版面上的一篇报道。你的工作就是确保每个版面的报道都具有多样性，这样每个读者都会在其中至少找到一篇想读的报道。[35]

伯金的版面多样性理论中隐含着这样一种观念：每个人都对某些事物感兴趣，甚至是这方面的专家。那种认为某些人一无所知，而另一些人对每件事情都感兴趣的观念只是神话。当我们听到新闻工作者和公民的谈话时，我们意识到伯金的理论更现实地描述了人们是如何与新闻互动并且成为公众的。

我们把这种理论称为连锁公众理论（Theory of the Interlocking Public）。

为了论证的方便，我们不妨假设，每一个事件都涉及三个较宽泛的类别的公众参与，而每个类别又包含更为微妙的子类别。第一类是参与的公众。发生的事件与他们的个人利益息息相关，他们对事件也有着深入的理解。第二类是感兴趣的公众。他们与事件没有直接关系，但是他们受到了影响并基于切身经验做出了反应。第三类是不感兴趣的公众。他们几乎不关注某个事件，或者说即使有所关注，也是因为他人挑起了话头。在不同的事件中，我们分别属于这三类连锁公众群体中的一类。

例如，底特律郊区的汽车厂工人不关心农业政策或外交事件，可能只是偶尔买张报纸或看看电视新闻。但是，他可能多次参加关于劳资谈判的辩论，非常了解公司的官僚系统和工厂的安全情况。

他的孩子可能在当地学校就读，有朋友靠福利救济度日，知道自己钓鱼的河受到了污染。在这些和另一些与他有关的事情上，他有不少知识和经验。在一些事情上，他是参与的公众；在另一些事情上，他是感兴趣的公众；当然还有一些事情对于他来说十分遥远，他一无所知，也无法参与。

华盛顿一家律师事务所的合伙人也很难被简单地归入某一类群体。她是一位祖母，热心园艺，关注新闻，远远看上去就像一个标准的具有参与精神的"精英"。她是全国数一数二的宪法专家，言论经常见诸媒体；她对科技充满恐惧，讨厌投资和商业，对这些领域也一无所知。她的孩子已经长大成人，她对本地学校，甚至本地政府的新闻也失去了兴趣。

我们还可以想象有一个生活在加利福尼亚州、受过高中教育的家庭主妇，她把丈夫的事业看成自己的事业。她在孩子的学校里参加义务活动，敏锐地发现当地报纸的教育报道有错误，她在平时与人打交道的过程中培养了某种直觉。

当然，上述人物是我们虚构出来的，这说明现实中的公众有多么复杂。公众的力量正源于其规模和多样性。深度介入某个问题的专家在另一个问题上可能就是无知且冷漠的公众的一员。上述三类公众只是粗略的概括，他们互相制约，因此并非只有积极的感兴趣的公众才会热烈地参与社会讨论。此外，混合型的公众通常比参与的公众这一单一类型明智得多。

如果倾听新闻工作者谈论他们在工作中对受众的想象，你会感觉到连锁公众的存在。在担任《纽约时报》的公共事务版编辑期间，拜伦·卡拉姆（Byron Calame）在采访同事时感觉到了这一点。"一些编辑，包括当了一段教育版编辑后刚转任全国版编辑的苏珊娜·戴利（Suzanne Daley），提出他们必须时刻牢记存在着两类读者。'一类是专家，不管我们写什么，他们都会读，并且会进行严苛的评判……另一类是充满好奇心的普通人，他们没有多少时间仔细阅读，在我看来，他们才构成真正的挑战。他或她或许会阅读这则新闻，但是这则新闻得具有足够的吸引力才能留住他们。因此，我认为这个游戏的规则就是：对于大学宿舍或家教这样的题目，我们要写得准确且有分量，让不感兴趣的人也觉得非常有趣。'"[36]

纽约市立大学（The City University of New York）教授C. W. 安德森在写到网络让受众变得碎片化时，指出公众的构成十分复杂。这和我们的想法类似。他提出，围绕不同的事件和关注点会形成不同的公众，这些事件和关注点比人们通常认为的更加微妙，网络让我们看到这些公众并与之联系在一起。但是，他也指出，公众并不会在网上形成一个具有代表性的整体，他们是随机出现的。"在网上，所有的公众都呈现为碎片的状态。总有一部分公众是无法联网的。总有一些未被吸引的公众碎片，他们和我们只间隔鼠标的一次点击。"[37]

我们的连锁公众概念和安德森的复合公众（multiple publics）观念紧密相关，不过，被安德森视为碎片的公众，被我们描述为复数的公众。我们将公众看作重叠的块状人群，他们受益于多样化的、或强或弱的兴趣。我们认为，公众的能力远比李普曼所想象的要强，而媒体也并没有从事李普曼所想象的那种把"真相"传递给被动的公众的艰巨工作。

新闻媒体（现在更像是由专业的新闻工作者和公民共同构成的网络）的工作就是给这群复杂且充满活力的公众提供他们所需要的东西，以便他们自己随着时间的流逝从中发现真相。

上述对公众的复杂看法同时隐含着对现代媒体所扮演的角色的批评。只关注专家型精英——特殊利益集团——的新闻业对公众的幻灭感要负一定责任。这样的媒体没有反映多数人生活于其中和体验的真实世界。同样，政治报道专注于战术上的考量，满足了那些极度关心政治的人,却把只有些许兴趣或缺乏兴趣的公众晾在一旁,没有履行好新闻工作者的义务。此外,那种放弃关注重要议题、只报道能吸引大多数受众的事件的新闻,即那种无论何时都会像病毒般迅速扩散的新闻,实际上是置大多数受众于不顾。

简言之,更为多样化的连锁公众愿景表明,我们的新闻媒体应该尽可能地为最广泛的共同体的利益服务。即使是为细分市场服务的媒体也有自己为之服务的社群。为了做到这一点,新闻工作者在报道事件时就必须把自己想象成是在为处于渐变的兴趣和知识光谱上的公众服务。与此同时,新世纪的发展趋势也清楚地说明,发现连锁公众的复杂多样的需求变得比以往更加困难。例如,数字时代的网络媒体,一直在努力理解或为美国选民的断层线(fault lines)创造一个连贯的叙事,而不是给美国贴上"两极分化"的标签。新闻界却基本没有看见21世纪头两次选举中的保守主义潮流,同样未能预测或理解茶党运动的兴起。新闻界也没有预测到与上述潮流相反的变化,如2008年奥巴马的当选,并且除了少数例外,未能成功预测奥巴马2012年比较轻松的连任,而媒体几乎立即错误地为这一结果贴上了"人口构成变化所造成的不可避免的结果"的标签。

传统的新闻界和新型的更加网络化的媒体都未能预测或解释这些变化的规律,这不仅揭示了连锁公众的复杂性,同时暗示了导致这一问题的部分原因是传统媒体和新媒体建构相关议题的方式。比如,2013年的美国被认为是极化的,那时大多数人(总人口的73%)支持对枪支购买者进行更多的背景审查,但是国会依然未能通过相关法案。[38]

在媒体数量不断增加的背景下,注意力成为最珍贵的商品。为了获得它并保持它,一些出版人求助于政治版本的煽情主义风格:贩卖恐惧,使用刻板印象和标签来边缘化和妖魔化自己的对手。在报道民权运动、性解放、反越战心理、移民和全球化等20世纪下半叶的重大社会问题时，传统媒体使用这些抽象概括和分类，并依赖持有极端意见的发言者。刻板印象和标签成为公共辩论中的通用语言，让媒体不再停下来追问这些立场在多大程度上被广泛接受，甚至不去追问这些立场意味着什么。在网络世界的开放文化中，最富有激情和组织得最好的利益集团可以集结类似"公众"的声音，极端主义和极化的趋势可能只会加剧。我们经常会错误地把社交媒体中的话语想象成更真实的，或更接近公众的真实想法的表达，因为它没有被中介。这是一个幻觉，不仅是因为只有一小部分美国人在社交媒体上处于活跃状态（2013年，只有18%的可以上网的美国人使用推特）。社交媒体上的对话也不具有代表性。皮尤中心对推特上的话语进行了一年的监测，并将其与公众就同一问题回答调查问卷的科学样本进行了比较，发现二者之间基本没有相关性。社交媒体上的情绪一般是由某一特定时刻被激怒的那一方主导的。[39]

正如安德森所言，这给理解公众带来了一系列新的挑战。这也增加了责任。如果我们的新型新闻工作者要为民主社会的公民服务，那么他们的职责就是促进公众相互理解，这种理解允许某种妥协，而这种妥协是治理复杂的连锁公众所依赖的。

在众声喧哗、争夺注意力的媒体景观中，连锁公众理论也给新闻工作中细分市场这一概念蒙上了一层阴影。由新型信息发布平台创造的大部分细分受众群很难用市场研究者人为制定的类型加以界定。瞄准18岁至34岁的女性，或X世代，或足球母亲（soccer moms），或橄榄球迷的电视节目很可能把比预想中更多的真正目标受众排除在外。人们远比我们为其创造的类型和刻板印象复杂得多。

新的挑战

如果说连锁公众理论强化了新闻应该促进民主自由的观念,那么可以说新闻业在网络出现的最初几十年就面临着最严峻的威胁。

在互联网出现的早期,诸多传统媒体公司认为在未来规模为王。这导致了一波联合和兼并,但是几乎所有的案例都失败了。然而,在这些公司联合的过程中,它们开始把兴趣从新闻业转向商业利益——在某种意义上说,也就是从完成使命转向为了生存而营利。

当媒体大亨鲁珀特·默多克(Rupert Murdoch)的公司赢得了新加坡的电视转播权时,他表扬了这个国家:

> 新加坡非常干净,没有毒品。在不久以前它还是被剥削的、贫困落后的殖民地,受饥馑、疾病和其他问题的困扰。现在,人们住进了有三个房间的公寓,拥有了工作和洁净的街道。物质的刺激创造了商业和自由市场经济。[40]

在默多克发表了这个声明之后,其他让新闻从属于商业利益的事例层出不穷。

在21世纪的第二个十年里,"媒体"一词被用来描述那些几乎不生产自己的内容的公司,它们比20世纪的任何媒体公司都更大,更有权力。它们也几乎不承担历史上的新闻业所声称的那种责任:创造服务公众的和问责的报道。

到2013年为止,5家公司控制了互联网上64%的广告收入,它们是谷歌、雅虎(Yahoo)、脸谱、微软(Microsoft)和美国在线(AOL)。[41]

作家丹·吉尔摩曾暗示,谷歌的权力很大,该公司实际上已经成为"互联网世界最大的领主"(Internet overlord)。[42]

作家丽贝卡·麦金农（Rebecca MacKinnon）指出，谷歌、脸谱和其他少数公司对我们的生活拥有巨大的权力，它们实际上是我们的主宰者。"我们对安全、娱乐和物质享受的渴望都受它们操纵，以至于我们主动地、热切地接受它们的统治。"她最后发出了一句号召："我们有义务让这些滥用数字权力的公司、它们的帮凶和合作者担负责任。如果我们不这么做，有一天我们早上一觉醒来会发现我们的自由已被侵蚀得面目全非，而那个时候我们只能怪自己。"[43]

那些被麦金农称为数字主宰者的公司与地理空间、公共空间甚至国家没有联系，这意味着在讨论新闻生产背后的企业公民或社会责任概念时又要面对另一重不确定性。

一些人，比如《大公司的终结》（The End of Big）的作者、哈佛大学的尼科·米尔（Nicco Mele），指出这些大公司可能寿命不长。为了推动革新，网络经济更青睐松散地连接在一起的灵活的个体。但是，即使米尔是正确的，这些大公司似乎还是更可能被另外一些寿命不长的巨头所取代。新媒体经济的货币更倾向于严重依赖股票期权、上市、买进卖出。在这个世界里，公司责任和价值观似乎已经过时，甚至是不重要的。

如果发行公司开始购买新闻，或者生产自己的新闻，新闻部门的管理人员就会为了自己的独立而抗争，但是历史资料显示，他们会因自己属于少数派而受到打压。新闻学者詹姆斯·凯里在互联网时代刚刚到来时说："回首20世纪30年代，我们可以看到钢铁和化工产业开始收购欧洲的新闻机构。"这改变了欧洲新闻界对法西斯主义的看法。今天，他预言，美国的新闻业"正在被娱乐产业和电子商务收购。今天的娱乐产业和电子商务就是20世纪30年代的钢铁和化工产业"[44]。

新闻自由根植于独立和多样的声音。只有不受政府审查的新闻才能说出真相。在现代环境下，自由的含义有所增加，它同时包含不受其他机构（政党、广告主、商业和其他势力）的控制。新闻业的经济崩溃的一个副产品就是新闻界作为独立的社会机构正在受到威胁。新闻业不可能再像过去那样独立成为一个产业，而且其产品也日益与其他产品［彭博新闻社（Bloomberg News）租售的财经终端］或政治因素（游说群体生产自己的新闻）纠缠在一起。虽然技术创造了前所未有的信息和观点的自由流动，但萎缩的新闻部门意味着问责新闻的衰落。这是一个事实，是所有公民都应该担忧的事实。

最后，问题归结为一点：21世纪的新闻工作者能否继续坚持为那些产生于三个半世纪前的目标奋斗？

要回答这一问题，第一步要明确新闻的目标是什么。下一步是深刻理解那些支撑新闻工作者代表我们坚持追求这一目标的基本原则。

第 2 章　真实：首要且最令人困惑的原则[①]

约翰·F. 肯尼迪（John F. Kennedy）遇刺几天以后，继任总统的林登·约翰逊（Lyndon Johnson）召见了国防部部长。约翰逊想知道在一万英里外的一个叫越南的小国究竟发生了什么。约翰逊不相信他在副总统任上曾听到的汇报。他想得到自己的信息。当时的新闻报道暗示，新政府通过军事政变上台后已经有几个月的时间，越南的形势急剧恶化。但是情况有多糟糕？为此，国防部部长罗伯特·麦克纳马拉（Robert McNamara）飞往西贡，花了三天时间与所有将军交谈，并视察了各战区。

回国途中，麦克纳马拉在新山一国际机场（Tan Son Nhat Airport）召开了新闻发布会。他宣称敌人的活动已经被打压，他"对来年可能取得的进展十分乐观"[1]。第二天，他在安德鲁斯空军基地（Andrews Air Force Base）降落后，搭乘直升机来到白宫亲自向约翰逊报告。之后，在对白宫记者的简短讲话中，他这样描述了与总统的会面："我们详细地回顾了南越的计划以及我们自己的军事顾问提出的 1964 年的行动计划。我们有充分的理由相信，我们将

[①]　"Truth"一词有真实、真相和真理三种不同的译法。这三种译法在不同的语境中略有区别。在本书中，涉及哲学讨论时译作"真理"，作为抽象原则时译作"真实"，而在新闻操作层面译作"真相"。

会获胜。我们对此有坚定的决心。"正如《华盛顿邮报》(*Washington Post*)时任执行总编辑本杰明·C.布拉德利(Benjamin C. Bradlee)多年后所说的那样:"全世界再也没有听到有关国防部部长拜见约翰逊总统或者他向约翰逊总统汇报情况的消息。"[2]

八年后,《纽约时报》和《华盛顿邮报》刊登了一份机密的政府撰写的历史文件,内容是领导人对于越南战争真正的所知所想。在后来被称为五角大楼文件的堆积如山的文件中,就有麦克纳马拉那天实际上向总统报告的内容。麦克纳马拉在给约翰逊的私人备忘录里警告道:"情况非常不妙,按现在的趋势看,除非在未来的两三个月里形势出现逆转,否则最好的结果也就是'中立化'(neutralization)(当时他用这个词来指代僵局),""越南很有可能成为共产主义国家。"换句话说,他早在1964年就道出了美国在越南战争中的失败。他说,新的南越政府"优柔寡断、随波逐流"。帮助他们的美国团队"缺乏领导能力,缺乏信息,无法形成集体计划"。关于敌人,"从7月开始农村地区的情况就一直在恶化,远远超出我们的认知……"

这是一个令人震惊的评估,与麦克纳马拉在公开场合所说的一切完全相反,它比美国公众所知道的任何事情都更直白,更令人恐慌。

越南形势的严重性对在越南的记者来说并不神秘。麦克纳马拉向总统报告两天后,《纽约时报》的戴维·哈伯斯坦(David Halberstam)① 就发表了一篇详细的形势评估文章。他写道:在越南的斗争已经到了"紧要关头"。他在越南待了15个月后刚刚回国。哈伯斯坦的观点在某些方面甚至与麦克纳马拉的私人备忘录一模一样。[3] 不过,哈伯斯坦的匿名消息源被隐晦地表述为"经验丰富的

---

① 戴维·哈伯斯坦(1934—2007),美国著名记者兼作家,普利策新闻奖得主。写有《掌权者》《出类拔萃之辈》《最寒冷的冬天》等知名非虚构作品。

西方观察员"和不具名的"官员"。合众社（United Press International）的记者尼尔·希恩（Neil Sheehan）调查得更深入。他写的麦克纳马拉访问越南的报道暗示，国防部部长对越南领导人直言不讳，说明情况有多糟糕。不过，希恩的消息源也是匿名的，他没有提到，或者显然不知道，麦克纳马拉给约翰逊总统的评估报告有多直白。

布拉德利20年后可能会想，如果麦克纳马拉的真实想法和他实际上向总统汇报的"真相在1963年而不是1971年大白于天下，会发生什么"[4]。

真相与**谎言**、**准确**与**错误**——我们每天都在使用这些词，认为它们传递着某种有意义的东西。麦克纳马拉在新闻发布会上说的是**谎言**。五角大楼文件揭示的他的想法和他向约翰逊汇报的内容是**真相**。新闻媒体准确地报道了麦克纳马拉在新闻发布会上所说的话。一些记者甚至试图通过匿名信源传达这样一种感觉：麦克纳马拉可能比他表现出来的更忧心。但是，他们没有获得他记录下来的和告诉总统的真相。八年后，五角大楼文件引起轰动，以至于理查德·尼克松（Richard Nixon）政府试图动用最高法院的力量来阻止其公开发表，但未能成功。越战又持续了十年，麦克纳马拉预言的失败才最终发生。

在过去三百年间，为了实现提供新闻的功能，即为了让人们形成对世界的看法而提供间接的知识，专业的新闻工作者逐渐确立了一套松散的原则和价值观。在这些原则之中，最重要的就是：

新闻工作的首要义务是对真实负责。

在这个问题上，人们的看法既绝对一致，又心存困惑：每个人都同意新闻工作者必须说出真相，但是人们对于"真相"的含义却

不甚了解。

皮尤中心和热心新闻工作者委员会在1999年调查新闻记者心目中最重要的价值时，100%的被访者都回答"正确报道事实"（getting the facts right）[5]。

我们在和来自高校的合作者联合进行深度访谈时发现，无论是新媒体还是传统媒体的新闻工作者都主动将"发现真相"作为自己的首要使命。[6]在论坛上，即使是在意识形态上存在分歧的新闻工作者也给出了同样的答案。另类周报《韦斯特沃德》（*Westword*）的编辑帕蒂·卡尔霍恩（Patty Calhoun）说："我们的意思是，你无法做到客观，因为你在工作中总是带有某种倾向，但是你肯定能追求准确、公平和真实，并且这种追求将一直持续下去。"[7]

希望得到真实的信息，这是人的基本欲求。因为新闻是人们了解和思考自己身外世界的主要依据，所以有用和可靠成为它最受重视的素质。明天会下雨吗？前方是否交通拥堵？我支持的球队获胜了吗？总统说了什么？真实会带来安全感，因为安全感来自知晓。真实是新闻的本质。

对真实的基本需求十分强烈，有证据显示它是一种与生俱来的天性。"太初有道"（In the beginning was the Word）①是新约《约翰福音》的第一句。最早的新闻工作者是前文字社会的信使，他们要能准确、可靠地记住一切，这部分是出于生存的需要。这些信使传递的新闻常常生死攸关。部落的首领只有掌握了准确的信息，才能知道山后的那个部落是否会发起进攻。

有趣的是，专制的社会有意轻视对真实和准确进行咬文嚼字般的定义，就像今天的后现代主义者一样，不过两者的原因有所不同。比如，中世纪的僧侣提出，真理是有等级的。最高级的是关于

---

① 直译为"世界产生之初就存在语言"。据旧约《创世记》记载，上帝是通过语言创造世界的。

宇宙命运的讯息，例如是否存在天堂。其次是道德真理（moral truth），它教导我们如何生活。再次是寓言真理（allegorical truth），它来自故事中蕴含的道德教诲。最后，处于最底层的是最不重要的真理——表面真理（literal truth），它通常被理论家视为毫无意义且无关紧要的真理。一部14世纪的手稿用今天我们经常从后现代主义学者或好莱坞制片人那里听到的相似逻辑解释道："历史上的真实事件还是虚构的事件，这个区别并不重要，因为起决定作用的不是内容本身，而是其意义。"[8]

现代的政治特工也信奉相似的观念，经常宣扬在公共生活中"感觉就是真实"的论调。例如，1968年理查德·尼克松身边的特工人员就大肆宣扬这种理念，加大了他们在那次选举中的作用，那些为持相反立场的政客，如比尔·克林顿（Bill Clinton）和米特·罗姆尼（Mitt Romney）服务的特工也采取了同样的手段。[9]

乔治·W. 布什（George W. Bush）的一位不愿透露姓名的顾问在2004年接受过《纽约时报杂志》（*New York Times Magazine*）记者罗恩·萨斯坎德（Ron Suskind）的采访，不妨看看他是怎样谈论政府如何控制新世界的信息的："（新闻工作者）属于我们所说的以真实为基础的群体……但那已经不再是今天的世界的运行方式了……我们采取行动时，我们会制造我们自己的真实。当你研究这种真实时……我们会再次行动，制造另一个全新的真实，当然你还可以继续研究。"[10]

用于信息管理的工具今天无疑更为强大。制造了公民新闻这一观念的技术也使掌权的政客控制自己公众形象的能力大为增加。2013年的一项研究考察了美国51家报纸的记者发布的推文，研究发现，"推文中政客被引用的频率是公民的12倍，而来自政府雇员的引语占到总量的75%，"这反映了新的传播技术在多大程度上打开了公众查看服务于特殊利益的信息的视野。[11]

官方的信息管理，无论是由中世纪的教会领袖还是今天的政治特工操作，其目标都不是告知而是控制。他们不愿表面事实妨碍政治的或宗教领域的说服。对于现实的准确理解是对教条的反驳和与教条不和谐的声音。

当现代媒体伴着民主理论的诞生逐渐萌芽时，对真实和准确的承诺迅速成为早期新闻业进行市场营销的有力手段之一。英格兰第一份可确认的定期出版的报纸提出要依赖"最好和最确凿的情报"。法国第一张报纸虽然由政府所有，但是其编辑在创刊号上承诺："在一件事上我不会向任何人屈服——那就是我对真实的追求。"类似的关于准确性的承诺在美国、德国、西班牙及其他地区的早期报纸上随处可见。[12]

美国早期的殖民地新闻是议论和事实的奇怪混合体。尽管航运和货运的信息非常准确，但是政治上的刻薄攻击就不尽然，很显然其中的观点或言论的分量要大于严格意义上的信息。即便是那个时代因揭露亚历山大·汉密尔顿（Alexander Hamilton）和托马斯·杰斐逊的性丑闻而臭名昭著的丑闻贩子詹姆斯·卡伦德（James Callender）也不会无中生有地向壁虚构，而是贩卖混合着传闻的事实。[13]

随着19世纪的新闻业从政治控制的束缚中解脱出来，它开始吸引第一批大众读者。为了达到目的，它既依靠煽情的犯罪新闻、丑闻、恐怖事件和名人崇拜，同时也面向普通大众，用浅显的语言写作新闻。新闻不再纠结于政党之间的相互攻讦，这一转变开始于19世纪30年代创刊的《纽约太阳报》（*New York Sun*）。到19世纪末，新闻业在大众化和煽情化方面达到了新的高度。这是威廉·伦道夫·赫斯特、约瑟夫·普利策和"黄色新闻"的时代。即使是这些黄色新闻大亨也向读者保证他们可以相信自己读到的一切，虽然这一承诺并不总是能兑现。赫斯特的《纽约新闻报》（*New York*

Journal）尽管刺激性远超过创造性，却自称该市最真实的报纸。普利策的《纽约世界报》（*New York World*）按照其座右铭"准确、准确、准确"行事，并且比人们通常认为的更可靠。[14]

为了让读者确信他们可以相信读到的一切，1913 年普利策在《纽约世界报》建立了准确和公平部（Bureau of Accuracy and Fair Play）。1984 年，卡桑德拉·泰特（Cassandra Tate）在《哥伦比亚新闻评论》（*Columbia Journalism Review*）上发表文章，描述了《纽约世界报》的第一位调查员在研究报纸刊登的沉船报道时发现的规律：每个报道都会描述一只幸存的猫。当这位调查员向记者问起这个奇怪的巧合时，他得到了下面的回答：

> 有一艘沉船上刚好有只猫，船员回去把它救了出来。我在自己的报道中专门写到了这只猫。其他报纸的记者因为没提到这只猫，在竞争中略逊一筹，结果被城市版的编辑责骂。第二次再有船沉没时，虽然没有猫，但是其他负责沉船报道的记者不愿意冒险，便擅自加上了一只猫。我写的新闻中没有提及这只猫，被别家报纸抢了风头，受到我们的编辑严厉的斥责。因此，只要有船沉没，我们总会加上对猫的描写。[15]

当然，具有讽刺意味的是，这些修饰都是为了创造一种现实主义的感觉才加上的。

到了 20 世纪初，新闻工作者开始意识到现实主义（realism）和现实性（reality）——或准确性和真实性——并不能简单画等号。沃尔特·李普曼在 1920 年出版的《自由与新闻》（*Liberty and the News*）一书中将**真相（truth）**与**新闻（news）**作为同义词互换使用。但是，在 1922 年出版的《公众意见》中，他却写道，"新闻和真相并不是一回事……新闻的功能只不过是突出某个事件，"或使人们知晓而已。"而真相的功能是揭示隐藏的事实,让它们彼此联系,以形成一幅人们可以据此行动的现实的图像。"[16]到了1938年,新闻学教科书已经开始质疑新闻究竟在多大程度上能够做到真实。[17]

在后来的五十年里,经过长达几十年的争论(有时是由政治空想家引发的,有时是由后现代解构主义者引发的),现状是,一些人认为任何人都无法在有意义的语境中阐明事实,报道关于它们的真相。认识论的怀疑主义弥漫于整个知识界,从艺术、文学、法律、物理学到历史学,无一幸免。哥伦比亚大学历史学家西蒙·沙马(Simon Schama)表示,"最终可观察到的、可经过经验验证的真理的确定性"已经消亡。[18]

随着数字时代的到来,一些人提出,我们所说的真相只不过是寡头新闻系统通过听取有限的当权派信源提供的信息后所达成的"共识",这种真相是易变的,并不像我们想象的那么牢固。纽约大学(New York University)教授克莱·舍基提出:"真相就是那些说服我们相信特定断言的判断。"[19]

换句话说,怀疑真相之类的东西是否存在的想法古已有之。真相看起来过于复杂,以至于我们在新闻中或其他地方难以追求。或许它根本就不曾存在,因为我们都是具有主观性的个体。这些论点很有意思,甚至从哲学层面看,是能够成立的。但是,这会置我们所说的新闻于何地?在今天,难道**真相**这个词充其量只能在日常对话中使用,而禁不起推敲?

显然,真相具有不同的层面。记者兼新闻批评家理查德·哈伍德(Richard Harwood)在我们为本书进行调查时所组织的一个论坛上说:"《纽约时报》的记者告诉我们几天前纽约巨人队(New York Giants)以8∶20输掉了橄榄球赛。那是真相的一小部分。关于巨人队为什么会输掉比赛的报道,可以有上百种来自不同视角的写法,每种写法都会受到刻板印象和个人偏好的影响。"[20]

新闻工作者必须对真实负责究竟意味着什么？试图回答这个问题的研讨会或哲学小册子一般都以混乱收场。导致该现象出现的一个原因是这些讨论通常没有从现实世界出发。关于"真相"是否真的存在的哲学讨论在语义学上失败了。

导致该现象出现的另一个原因是新闻工作者从未对他们自己所说的真相意味着什么有一个十分清晰的看法。新闻工作的实质是行动和实践，不是哲思和内省。新闻工作者关于这一问题的严肃思考并没有留下丰富的文献，仅有的少数文献也没有多少人看过。新闻工作的理论研究留给了学术界，许多新闻工作者素有轻视新闻教育的传统，他们认为学习新闻的唯一方式是工作中的言传身教。即使是令人尊敬的电视网记者特德·科佩尔（Ted Koppel）也曾说过："上新闻学院纯粹是浪费时间。"[21]

在解释他们如何做到报道真相时，新闻工作者通常会迅速地从采访、演讲，或者更糟糕的是，从商业口号中抽取几句话来回答，他们经常依赖一些粗糙的隐喻来加以说明。传媒是社会的"镜子"，时任广播与电视新闻总监委员会（Radio and Television News Directors Association）主席的戴维·巴特利特（David Bartlett）如是说，这也呼应了当时的一句常用语。著名的电视主播汤姆·布罗考告诉我们的学术合作伙伴说，新闻"是当天情感的反映"。美国有线电视新闻网（CNN）的一位制片人认为新闻就是"某一天中最有新闻价值"的一切信息。[22]这些解释使新闻工作者看起来似乎只是事件的被动记录者，而不是调查者、选择者或编辑。[23]好像他们认为真相就像发面一样，自己会膨胀。新闻工作者不但没有为自己发现真相的技巧和方法进行辩护，反而否认这些技巧和方法的存在。

无论是秘而不宣、坚持理想主义还是无力阐释，新闻工作者对自己所从事的工作缺乏清晰的说明不禁让公民心存疑惑：新闻界究竟是在自欺欺人还是隐瞒了什么？这也是导致新闻客观性陷入困境的原因之一。客观性这个概念变得极易被误解、被抨击，以至于相关讨论大多会离题千里。这也是新时代的数字化先锋试图思索他们正在颠覆的新闻业时，倾向于摒弃新闻专业主义的原因之一。他们把新闻工作者想象成和速记员差不多的人，他们随机挑选信源，使用粗糙的平衡概念来达到精确性。即使并非大部分新闻工作者都这么干，至少也有不少这么干。他们没有自己的专业术语，更不必说标准的方法，甚至没有关于新闻工作的文献来说明他们自己。

我们将在第 4 章深入讨论这个问题。从根本上讲，并不是新闻工作者应该保持客观，而是他或她的方法应该保持客观。然而，部分由于当今的新闻工作者无法清晰地说明自己所做的一切，目前我们对客观性的理解变得混乱不堪，令人困惑。就像我们前面提到过的，许多人把客观性误解为保持中立，这一点后面还将详细讨论。

虽然公众充满疑惑，但是毫无疑问，新闻工作者坚信自己的职责是追求真相，而不仅仅是追求言论自由或商业自由。他们必须如此，因为这是社会对他们的要求。

正如我们将要看到的，"新闻真实"不只意味着准确（accuracy）。它是一个发生在最初的新闻报道与公众、新闻工作者和记者三者的互动之间的去伪存真的过程。新闻的首要原则——超功利地追求真相——最终将新闻与其他形式的传播区别开来。

新闻真实

想要理解这一去伪存真的过程，重要的是要记住新闻工作存在于更大的社会环境中。公民的生活和团体的运作依赖对事件的准确而可靠的叙述。他们开发各种程序，设立各种流程，以获得所谓的"实用的真相"（functional truth）。依据事实，警察搜查并逮捕疑犯，法官进行审理，陪审团做出裁决。在事实的基础上，人们规制产业、课税和立法。我们也依据这些真实向下一代传授规则，以及历史学、物理学和生物学的知识。所有这些真相——甚至科学法则——均处于不断修正的过程中，但是我们同时又在遵循它们，因为我们离不开它们，也因为它们确实起作用。

这就是我们的新闻必须追求的真相——一种操作性的或实用的真相。这种真相不是绝对的或哲学意义上的真相。它不是化学方程式那样的真相。新闻工作能够而且必须追求那些我们在日常生活中能够使用的真相。《纽约时报》的比尔·凯勒质问道："我们期待陪审团做出公正的裁决，教师诚实地授课，历史学家写出不偏不倚的历史，科学家进行不带偏见的研究，我们认为这些都是天经地义的。但是，我们为什么要为可怜的记者设定更低的目标呢？不论真正的客观性是否可能实现——我不认为这应是我们讨论的议题……我们努力报道，力求尽可能多地向读者提供足够的信息，帮助他们进行决策。这就是我们的美好理想。"[24]

这是否意味着新闻工作者只需坚持准确性，把名字和日期写对就万事大吉？这就足够了吗？大多数现代新闻的解释性不断增强，等于对上述问题给出了否定的回答。一则仅仅建立在准确基础上的新闻并不能为当代的公共社会服务。

我们要认识到，仅仅做到准确无误，这本身就可能造成某种歪曲。早在1947年，由一群学者组成的哈钦斯委员会（Hutchins Commission）花了数年时间完成了一篇报告，概括了新闻工作的责任。在这篇报告中，他们对发表那些"事实正确但本质虚假"的内容所导致的危险提出了警告。[25]当时，这个委员会以一些对少数群体的报道为例，说明由于没有提供社会背景或者无理由地强调种族或民族，读者错误的刻板印象被强化。该委员会的结论是："仅仅真实地报道事实（report the fact truthfully）已经不够，目前更有必要的是报道有关事实的真相（report the truth about the fact）。"

单纯的准确也不是人们追求的目标。新闻工作者杰克·富勒在《信息时代的新闻价值观》(News Values: Ideas for an Information Age)一书中描述了哲学家想象的两种检验真相的标准：一种是符合论的（correspondence），另一种是融贯论的（coherence）。对于新闻工作而言，这些标准大致可以理解为：获得未被扭曲的事实，并且说明这些事实意味着什么。富勒认为，融贯论的标准应该成为新闻真实的最终检验标准。"无论极端的怀疑论者提出什么观点，人们仍然热情地信仰意义。他们需要整幅图画，而不只是局部……他们对极化的讨论感到厌烦。"[26]

常识使我们得出类似的结论。如果现在警察部门正陷于一桩腐败丑闻，那么今天的新闻仅仅简单地报道了市长在花园俱乐部的午宴上表扬了警察，就似乎是不够的，甚至是愚蠢的；很显然，市长的评论只是一种政治修辞，是为了回应批评者最近对他的一些攻击。

当然，这并不意味着准确性无关紧要，事实都是相对的——只是辩论中另一种形式的素材而已。相反，准确性是语境、解释、辩论和所有公共传播的基础。如果基础错误，其他所有信息就都存在缺陷。基于错误的数据或纯粹的偏见的辩论提供不了任何信息。这只会煽动情绪，最终导致社会迷失方向。因此，更有帮助，也更现实的是，把我们追求的或期待从新闻中获得的真相理解为一个过程，或者是以理解为目标的一段连续的旅程——以对事件的第一次报道为起点，且随着时间的推移内容不断丰富。例如，最早发布的报道让我们注意新的情况或趋势。它的内容可能很简单，例如一场交通事故、一个会议、一个煽动性的声明。它可能以几乎没有细节的简短的警告的形式出现。交通事故发生的时间和地点、造成的损失、交通工具的类型和制动状况、特殊的天气或路况，也就是这个案件的外部物理因素，都是有记录可查的事实。一旦核实了这些事实，报道新闻的人就应该尽全力为事件的意义提供公正和可靠的叙述，至少是暂时符合逻辑的叙述，以备进一步调查。新闻工作者卡尔·伯恩斯坦（Carl Bernstein）把这说成是记者努力提供"可获得的最佳版本的真相"（the best obtainable version of the truth）。[27]新闻工作者豪伊·施奈德（Howie Schneider）将其称为"有条件的真相"（conditional truth），并认为它会随着新的信息的出现而被修正。尤金·迈耶（Eugene Meyer）于1933年为《华盛顿邮报》起草的报道原则把它描述为说出"可以确定的最接近真相的真相（the truth as nearly as the truth may be ascertained）"[28]。

在最初的报道中，单个记者或许无法超越表面准确的层面，尤其是像博客或警示通告这样立刻写就的文字。但是，在第一篇报道的基础上还会出现第二篇报道，信源会对第一篇报道中的错误和疏漏做出回应，然后还会有第三篇报道，以此类推。每一个新的层次都会加入不同的背景材料。对于重要而复杂的报道，社论、博客、社交媒体和官方回应，即所有公共的和私人的讨论都会做出贡献。这种实践性质的真相处于变化之中，它既像我们学习知识的过程，又像岩洞里的钟乳石，随着时间一点一滴地成长。

真相是一个复杂的，甚至有时相互矛盾的现象，但是如果把它看成一个持续的过程，那么新闻能够做到报道真相。新闻从虚假信息（misinformation）、误导性信息（disinformation）①或带偏见的自吹自擂中剥离出有用的信息，接下来在随后的去伪存真的过程中观

---

① 误导性信息的字面意思是"错误的、不完整的信息"。这类信息的真实发布者的身份不为人所知，通过第三方传送、提供或证实。这个概念最早来自1955年苏联国家安全委员会（KGB）新成立的一个部门的名字——"dezinformatsia"。该部门主要从事黑色宣传（black propaganda）和颠覆策反活动，目的是给敌对国造成危机。误导性信息不仅包括错误的信息，还包括用来削弱敌方力量的新闻报道。在今天的社交媒体环境下，这个词也泛指隐蔽的宣传。

察社群的反应。寻找真相的过程总是成为一场对话。

这个定义有助于调和我们使用**真实**和**虚假**这两个词的两种方式：一种是我们日常使用的方式，一种是我们在哲学辩论中解构这些词的方式。相对于镜子和反映这样一些常见的、粗糙的比喻而言，这个定义更接近新闻工作者对于自己工作的直觉。

我们把真实理解成一个目标——虽然有时难以把握——并坚持相信它。这就像阿尔伯特·爱因斯坦（Albert Einstein）的观点，他在阐述科学时曾说科学的目标不是发现真理，而是让我们的认识不要错得太离谱。这就是生活的真实面貌——我们经常努力奋斗，但永远无法完全达到目标。历史学家戈登·伍德（Gordon Wood）在谈到历史书写时曾说，"虽然我们接受这样的观点，即历史记录是碎片式的和不完整的……历史学家永远不会就诠释达成一致意见"，但是他们仍然相信，"存在可观察的和可被经验证实的关于过去的客观真实"。这不仅仅是信仰的飞跃。在现实生活中，当某人的信源权威、调查彻底、方法透明，人们就会认为他或她已经接近真相。或者如伍德所说："历史学家可能永远不能看到并最终完整地呈现真相，但他们中有些人写的历史总会比其他人的更接近真相，更完整，更客观，更诚实，当我们看到这些作品时，我们一定能看得出来，事实上我们已经做到了。"[29]

那些在新闻机构或公共部门工作的人也说过同样的话：使新闻更接近完全还原真相具有重要意义。在事件刚刚发生的几小时之内，事实正确（being accurate）最难做到，准确性（accuracy）则可能是最重要的。因为正是在这个时候，公众会根据新闻提供的信息语境，形成对事件的态度，这一态度有时可能还很顽固。这个事件是否对我构成了威胁？对我有好处吗？我应该关心吗？这些问题的答案决定了我会在多大程度上关注事件接下来的最新进展，以及对相关事实的核实。曾是资深记者，后来担任卡特政府国务院公共事务助理国务卿的霍丁·卡特（Hodding Carter）根据自己的经验指出，这是一个政府可以对公众的思想进行大规模控制的时代："只要三天内没有遭遇严重的挑战，政府就能通过设定某一事件的语境，最终控制公众对一个事件的感知。"[30]

数字时代让追寻实用的真相和有条件的真相的过程面临来自两个方面的压力。第一个压力是速度。在采集新闻的过程中，速度几乎永远是准确性的敌人。它让报道的人没有时间核实事实。这就是为什么进行连续报道的有线新闻频道［如美国有线电视新闻网和福克斯新闻（Fox News）］会比电视网频道［美国全国广播公司、哥伦比亚广播公司（CBS）和美国广播公司（ABC）］的错误信息更多，因为后者往往有几个小时的时间来核实一条晚间新闻。在推特或其他线上渠道实时发布新闻也会使新闻机构像有线新闻频道一样脆弱。

第二个压力是不断强化的评论和论证的倾向。当人们论战时，他们关注的是说服对方。他们自然倾向于选择对自己有利的事实。但是，这就使关注重点偏离了事实核实，偏离了追根究底和全面地理解事实。

开放的网络媒介环境也意味着更多的传言和虚假信息流会在公众中传播——使用户更加迷惑，也给新闻机构施加了更大的压力。

这些让新闻远离真实和准确的压力也被数字时代的其他相反方向的力量制约。媒介系统向更多声音的开放，再加上社交媒介的助力，本来有可能大大强化核实的过程。更多的信源更容易发现并指出错误。这样的例子不胜枚举。比如，在政治演讲中，保罗·瑞安（Paul Ryan）在 2012 年共和党大会上发表接受副总统提名的演讲时，人们几乎立刻指出了其中存在的不准确之处。2011年，当一些新闻媒体错误地报道女众议员加布里艾尔·吉佛兹（Gabrielle Giffords）在图森市（Tucson）被枪击身亡而另一些媒体报道她被送往医院时，公民们在推特上立即指出了这两种报道的矛盾，新闻机构在15分钟内就更正了错误。

虽然网络既有影响力又内容丰富，但是认为在网络文化中去伪存真的工作总是有效的，比如认为互联网是一个可以自我清洁的烤炉，可能失之过简，并且这一希望也无法持续。除了速度之外，还有其他各种阻碍因素。在碎片化的媒介文化中，越来越多的人可能会生活在由自己选择的兴趣和信源构成的泡泡中。当我们的注意力分散在自己的信源中时，我们缺少的是一个信息集中地或者对基本事实的共同理解。对一个事件的最初描述永远是最重要的，但是该描述越是被匆忙地拼凑在一起，就越不可能准确。问题还会因为以下现象的存在而雪上加霜：我们会认为自己已经知道了想了解的一切并转向下一个阶段，这就像学生在课堂上只用了一半的注意力听课，却靠着残缺不全的细节形成了对一个问题的大致看法。但是，最后没有单元测验告诉我们，我们知道的有一半是错的。

我们不得不接受的是真实需要投入，对核实过程的投入。当新闻工作者和公众团结在一起，将传统新闻技巧和网络社群的权威性力量结合在一起时，核实的效力会变得更加强大。

让我们来看一下伊恩·汤姆林森（Ian Tomlinson）的例子。汤姆林森是一个报贩，他于2009年4月参加在英国举办的针对G20会议的抗议活动时被捕，随后死亡。警方最初的说法是，汤姆林森在回家路上心脏病发作，如果不是抗议群众阻碍了医生及时赶到，本来他会获救。第二天，《标准晚报》（*Evening Standard*），也就是汤姆林森售卖的报纸，登出了这样的标题："警察帮助濒死者时遭砖头袭击"。

《卫报》（*Guardian*）对这个说法有所怀疑，同时怀疑警察对此案有所遮掩。于是，他们两线出击，进一步追查真相。第一条调查线路是传统的实地报道，即让报道抗议活动的记者检查他们的采访本，找出可能目击该事件的采访对象；该报还仔细察看了当时的照片，看是否有人无意间看到了这个事件。经过努力，他们找到了一个目击证人和一张照片，似乎可以证明汤姆林森当时倒在了警察脚下，与他后来再次倒地并死亡的地点相距 100 码。

第二条调查线路是向网络上的读者求助。《卫报》花了四天的时间得出结论——这张照片确实能证明汤姆林森之前就在警察旁边倒地。《卫报》把照片证据发到了网上，并询问是否有人知道更多情况。于是，报纸参与了网络上质疑汤姆林森之死的对话。通过推特，《卫报》记者保罗·刘易斯（Paul Lewis）发现另一个社交媒体平台 Flickr 的相片簿中包含更多可以质疑汤姆林森之死的图片。但是，刘易斯认为，所有这些都是旁证，可以满足网民推测的需求，却不是定罪的证据。换句话说，聚众（the crowd）就像《卫报》一样虽然感到不安，却并不真正知道发生了什么。

在聚众中有一个人叫克里斯·拉·乔尼（Chris La Jaunie），他是在纽约工作的一位投资基金经理，抗议活动发生期间正好在伦敦。拉·乔尼拍了一段他自己认为具有爆炸性的视频，视频显示一名警察正在推搡汤姆林森。他曾想过在优兔上发布这段视频，但是后来又改变了主意。他怕没有人关注，可能会被质疑。毕竟，这是单独一段由不知名的信源发布的缺乏语境的视频。他相信《卫报》是警察提供的版本的最有效的质疑者，于是他联系了刘易斯。《卫报》核实了他的叙述，将他的视频与其他证据进行交叉验证，于八天之后推翻了警察意在掩盖事实的说法，证明汤姆林森的死亡是警察的行为导致的。

刘易斯指出，汤姆林森案说明了《卫报》所称的开放新闻（Open Journalism）的协同机制的效力。它将新闻工作者的专业素养以及作为目击者的公众的知识和亲身经历结合在了一起。[31]

汤姆林森案的报道最显著的一点是，从一开始就存在着几种平行的调查方法，这说明获得真相的方法发生了改变，但是追求真相的目标却没有变化。

50年前，在南卡罗来纳州奥兰治堡县（Orangeburg）的一场民权抗议活动中，3名学生死亡，20多名学生受伤，警察将这一事件描述为学生与州警察的"对射交火"（an exchange of gunfire）。在得知这场枪击事件后，《洛杉矶时报》（Los Angeles Times）亚特兰大分部负责人杰克·尼尔森（Jack Nelson）乘飞机至南卡罗来纳进行调查报道。当大部分记者都在新闻发布会扎堆的时候，尼尔森却去了奥兰治堡地区医院（Orangeburg Regional Hospital），那里收治了27个受伤的学生。他把两个采访本塞进上衣的内兜，让衣服鼓鼓囊囊的，像一个藏着手枪的肩部皮套，然后大摇大摆地走进了医院院长菲尔·马布里（Phil Mabry）的办公室。尼尔森介绍自己"来自亚特兰大分部"，说他想查看一下受伤学生的医疗记录。马布里误认为尼尔森来自联邦调查局的亚特兰大分部。尼尔森并没有澄清这个误会。

这个尽职的医院院长把所有的记录都摊在自己的办公桌上。这些记录说明了真实发生的情况。大部分受伤的和死去的学生，都是背后中枪，是在逃跑的时候被交叉火力击中的。尼尔森用医疗记录与对目击者的采访、其他官方记录相互确证，证明警察的说法是错误的。他希望自己的新闻无懈可击。他的新闻证明州警察在撒谎，并支持了民权抗议活动。[32]

保罗·刘易斯将传统的实地调查、书面证据和社交媒体的力量相结合,得到了伊恩·汤姆林森案的决定性证据。半个世纪前,杰克·尼尔森通过自己的强硬态度、虚张声势和丰富的生活经验(知道在哪里可以找到官方文件记录),用正式的和非正式的报道技巧证明了奥兰治堡县究竟发生了什么。在这两个案例中,真相都是一个过程——却是可以完成的。

无论什么时候,总有一些人,甚至在传统新闻工作者内部,总是不相信报道真相是新闻可以实现的目标。在不同时期,一些新闻工作者建议用另一些原则代替真实。很有可能,其中最普遍的两个替代原则是公平和平衡。如果新闻工作者不能获得真相,他们至少可以做到公平和平衡。但是,细察之下会发现,这两者均有不足。公平过于抽象,最终比真实更加主观。对谁公平呢?如何检验是否公平?尽管达到真实有这样那样的困难,但至少还可以加以检验。

平衡也过于主观。如果实际上意见双方的重要程度并不相等,对各方公平的平衡就可能对真实并不公平。在许多事件中,可能有两个以上的立场,究竟应该选择哪个立场?如果平衡意味着错误的平衡,那么平衡就成了歪曲。

科技曾经给获得真相的过程增加了障碍。到 20 世纪 90 年代末,正如我们在《扭曲的速度》(*Warp Speed*)一书中所详细描述的那样,尽管大多数新闻工作者公开表示继续忠于真相,但是各种力量加在一起削弱了新闻工作者追求真相的动力。随着肇始于有线电视并伴随网络发展的 24 小时连续滚动新闻的出现,新闻变得更加碎片化;曾经被认为是新闻的原始素材的内容开始被直接传播给公众。随着新闻媒介数量的增长,向新闻界透露信息的信源以及想影响公众的人拥有的权力比报道他们的记者更大；新闻媒介的增多使得信息市场逐渐变成卖方市场。随着受众日益碎片化，不同的新闻媒介开始改造新闻的标准，使其变得各不相同。在这种连续发布新闻的文化中，新闻发布渠道只顾一股脑儿地把最新信息推出去，几乎没有时间去核对事实。在愈演愈烈的速度竞争中，出现了一种被我们称为断言式新闻（Journalism of Assertion）的新形式，并且它已经推翻了传统的确证式新闻（Journalism of Verification）。确证式新闻的报道速度慢得多，但它将首先搞清楚真相放在更重要的位置。

在互联网成为新闻文化中的一股力量之前，这个过程就已经开始了。在网络刚出现的那几年，随着受众进一步碎片化，迅速增加的新闻媒介竞相争夺受众的注意力。我们看到了第三种媒体模式——肯定式新闻（Journalism of Affirmation）的迅速崛起，其典型代表就是拉什·林堡（Rush Limbaugh）和雷切尔·马多（Rachel Maddow）这样的脱口秀节目主持人，他们通过打消人们的疑虑，或者肯定先入之见来吸引受众。（我们将在后面的章节详细讨论这些不同的模式。）

简言之，曾经存在比较一致的建立在报道基础上的新闻观念，它们仅存在一些风格上的差异，比如另类周刊、日报和地方晚间电视新闻的差别，但是这种同质化的新闻观念正在被建立在速度、便利性以及肯定性基础上的不同模式所取代。这一变化非常微妙。即使在新媒体工作的新闻工作者也未必能够意识到价值观发生了转变。有线电视新闻工作者并不愿意承认他们越来越不重视核实工作。他们只是幻想自己换了一种方式在核实。将核心诉求转向受众代表着伦理的转向，尽管这十分微妙。这一转变发生的前提是：更多的选择和更多的竞争均围绕着一样无法增加的东西，即一天中的时间。更多的媒体为了有限的受众注意力展开竞争。

在互联网上，还出现了新的、重要的第四种媒体模式——聚合式新闻（Journalism of Aggregation）。信息发布者如雅虎新闻，搜索引擎如谷歌，或者在线社区如红迪网（Reddit），再加上社交媒体，以及作为个体的公民，推荐并转发他们没有直接参与生产的，也没有核实过的内容。谷歌成为地球上最有权势的机构之一，它为用户聚合了其他人生产的材料，并保证其计算机算法基于信源的信誉将搜索结果进行排序。毫无疑问，这种策展式的新闻环境具有无与伦比的丰富性。只用数分钟就能从关于一个事件的海量叙述中轻松地挑选出所需要的信息，这种体验提供的深度、语境化和可控制性是过去阅读一则报道时无法想象的。同样重要的是要意识到，我们生活在一个分布式的媒体环境中，大部分信息发布者只是在转发他们无法证实，可能也没有出过力的作品，但是我们现在连想都不想就接受了这一现状。核实的重担逐渐从新闻的提供者传递给新闻的消费者。

雪上加霜的是，新闻编辑部投入直接报道的资源也在减少，因为传统平台的广告收入正在被数字点击量取代。在这个世界里，报道、编辑或解释中最初的错误可能成为一种原罪，并长时间地影响我们。

追求真相的本能在今天和以往同样重要，但是它面临更大的压力。蒙特霍利约克学院（Mt. Holyoke College）历史学荣誉退休教授彼得·维里克（Peter Viereck）指出，在一个网络化和相互连接的世界，致力于追求真相的价值观现在变得更重要了。他说："尽管我们屡战屡败，但是我想象不出还有什么比努力发现事实、尽量如实报道真相更英勇无畏。虽然我们从未完全如实地描述现实

(reality),但是我们至少可以定义现实。现实是那种纵然你不相信,却不会离你而去的东西。"[33]

实际上,信息越多,获得真相就越困难,虽然在追求真相的过程的最后,我们得到的真相可能会更准确。然而,这一过程提出了更高的要求。我们可以将其称为信息时代的获知悖论(paradox of learning)。当信息供过于求,即输入的信息过多时,获得知识不是变得更简单,而是更困难,因为一个人必须筛选和综合更多信息才能把事情弄明白。我们得到的知识可能更具深度,质量更好,但是它也可能更加专业化。

这一悖论目前可能是影响我们获得真相的能力的最可怕的力量。在现有的大量新闻和信息与我们了解真相的能力之间存在着一道鸿沟。

当媒体成为背景噪声时,我们的专注力就减弱了。摆脱嘈杂的喧闹声变得更加困难。温斯顿·丘吉尔(Winston Churchill)曾说过:"当真相刚穿上裤子,谎言已经跑遍半个世界。"如果他的话正确,那么更先进的科技只是提高了信息传输的速度,不仅给真实信息的传播提供了便利,也给错误信息的传播提供了便利。[34]

这些因素有助于解释为什么 21 世纪新兴的党派新闻,即肯定式新闻更受某些受众欢迎。因为它们让事情变得更加简单。它们能够让我们在令人困惑的世界里发现秩序,不需要太多筛选和繁重的工作。它们令人感到舒适。它们将我们的精神空间整理得井井有条。新党派分子,无论是比尔·奥雷利(Bill O'Reilly)、斯蒂芬妮·米勒(Stephanie Miller),还是不断增加的意识形态网站,给受众制造了这样一种印象:他们能做出正确的解释。

我们不应匆忙添加解释。我们需要确保新闻首先告诉我们真正发生了什么,而不是急不可耐地告诉我们这件事意味着什么。新闻应首先关注语境和核实。我们应该寻找那些将生产过程变得透明的新闻，其中包括信源、证据和新闻工作者在报道过程中做出的决定。我们应该寻找那些明确地将传言、含沙射影之词和宣传用语过滤掉，并且将这一筛选过程的依据展示出来的新闻。换句话说，我们需要的新闻能帮我们回答"我为什么应该相信这个"，而不是回答"我是否同意"。

新闻越是通过展示透明性鼓励消费者思考新闻是如何生产的，就越能提高他们做出明智判断的能力，知道什么是可靠的新闻。

简言之，我们在21世纪对新闻的需求和20世纪并没有什么明显的不同。然而，新闻的形式、呈现的方式，甚至新闻工作者为达到上述目标而采取的习惯做法却大为不同。这种新的新闻不能再假定自己是受众看到的唯一内容。它也不能用单一的全知的叙述方式呈现事件。它必须假定我们在事件发生的同时就看过其他不全面的信息，但是考虑到我们也有可能未接触过相关信息，它必须同时提供自己版本的完整叙述。它必须自觉地试图纠正之前出现的信息中的错误，尤其是当意识到有些虚假信息可能已在观念市场上引起共鸣之时。概言之，最好的新型新闻应该通过更深入的、更透明的报道，改变受众被误导的印象，回答其他叙述没有清晰回答的问题，与观点市场上的对手展开竞争。

新型新闻的影响会扩展到它的直接受众之外，影响和改变其他报道同一新闻事件的生产者。如果它的生产者足够聪明，他会用比以往更大的力气开展推广工作，强化它对公众和其他新闻生产者、分析者的影响。

我们将在接下来的各章中解释这种生产和呈现新闻的新方法。但是要做到这一切，首先要意识到这种新的新闻，即使是在网络时代，也必须建立在真相的基础上——不能假设只要呈现更多的信源，真相就会自动出现。对真相的追求是一个过程，它需要知性的训练和保持警惕。它还需要良好的记忆力——不能因为热点很快会转移就遗忘之前出现过的虚假信息。在新世纪，这种需求变得更强烈，而不是有所减弱，因为虚假信息出现的可能性比以往更大。

为了让真实处于首要位置，新闻工作者必须清楚他们首先要忠于谁。这是下一章要讨论的原则。

第 3 章　新闻工作者为谁服务

在大部分行业，责任都比较直接地与该行业的衡量标准挂钩。通常金钱是衡量成功的标准。律师、医生、商人和大多数高官的奖金都与他们的业务收入挂钩。

那么，对于生产新闻的人来说，什么是衡量其价值的标准？

多年来，对新闻工作者的评价大多基于对其作品质量的高度主观的判断。记者所写的新闻的数量可能只是评价标准之一，这一数字因报道领域的不同而有很大差异，而且与他们的老板和编辑受到何种评价没有必然的关系。

在 20 世纪末，出现了一种新趋势：由于该行业开始更加担心效率及利润，并且认定它已经成为一个成熟的行业，受众不会再增加，于是开始用新闻企业的营利能力而非内容的质量来衡量高层新闻管理者的表现，把以前衡量广告部门和发行部门管理者的标准加诸新闻部门管理者。在判断新闻部门管理者的表现、决定其薪资标准时，质量因素的权重只有一半甚至更少。至少对于新闻企业的管理层而言，奖金的多少主要取决于他们的公司赚了多少钱。[1]

这些企业激励计划推动形成了关于新闻编辑部管理的新理论。如果以行为方式而不是以职务名称衡量，到 2000 年，美国新闻界的主要领导者已经蜕变成商人。其中一半的报纸新闻编辑部负责人报告说，他们将至少三分之一的时间花在了经营，而不是新闻上。[2]

这种焦点的转移并没有达到预期的效果。将新闻编辑部负责人变为成本经理的做法是新闻行业在适应数字革命时遭受的集体失败的一部分。确保每个人都专注利润和股票市值的最大化只是强化了新闻公司的防御性思维，最后这些公司变得只关注保护其盈利而不是对产品进行创新。这使得新闻编辑部的负责人在公司内部提倡公共利益，在可能损害短期利益的报道领域推行高风险、高成本的试验时遇到了更大的困难。出版人和管理层公开谈论试图摧毁编辑部文化，因为它抵制了这些商业命令。新闻公司文化的变迁，也体现在关于公民为何开始对新闻失去信心并不愿读新闻的数据中，这并非巧合。当这个行业开始把新闻编辑部负责人的薪酬与商业需求挂钩时，公众也开始将新闻看成商业而非公共服务。

或许这并不重要。阻止创新的防御心态可能总会出现，甚至使越来越多新闻公司中的创新型人才逃离。新闻生产者的责任由看重新闻质量转向看重新闻产生的利润，这一变化正好发生在这个行业需要重新想象其产品，而不是保护其收入的时候。

今天，在网络新闻的环境下，判断何为成功的新闻变得更加复杂。许多新兴媒体并不期待一开始就获得收入，而是希望形成自己的受众群，建立值得信赖的品牌。这意味着要用内容产生的流量来衡量成功与否。但是，很快人们就意识到这一做法明显有问题。对本地大学橄榄球冠军队的报道肯定会制造更多页面浏览量，而揭露关于城市供水的严重问题的报道则不如前者。报道美国中央情报局（CIA）和国家安全局（NSA）的调查记者为了保护其经常采访的匿名信源，必须保持低调，也一定不愿意在社交媒体上与影评人同台竞争、推销自己，后者经常出现在电视上，用博客如饥似渴地记录着电影和名人，在推特上也十分活跃。

许多反思网络化的衡量尺度的人开始认为，更合适的衡量新闻价值的标准应该是"影响力"（impact）。在数字的泥沼中，页面浏览量、独立访问者数量、网站停留时间等似乎创造了一些相互冲突的混乱看法，不同的调查公司提供的数据也相互矛盾。在这种情况下，衡量新闻报道是否有价值——品牌能否建立——的标准难道不应该是新闻给民主社会带来的好处吗？这种新的讨论是高度理想化的，提倡这一观点的人很快就承认这一任务非常复杂，任何测量指标都不过是中介，只是解决问题的开始。

不论结果如何，关于如何评估新闻工作的价值的争论都触及了一个根本问题的核心，即我们在前几章确立的一个观点：新闻工作者必须追求真相。但是，在什么条件下，新闻报道者才能发现真相，并且能以公民相信的方式传播真相？答案是忠诚，这也是新闻工作的第二个基本原则。

没人会质疑新闻机构应该对主顾负责。成功的新闻机构必须为社区机构、本地组织、母公司、股东、广告主和许多其他利益相关方着想，并为它们服务。但是，到了19世纪，报纸出版人逐渐意识到，组织中生产新闻的人（不论其最终目标是金钱、名声、社群的建构、权威、受众到达率还是混合的动机）必须确定最优先的效忠对象。不同世代的使用不同技术的新闻出版人为达到这一目标克服了重重困难，但是在20世纪，他们却被迫忘掉了这个责任。这一义务构成了新闻工作的第二个基本原则。

新闻工作首先要忠于公民。

忠于公民这一原则不仅是新闻职业自身的需要。它是新闻的生产者和消费它的公众之间签订的一份隐形的契约，以保证新闻作品是诚实的。在某些情况下，这也是一份公民之间的契约，要求他们公开自己是谁，以及为什么要分享或创建内容。无论是谁生产了新闻，它都有助于受众理解其目的。它向受众表明：影评会实话实说，用餐评价不会受到广告主的影响，新闻报道不会受到报道者自

身利益的影响、不会偏向报道者的亲友或投资人；新闻作品会如实呈现一切，不会掩盖与表面不同的真实目的。

新闻工作者挖掘和报道真相时不应受到阻碍，即使以所有者的其他经济利益、出资人的政治议程或赞助商的商品为代价也在所不惜——此观念是新闻报道准确和具有说服力的前提条件。这是公民相信他们看到、听到或读到的新闻的基础。只有这样，他们才知道自己没有被误导或被欺骗。简言之，忠于公民是任何声称能生产新闻的出版人最重要的财富。这是新闻内容值得信任的原因。反过来，这也会使出版人的广告更可信。这使读者在网站上进行的电子商务交易看上去更安全。它让那些能产生媒体利润的活动看起来更值得参加。它还意味着任何让广告信息更有吸引力的新尝试，无论它们叫"原生广告"还是"植入内容"或其他的名称，都不能在设计上损害新闻企业的公信力。所有这些都始于忠于公民、忠于受众、为公众服务而不是剥削或（更恶劣的）欺骗公众的观念。

因此，新闻生产者效忠的对象与从事其他工作的雇员有所不同。他们对社会承担特殊义务，可能会超越雇主或赞助商的眼前利益。当然，该义务也是雇主获得商业成功的源泉。

忠于公民就是我们说的新闻独立（journalistic independence）的真谛。我们会发现，新闻独立这个短语经常被当作其他概念的同义词，包括不介入、公正无私、超然或中立（disengagement, disinterestedness, detachment, or neutrality）。具有讽刺意味的是，这些概念制造了混乱，反映出人们对新闻的思想独立的真正含义的模糊理解。更让人感到悲哀的是，职业新闻工作者还把这些混乱的概念传递给公众。结果可想而知，公民变得多疑，甚至愤世嫉俗和愤怒。

新闻工作者首先对公众负责是新闻工作者和公民都有深切感受的传统。在皮尤中心和热心新闻工作者委员会开展的针对价值观的抽样调查中，80%以上的受访者认为"首先对读者/听众/观众负责"是"新闻工作的核心原则"。[3]在发展心理学家实施的开放性深度访谈中，70%以上的新闻工作者同样把"受众"作为效忠的首要对象，其地位远高于雇主、自己、职业，甚至家庭。[4]曾在洛杉矶、辛辛那提和其他地区担任过新闻播报员的尼克·克鲁尼（Nick Clooney）[他也是演员乔治·克鲁尼（George Clooney）的父亲]说："我一直在为那些打开电视机的人工作，一直如此。每当我和总经理或董事会成员讨论问题时，一直坚守一条底线：我不为你工作。你给我发工资，我非常高兴。但事实上我不为你工作，如果说到忠诚，我只忠于那些打开电视机的人……当我明确表明上述立场时，从未受到过质疑。"[5]

新闻工作者应有超越雇主的效忠对象，这一意识根植于新闻工作者心中。当最优秀的新闻编辑部戏剧性地公然揭竿而起反抗上级时，这种意识表现得淋漓尽致，这是其他行业无法想象的。2003年，《纽约时报》记者杰森·布莱尔（Jayson Blair）的剽窃和虚假报道丑闻曝光后，该报的记者和编辑认为新闻编辑部最有权力的两个人——执行总编辑和总编辑——纵容了这类事件的发生，并在事后企图逃避责任，这一做法违背了效忠公众的使命。编辑部的公愤迫使社长开除了这两人。[6] 2005年，纽约时报社社长对饱受争议的记者朱迪斯·米勒（Judith Miller）卷入泄密调查一事的处理也引发了相似的关注。① 《纽约时报》记者小唐·范·纳特（Don Van Natta Jr.）、亚当·利普泰克（Adam Liptak）和克利福德·J.利维（Clifford J. Levy）毫不畏缩，向公众披露了自己报纸的问题。[7] 专

---

① 2003年，《纽约时报》在一篇报道中披露，前任美国驻伊拉克大使的妻子担负了美国中央情报局的秘密任务。从2003年到2005年，相关记者一直被要求与调查此案的大陪审团合作，供出当时向他们提供此信息的政府官员。朱迪斯·米勒因为拒绝供出信源，以藐视法庭罪被判刑85天至2005年9月29日。不过，米勒的努力终告失败，泄密官员最终被查明，米勒本人也在服刑后的一次庭审中提供了当时与线人接触的笔记。《纽约时报》公开道歉，米勒因此前作伪证等行为而受公众责难。2005年11月9日，米勒宣布从《纽约时报》"退休"。

栏作家莫琳·多德（Maureen Dowd）在言论版公开警告她的老板，威胁说如果允许米勒回到她的岗位，公众就不应再相信这份报纸。最后，米勒主动辞职。

这一反叛不是孤例。《洛杉矶时报》的新闻编辑部发现报纸与当地一家体育场达成了一个私下交易后做出了类似的反应，并导致其总编辑和社长下台。①《华盛顿邮报》则取消了一个考虑不周的由游说人员和立法者参加的私人宴会计划。

有个问题值得讨论：随着新闻机构的收入逐渐减少，这种使命感是否也随之减弱了？优先为受众服务是不是高边际利润才能负担的奢侈品？随着新闻机构不断追求新的营收方式，这个使命是否已经成为只可追忆的古董？

有太多证据能够说明这种冲动有其深层的动力——人们强烈地感觉到，这些努力要把事情查到底的人的投入程度，体现了一种代表公众的使命感。我们从众多国家的新闻工作者那里无数次地听到对这种情绪的表达。"我把世界上所有的新闻工作者看成守护真相的军队。"喀麦隆记者伊德里斯·纽塔普瓦尔（Idriss Njutapvoul）2013 年告诉我们，他为网站 Journal du Cameroun 写稿。[8]在努力找到真相并以一种公众能接受的方式讲述事件的行为背后，存在着某样东西，它把所有采集新闻的人凝聚在一起。来自不同国家、不同传统和不同媒体的新闻工作者的相似性远比他们的差异重要得多。

公众也期待提供新闻的人，尤其是专业新闻工作者能有这样的责任感。多年来，皮尤中心在调查中询问人们，他们希望新闻只反

---

① 以下文字译自本书第二版，供读者参考："《洛杉矶时报》记者亨利·温斯坦（Henry Weinstein）发现该报与新建的体育场签订了秘密协定：如果该报的周日刊全部用来报道该体育场的揭幕仪式，斯特普尔斯中心体育场（Staples Center Sports）将以在该报投放广告作为交换。得知此事后，温斯坦和其他人发动了类似的起义。巴尔的摩一家姊妹报的编辑约翰·卡罗尔（John Carroll）后来调到《洛杉矶时报》接管新闻编辑部，他描述说：'员工与愤怒的管理层在餐厅正面冲突，几乎动手。'这一偶然事件导致该报的管理问题被全面调查，并最终导致该报被卖给论坛公司。"

映他们的观点,还是反映各方的观点。虽然关于信任度、准确性和其他很多评价标准的数据都在变化,但是这个数据从未出现过明显的波动。2012年,超过六成,差不多2/3(64%)的美国人希望新闻不要倾向某个特定的观点。[9]

上述对新闻的理解来之不易。虽然代表公众而不是党派生产出来的新闻最早在19世纪30年代就已出现,但是直到19世纪下半叶,大多数居于领先地位的日报才渐渐用采编独立取代了政治意识形态。1896年,来自田纳西州的年轻出版人阿道夫·奥克斯(Adolph Ochs)收购了挣扎在生存边缘的《纽约时报》,提出了著名的思想和经济独立的宣言。奥克斯坚信,许多纽约人已经厌倦了威廉·伦道夫·赫斯特和约瑟夫·普利策制造的恶俗的煽情新闻,他们希望看到更有品位的、更精确的新闻。在成为报纸所有者的第一天,奥克斯发表了一份《商业通告》("Business Announcement")。这个题目朴实无华,但其中的文字成为他重要的精神遗产。他写道,自己"最诚挚的目标是不偏不倚地报道新闻,不畏强权,不徇私情,超越党派和教派,利益无涉"。

其他出版人也提出了相似的独立宣言,但是正如亚历克斯·琼斯和苏珊·蒂夫特(Alex Jones and Susan Tifft)在他们所写的《纽约时报》的历史中所指出的,奥克斯"真诚地相信他自己的话"[10]。美国其他报纸争相全文刊载这篇宣言。当《纽约时报》逐渐成为纽约乃至世界上最具影响力的报纸后,其他人竞相追随奥克斯的经营模式,将他们的商业计划的成败押在这样一条理念上:把受众看得高于政治利益和短期经济利益,才是最佳的长期经营策略。尤金·迈耶1933年购入《华盛顿邮报》后,起草了一系列内部原则,其中有这么一条:"为了追求真相,报纸应该做好牺牲物质财富的准备,只要这一牺牲对于公共利益来说是必要的。"[11]

就在媒体所有者高调宣布要在市场经营中保持采编独立的同

时，新闻工作者也抓住这个契机来提升自己的专业素养。像威尔·欧文（Will Irwin）这样的第一代媒体批评家开始出现。欧文此前是《麦克卢尔杂志》（*McClure's Magazine*）的记者兼编辑，他1911年在《科利尔》（*Collier's*）杂志发表了包含15个部分的令人振奋的系列文章，按时间顺序记录了媒体滥用权力的大量细节。欧文借用当时刚刚出现的新科技——电灯，呼吁新闻工作扮演一种新的公共服务角色，即"漆黑深巷里的电灯"[12]。在老板的宣言和批评家的谴责声中，报纸的编辑也对上司的修辞做出了回应，逐渐建立起自己的专业团体。《底特律自由新闻》（*Detroit Free Press*）的专栏作家马尔科姆·宾盖（Malcolm Bingay）将这一创建过程追溯到美国报业编辑协会的起源，该协会是美国报纸编辑部管理层最主要的行业协会。1912年夏季的某个晚上，一群报纸编辑齐聚落基山下，在冰川国家公园（Glacier National Park）正式对外开放前游览了该公园：

> 大伙围坐在篝火旁，卡斯珀·约斯特［Casper Yost，《圣路易斯环球民主报》（*St. Louis Globe-Democrat*）社论版编辑］提到最近有个想法萦绕在他脑海中。他梦想着建立一个由美国报纸编辑组成的伦理组织……被同时代的人称为"毒药与老妇"（Arsenic and Old Lace）①的小卡斯珀，也许最应该被记住的是创造了现代的媒体责任概念，而这一概念在今天关于媒体自由的激烈争论中经常被遗忘。[13]

该组织的伦理规范把采编独立放到了首位，它规定："独立：除了忠于公共利益外，不得受任何义务约束，这一点至关重要。如

---

① 《毒药与老妇》是百老汇舞台名剧，1941年被弗兰克·卡普拉（Frank Capra）拍成电影。该剧讲述了在纽约市布鲁克林区的公寓里，住着两个表面看起来十分和善、慈祥的老太太，不料她们竟用自己酿制的毒酒杀害了来访的一些孤独的老头。用这个名称来称呼约斯特，可能是指他表面和善，但用新闻揭露社会问题时毫不留情。

果有违大众福祉增进私人利益,不论出于何种原因,均与诚实的新闻事业不相容……在社论里明知背离真实而偏向某个党派,这会损害美国新闻事业的崇高精神;如果新闻专栏这么做,它就彻底破坏了本职业的基本原则。"

在商业时代,新闻机构对受众注意力的垄断达到顶峰,它们也经常面临考验:是否把这些关于公共责任的宣言当真。20世纪80年代,《华尔街日报》(*Wall Street Journal*)的一位专栏作家福斯特·怀南斯(Foster Winans)被发现卷入内幕交易,这迫使该报认识到必须重新公开审查并重写自己的行为准则。"该准则的核心前提是,道·琼斯出版物的质量声誉以及独立性和道德品质方面的声誉是我们企业的灵魂。"就像在其他新闻机构一样,此准则不单纯是新闻事业的前提,也是商业经营的前提。"如果我们的顾客认为我们的分析不能代表我们最佳的独立判断,觉得它们只代表我们的偏好或信源、广告主、信息提供者的偏好的话,道·琼斯就不可能生意兴隆。"[14]

20世纪60年代,报业垄断加剧,除了危急时刻(比如刚才提到的《华尔街日报》事件)外,很难听到这样的宣言。商业上更具竞争力的电视新闻在营销活动中继续以为公众服务自居。例如,在整个90年代,就在公众对媒体的怀疑不断增加的时候,"站在您一边"和"为您服务"仍是地方电视新闻中最流行的口号。电视台进行的内部调查和卓越新闻项目的焦点小组访谈都认为,它们依然是最有效的口号。[15]

从独立到孤立

就像众多职业观念一样,在某些地方,采编独立逐渐僵化并变成采编孤立(isolation)。新闻工作者从党派和商业压力那里赢得了来之不易的独立,但是在尊重和保护独立性的过程中,有时他们走向了为了独立而独立的极端。和外部压力保持距离,结果却有可能脱离群众。

颇具讽刺意味的是,这在一定程度上也是新闻专业化的后果之一。随着新闻工作者受教育程度的提高,媒体向集团化发展,媒体公司开始将旗下的报纸和电视台视为培训机构(farm systems)①,在小规模市场上培训新闻工作者,日后再将他们派往更大的市场。调查显示,到1997年,三分之二的报纸新闻工作者报道的社群并不是自己成长于其中的社群。[16]和其他居民比起来,大多数人感到与社群"缺乏联系",这一数字比八年前有了显著增加。[17]新闻工作者正在成为流浪者——只是新闻社群的居民,一个"新贝都因人"②阶层。

导致孤立的第二个因素是新闻的基调的改变。越南战争爆发、水门事件发生,以及随后24小时有线电视新闻出现后,新闻业明显变得更加主观,更爱评头论足。[18]新闻除了做直接报道,还把重点放在间接表述公众人物的发言上。比如,一项值得注意的研究发现,在选举年电视网晚间新闻节目中对候选人的引用或者候选人的同期声从1968年的平均43秒减少到了1988年的9秒。[19]与此同时,记者在现场总结报道中的出镜时间比过去更长,评判性的语言也更多。[20]许多研究发现,报纸新闻渐渐不太关注候选人说了些什么,而更关心他们的声明中隐含的策略性动机。[21]对《纽约时报》和《华盛顿邮报》头版的研究发现,"常规新闻"(straight news)减少,而解释性和分析性报道增加。这些分析性报道经常不被标明或界定为主观分析。[22]媒体中出现了一些短语,专门用来描述对公众

---

① 体育用语,又称farm team, feeder team或nursery club,指培训年轻运动员的团队或俱乐部。
② 贝都因人,阿拉伯人的一支,主要分布在西亚和北非广阔的沙漠和荒原地带。

的愚弄，比如"民意操纵专家"（spin doctors）① 和"摆拍时机"（photo op）②。随着时间的推移，一些新的术语又出现了，用于描述新闻工作者令人厌恶的行为，比如"疯狂捕食"（feeding frenzy）③和"导演式新闻"（gotcha journalism）④。

在某些方面，更注重诠释的风格与其他手法一样，只是报道者按照自己的愿望塑造公众人物的工具。2000年总统大选的前一年，政治专栏作家迈克尔·凯利（Michael Kelly）讥讽了民主党候选人阿尔·戈尔（Al Gore），说戈尔过度夸大了自己的农村背景。他写的《农民阿尔》（"Farmer Al"）一文调侃说，戈尔年轻时在华盛顿的酒店里度过的时间远远多于在田纳西州的乡下，当时戈尔的父亲在美国参议院任职。

> 阿尔一路奔跑，穿过宽阔的公寓（戈尔家的农场在费尔法克斯酒店（Fairfax Hotel）顶层占据了6个大房间，阿尔为此自豪不已；在华盛顿，敢吹嘘在自己家的屋顶公寓能看到日出日落美景的人不多）……他边吃边跑，只在雨伞架旁稍做逗留，一把抓起他心爱的双头斧。[23]

凯利这篇极具娱乐性的文章因为揭露了戈尔的虚伪，为他赢得

---

① Spin 指的是公共关系专家利用媒体，将信息粉饰成有利于自己的意图的样子，以改变公众意见。他们通常使用隐瞒和操纵等手法。1984年10月21日，《纽约时报》在社论中指出里根的选举顾问围在记者身旁，企图影响媒体，首次使用了 Spin Doctor 一词，指代"民意操纵专家"。

② 为 photo opportunity 的缩写，本来指照相的最佳时机，后来特指名人或政客设计的具有标志性意义的专供摄影记者拍照的场景，比如政要会见前的握手、文件签字仪式等。

③ 本义是指生物界丰富的食物导致食肉动物聚集在一起大肆捕食。用于媒体报道时指的是在一段时间里，媒体竞相报道某个吸引受众的事件。这个概念被用于媒体，主要受拉里·萨巴托（Larry Sabato）所写的一本名为《疯狂捕食》（*Feeding Frenzy*）的书的影响。

④ 也译作"搞定你新闻"，指的是新闻记者为了实现自己的报道意图，有意操纵报道对象配合报道。这种情况多出现在电视新闻中，记者为了得到理想的镜头，导演被采访者的表现，甚至在后期编辑中进行特殊处理。

了赞扬。但是，问题在于，12年前，当他还没有成为以尖刻著称的华盛顿专栏作家时，作为《巴尔的摩太阳报》（*Baltimore Sun*）的新闻记者，他却把同样的事实作为逼真的细节而不是虚伪的行为加以报道：

> 父亲不顾母亲反对，坚持让我待在农村。远在农场的生活与众不同。"夏天我必须在天亮前就起床，帮家里喂牲口，"戈尔说，"然后我得清扫猪圈……接下来我要在农场工作一天，在晚餐前还得再喂一次牲口。"据周围人说，戈尔先生从小就极其认真和勤劳。[24]

一些新闻工作者甚至担心，太多同行已经越过了怀疑论的界限而走向愤世嫉俗，进而宣扬一种新闻虚无主义，即一种不相信一切的哲学。时任《圣荷西水星报》（*San Jose Mercury News*）政治编辑的菲尔·特伦斯坦（Phil Trounstein）对此现象深有感触，并专门为热心新闻工作者委员会写了一篇文章。"在某个特定的圈子里，最令新闻记者或评论员无法忍受的不是被指责为不准确或不公平，而是被指责为轻信。"[25]

宾夕法尼亚大学（University of Pennsylvania）教授约瑟夫·N.卡佩拉和凯瑟琳·霍尔·贾米森（Joseph N. Cappella and Kathleen Hall Jamieson）在《愤世的螺旋：新闻媒体与公共的善》（*The Spiral of Cynicism: The Press and the Public Good*）一书中提出，导致这个问题的一个关键原因是新闻界过多地关注政府官员的动机而不是他们的行动。他们认为，随着新闻工作者的注意力从公共生活中的"什么"转向"为什么"，他们将公共生活"内在化了"，把它变成了政客的心理及自我的问题，而忽略了公共政策的实际结果，而后者才对公民产生真正的影响。这种愤世嫉俗、怀疑一切的关注方式使新闻工作者和公民的关系更加疏远。

最后，新闻孤立主义的日益蔓延与众多报纸以及后来出现的电视台的商业策略步调一致，即为了增加经营利润，竞相追逐最具影响力或最能带来利益的受众而不是全体受众。对于电视而言，就是专为年龄在18岁至49岁的女性策划新闻节目，因为这部分人大多能够决定家庭购买什么。对于报纸而言，这意味着把发行范围局限在更富裕的居民区，以降低生产成本和发行成本。理论上讲，确定新闻的目标受众意味着新闻公司可以做到小投入大产出——受众数量少但是广告额高。这同时意味着报纸或电视台可以在报道中忽略社区中的部分群体，以节省费用。

换句话说，孤立成为一种商业计划。20世纪90年代中期，《明尼阿波利斯明星论坛报》(Minneapolis Star Tribune)的发行量在三年内降低了4%，社长乔尔·克雷默（Joel Kramer）告诉《纽约时报》："我们的经营模式更健康，我们的发行量虽然变小了，但从读者那里收取的费用有所增加。"[26]可能没有其他例子比得上布鲁明戴尔百货公司（Bloomingdale's）执行官的故事更能说明这一思路，他告诉鲁珀特·默多克，他的商店之所以不在后者的《纽约邮报》(New York Post)上投广告，是因为"你的读者从我商店里偷东西"。虽然这个故事可能是演绎的，但是它成为报纸产业内的都市传奇（urban legend）①，因为它一针见血地道出了这个行业最流行的运作模式。

对超然原则的强烈反弹

虽然当时很少有人意识到新闻编辑部的独立这个问题，但是从20世纪90年代开始，人们开始重新加以思考。最初的起因是把特定人群作为目标受众的商业策略导致了事与愿违的结果。新闻行业

---

① 都市传奇是指通过人际传播和大众传播流传下来的一些与现代生活有关的离奇故事。一般来说，它有固定的内容模式，并会反复出现，比如说下水道里的鳄鱼、消失的搭便车者、艾滋针等。作为流言和现代民间传说的一种，这些故事虽然荒诞不经，但具有民俗学意义。

具有很强的垄断性，不必为广告发愁，因此不增加发行量也能赚钱。然而，到了1989年左右，伴随着美国零售业和传播技术的转型，局面发生了重大变化。小零售店和大型百货商店过去一直是报纸的经济支柱，而现在逐渐陷入破产、兼并和负债的风雨飘摇之中。取代它们的折扣店零售商不在报纸上刊登广告——既然所有东西每天都打折，就不必专门登报通知顾客。根据桑福德·C.伯恩斯坦（Sanford C. Bernstein）的计算，1980年到1991年的11年间，大城市日报的广告版面空间就压缩了8个百分点。[27] 仅1991年一年，报纸刊登的零售业广告数量就下降了4.9个百分点，创造了当时年降幅的历史最高纪录。类似的情况也在电视业出现，观众渐渐流失到伪新闻节目、有线电视的旧片重播节目中，最终转向互联网。

对于管理者来说，所有这些意味着在互联网出现十年前，新闻行业便已开始遭遇结构性衰落，他们也开始调整其经营策略。对于报纸而言，这主要意味着削减成本，而不是增加对新闻业务的投入以吸引更多受众。1992年至1997年间，小型报纸（smaller newspapers）的新闻报道预算削减了11%，大报削减了14%。[28]

在削减成本的同时，企业管理人员希望新闻工作者从短期财务状况的角度来证明新闻的合理性。市场营销人员开始使用市场调查手段和各类高新科技——比如每分钟的电视收视率数据、焦点小组数据，甚至是可以跟踪眼球观看报纸版面轨迹的红外线眼镜。他们的希望是，如果新闻工作者以某种方式增加对科技的使用，就可以为发行量的增加做更多贡献，也不至于如此不受公众待见。

市场人员和新闻从业者之间逐渐出现了鸿沟——更糟糕的是，类似的鸿沟也在记者和新闻部门的管理者之间出现。新闻工作者把商业经营看成是对新闻独立性的威胁，他们害怕"问责制"会成为广告主左右新闻的借口。市场人员则开始相信，新闻部门之所以在改革问题上毫不退让，不切实际的新闻超然（detachment）原则很可能就是他们顽固不化的根源。新闻行业内的文化冲突逐渐激化。

公司内部坚持忠于公共利益的新闻工作者会被贴上幼稚、守旧和难以相处的标签。约翰·卡罗尔说："如果你向公司提出'为公众服务'，人们会把你看成理想主义者或不切实际的人，没人会听你的。"卡罗尔曾经在 2000 年到 2005 年执掌《洛杉矶时报》期间创下 5 年内获得 13 个普利策奖的纪录，他后来与芝加哥论坛报集团的老板发生激烈争执后辞职。

双方真正的斗争并不体现在价值观上，而是体现在改革的性质上。支持改革的人认为自己是在为行业的生存而战，反对者则认为自己是在为捍卫作为新闻事业成功基石的职业伦理而战。

然而，某些商业做法被引入新闻部门后，却与每个人的最佳利益背道而驰。为了增强新闻部门的责任感，最基本的一个做法是引入所谓目标管理法（Management By Objective，MBO）的激励机制。这一点我们在本章的开头就提到过。这个概念最初由管理学大师彼得·F. 德鲁克（Peter F. Drucker）于 20 世纪 50 年代提出，原理十分简单：通过设定目标和完成目标可获得的奖励，公司就能建立统一的系统，协调和监督管理人员的行为。

在新世纪的最初几年，大多数电视和印刷媒体的新闻主管都在目标管理体系的指挥下工作。[29]这些管理体系中有相当一部分扭曲和损害了新闻工作者的角色和社群的需求。1998 年，"美国报纸现状项目"（the State of the American Newspaper Project）进行的抽样调查发现，71%的编辑说自己所在的公司引入了这种目标管理体系。在这些人中，有一半的人说其收入的 20% 到 50% 取决于项目的完成情况。大多数编辑提到，一半以上的奖金与报纸的经营业绩挂钩。

把新闻工作者的收入与组织的经营业绩联系在一起，这实际上改变了新闻工作者效忠的对象。媒体公司明确表示，新闻工作者应该主要对母公司和股东效忠，而把读者、听众或观众放在第二位。

如果广告主明确提出，要是减少刊登某类报道或把某个记者开除、调离，就向媒体投入更多广告费，此时该如何选择？广告主什么时候会主动要求媒体报道行业腐败或价格垄断（price-fixing）①？当你认为总编辑的主要目标是完成本季度的经营任务时，你怎么能做到勇敢而中立地报道新闻？目标管理体系与职业操守相联系，导致新闻工作者在效忠于谁的问题上出现二心。

波特兰市《俄勒冈人报》（*Oregonian*）的总编辑桑德拉·罗（Sandra Rowe）在这个问题上有独到的论述。她说：向新闻工作者传授商业经营方面的知识，本身没有错。但问题在于，新闻工作者信仰什么？他们是深谙经营之道的新闻工作者，还是了解新闻的商务人士？这个区分对于为谁服务来说至关重要。如果公司文化的基础是信仰为公民服务，那么能否实现赢利？抑或是以利润最大化为基础，甚至不惜以公民需求为代价的公司文化才能实现赢利？

正如我们在前面提到的，那些让新闻编辑部证明自己具有合理性的做法过于简单，对其他行业的模仿性过强。管理者没有意识到新闻是不同的。新闻编辑部管理者的激励机制应该和创新、增加新平台的受众联系在一起，而不是和利润绑在一起。现在我们更容易看清这个问题。

公民而非顾客

商业责任被带入新闻编辑部的同时，商业用语也乘机而入。在一些情况下，这意味着用市场营销术语指导新闻生产，读者和观众变成了"顾客"，理解受众的过程被看成"市场营销"。[30]

---

① 指商业竞争者协议以同样的价格出售相同的产品或服务，以便尽可能维持所有竞争者的利润空间。一般来说，价格垄断是非法的，它破坏市场上的自由竞争，而且会导致消费者利益受损。

几乎没有人会认为新闻工作者不应该推销他们提供给公众的服务，但是用语的准确性十分重要，尤其是在变革时代。在商业环境中，新闻要比简单地把注意力卖给广告主复杂得多——随着新闻的收入日益倚赖线上内容的收入，这一事实变得更明显了。新闻的核心产品是信任——这是一种内心的感觉，即相信接收的内容是诚实的，编辑的决定不论是否存在瑕疵，都是与利润考量无关的独立决策，受众看到的不是来历不明的植入式产品或商业操纵。

新闻工作者通过提供新闻和受众建立一种关系，这种关系的基础是受众感觉到的混合品质，如价值观、判断力、权威性、理智、经验、勇气以及对社群的忠诚。提供这一服务创造了媒体与公众的牢固联系，然后新闻机构再把这种联系租赁给出售商品和服务的卖家，后者希望借此接触到公众中的这群看新闻的人。

简言之，新闻业中的商业关系与传统的顾客营销中的关系不同，在某些方面更加复杂。原因在于它是一种三角关系，新闻提供者是一条边，公众是另一条边，而那些试图接触公众并向他们出售商品和服务的人是第三条边。在这个三角形中，公众占据主导地位——他们构成三角形最长的一条边——即使他们提供的收入通常比广告商提供的收入要少。即使是像亨利·卢斯（Henry Luce）那样的有开创性的企业巨头也能理解这种三角关系。1938年，他对身边的高层人员说："如果我们不得不接受金钱补贴的话，广告主可能是我们最感兴趣的人。"但是，卢斯称自己的目标是绝不牺牲"新闻灵魂的任何一小部分"[31]。卢斯夸口说："在美国，没有一个广告主不知道，时代集团会顽固地保持独立。"

防火墙

如果说新闻工作者应该首先忠于公民，那么在新闻公司工作的其他人应该忠于谁？比如，广告销售人员、营销部人员、发行部人员、主要负责人和各部门负责人、首席执行官和股东，公民应该对他们提出什么要求？他们和新闻产品独立性的关系是什么？

作为传统，20世纪的新闻工作者经常提到新闻公司的新闻部门和商业部门之间存在一道防火墙。时代公司的编辑常常称赞卢斯提出的一个观念：公司内的教会（新闻部门）与国家（商业部门）要相互独立。毁誉参半的《芝加哥论坛报》发行人罗伯特·麦考密克（Robert McCormick）在20世纪早期曾在俯视芝加哥河（Chicago River）的富丽堂皇的论坛报大厦（Tribune Tower）内安装了两部独立的电梯。他甚至不愿意他手下的广告销售人员和记者乘同一部电梯。

新闻工作者被隔离在某堵高墙后面为受众服务，而其他人自由地为利润服务，这种观念是具有误导性的比喻。其一，它鼓励了我们刚才描述过的孤立主义。其二，如果新闻机构中这两个部门的目标出现冲突的话，最后做出牺牲的一般是新闻部门。

2005年关于《洛杉矶时报》和斯特普尔斯中心体育场的丑闻揭示了防火墙的比喻在现实中是多么无力。报纸打算和运动场的所有者分肥，以对方购买广告作为交换条件。体育场的老板给转包商写了一封语气强硬的信，坚持要购买该报广告。报道体育场的杂志文章撰写任务被分配给报纸记者完成，都是正面描述。新闻部的人对这一安排并不知情。换句话说，这堵防火墙毫发无伤。但当该协议被揭露后，记者和读者都出离愤怒。

在不到一周的时间里，数以百计的信件、电子邮件、传真和电话留言涌向读者代表纳达·扎奇诺（Narda Zacchino）。《华盛顿邮报》记者沙伦·韦克斯曼（Sharon Waxman）采访扎奇诺时，看到桌上放着许多电话留言记录，每则留言的主要观点都用黄色记号笔标出。扎奇诺告诉韦克斯曼："大多数读者认为这件事动摇了他们对报纸的忠诚和信任。人们对许多事情提出疑问。他们质疑广告主是否影响了所有报道。他们质疑我们是否正直。真正让我担心的是那些质疑我们的报道是否诚实的问题：'这个或那个公司是否和你们也有协议？'"

最后，报道媒体问题的记者戴维·肖（David Shaw）发现，时代公司的管理层利用读者资源为广告主牟利的做法有增加的趋势，而新闻编辑部对这一切毫不知情。此类现象均出现在前谷物公司总裁马克·威尔斯（Mark Willes）接管了该报的母公司——时代镜报公司（Times Mirror Company）①之后。这位管理者没有新闻工作的背景，对新闻机构的经营也知之甚少。换句话说，传说中的防火墙根本保护不了任何人。市场部门正在出卖新闻部门，他们拥有足够的权力，神不知鬼不觉地限制了新闻部门的行动。

新闻公司里新闻编辑部和市场部之间的紧张关系由来已久。回过头看，在前数字化时代就逐渐积聚的关于好新闻是不是好生意的争论中就蕴含了关于新闻业未来的问题。传统媒体的运作方式，比如印刷报纸或广播电视等"成熟产业"，是否就没有办法再扩大其受众规模？如果是这样，管理成本、更关注广告主就是有意义的——但是这也意味着承认衰落不可避免。还是说传统新闻组织如果能够适应环境变化，仍然可以通过新的方式、新的内容和产品继续获得新的受众？《华尔街日报》基本上认为这些媒体不可能再成长了。它奖励那些严格控制成本、减少低效行为的媒体公司。

具有讽刺性的是，这种被认为着眼未来的看法，即认为大多数传统媒体是成熟产业的观点成了一个自我实现的预言。该报没有投资研发以寻找新的方式传播高质量的内容，或用新的方法获得受众，而是将大部分注意力放在了一边进行成本管理，一边提高广告价格上。他们还提出，在碎片化的新闻环境中，广告是到达精英受众的独特方法。换句话说，这个行业没有改变自己的商业模

---

① 时代镜报公司拥有《洛杉矶时报》；2000年，时代镜报公司被论坛报公司收购。

式,但它改变了关于为什么新闻业是桩好生意的观点。因此,当其根基被削弱时,这个行业就开始提高价格。报纸的收入在2005年达到顶峰,这时导致这个行业萎缩的所有结构性因素其实都已经到位。[32]

就在市场部门收紧业务的同时,一系列学术研究陆续发现,对新闻编辑部的经济投入和提高新闻道德底线之间的相关性非常强。这些研究指出,支持新闻采集会提高新闻质量,反过来会提高发行量。而且,它还会带来另一个经济收益。密苏里大学(University of Missouri)的埃丝特·索尔森(Esther Thorson)建立的计量经济学模型证明,对新闻的投入越多,新闻的质量就会越高,同时报纸的广告价格也会相应地更高。虽然董事会经常为此产生争论,但董事中支持这种观点的人并不多。多年来,对于新闻工作者及公众来说,这一争论微弱得就像背景噪声一样丝毫不能引起关注。一些学者,如北卡罗来纳大学(University of North Carolina)的菲尔·迈耶(Phil Meyer)提出,这个行业为了保持高边际利润,陷入了不断削减产品的死亡螺旋,这无异于自寻死路。这种削减只会使更多读者离去,选择其他新闻媒介,反过来导致进一步削减产品。不论是有意还是无意,这种策略都会导致整个行业走向破产。

但是,新闻产业几乎不知道这个研究。在数字革命的黎明,新闻产业没有在数字革新上进行投入,而是将注意力集中到成本管理上以保护边际利润。于是,这个产业开始迅速衰落。

问题还不在于受众的流失。例如,根据美国报纸协会(Newspaper Association of America)的数据,2006年至2012年间,美国印刷版报纸的日发行量下降了17%,周日版发行量下降了16%。很多流失的印刷版读者只是迁移到了同一报纸的网络版,而不是放弃其内容。报纸的整体阅读率,包括在线读者的阅读率,基本保持稳定。根据斯卡伯勒研究中心(Scarborough Research)的数据,2007

年至 2012 年间，美国成年人中阅读报纸印刷版或网络版的比例下降了不到 10%，从 2007 年的 74%下降到 2012 年的 67%。[33]

但是，新闻业的经济收益遭受了大得多的损失。2005 年到 2013 年间，报纸的广告收益下跌了 55%，下降速度是印刷版读者数量下降速度的 3 倍，是整体阅读率下降速度的 5 倍。准确地说，问题在于广告收入没有和读者一起转移到网络版。背后的原因很多，其中包括人们不愿响应弹窗广告和旗帜广告，网站过多，所以投放广告的成本下降了。

收入的损失反过来对许多新闻机构中的新闻采编权产生了致命的影响。从 2000 年到 2013 年，报纸的记者和编辑人数减少了 30%，大型都市报减少得更多，因为它们遭受的经济打击最为严重。三家主要广播网的新闻部与 20 世纪 80 年代（有线电视新闻出现之前）相比，裁员超过一半。一些离开传统媒体的新闻工作者跳到了与新闻相关的行业，但大部分离开了新闻行业，或者进入公共关系、智库或其他领域。例如，罗伯特·麦克切斯尼和约翰·尼科尔斯（Robert McChesney and John Nichols）对人口普查局（Census Bureau）的数据进行分析后发现，公关人员与新闻工作者的比例 1980 年时是 1.2∶1，2008 年变成 3.6∶1——而且这一差距还在进一步扩大。[34]

广播电视新闻，作为 20 世纪后期占统治地位的新闻平台，甚至更早就丧失了信心。20 世纪 90 年代，当它开始感觉到有线电视新闻和辛迪加的娱乐信息节目的冲击时，电视网的晚间新闻开始增加对小报式犯罪和名人的关注。近十年来，电视网晚间新闻节目中排名第一的话题是犯罪，尽管这一时期全国的犯罪率在大幅下降。新闻网的中心任务是让新闻节目更具有娱乐性而不是投资新的平台，比如有线电视和后来的网络。唯一的例外是美国全国广播公司，其新闻部门蓬勃发展，这主要得益于其有线电视新闻业务带来的收入，尤其是美国消费者新闻与商业频道（CNBC）。这个频道把公司更健康的新闻部门的成本分摊到了它所有的平台上。

2000年，时任《国际先驱论坛报》（*International Herald Tribune*）主席和首席执行官的小彼得·C.戈德马克（Peter C. Goldmark Jr.）在于阿斯彭研究所（Aspen Institute）召开的一次会议上说，媒体公司需要采取行动，"在巨型公司帝国内部强化新闻型企业的价值观……每个首席执行官都明白，自己对股东承担受托责任。说到新闻事业，我更信任这样的公司领袖，他们能够意识到自己在拥有新闻组织的同时，还承担着另一项同样神圣的受托责任——公众的信任"[35]。

戈德马克提出了四条建议：首席执行官每年和评估该公司新闻业务健康状况的机构见一次面；在管理层中指派一名成员，担负保护新闻机构独立性的特殊责任；每年对公司的新闻职能的独立性和活力状况进行评估或审查；与相似的公司联合，资助成立独立的委员会，跟踪、促进、审查和捍卫新闻独立。

十年后，当网络带来的经济影响变得清晰可见时，在许多传统媒体公司中，公司上层中的理想主义者和财务会计之间的战争终于尘埃落定。理想主义者一败涂地。不断缩水的收益使得专注于受众和新闻质量的观念似乎成为许多商业管理者不能承受的无用之物。

三大电视网的一位总裁在2005年的一次会议上对手下的高层人员说："道德铁砧终于被搬走了。"这意味着制片人可以不再理会传统的新闻规则。[36]以公共利益为服务对象的新闻为什么会失势？迄今为止最有说服力的解释来自奈特-里德集团的发言人波尔克·拉丰四世（Polk Laffoon Ⅳ）："我希望优质的新闻和报纸销量之间存在显著的相关性，但是问题没有这么简单。"[37]

在对优质的新闻是商业财富的命题失去信心的潮流中，也存在一些引人注目的例外，在那里工作的新闻工作者感到十分幸运。在很大程度上，他们效力的组织没有防火墙，市场部门把新闻部门的价值观作为运营的指导思想。在这些公司中，代表公共利益的独立的新闻才是公司销售的产品，而利润是必然的副产品，它对公司的长期健康发展具有战略意义，必不可少。

2002年，为了应对这一挑战，英国的卫报媒体集团（Guardian Media Group）在增强透明度上做出了重大努力，开展了名为"活出我们的价值"（"Living Our Values"）的年度审计活动。这个独立的审计活动旨在向读者表明商业新闻机构和公民之间的关系的特殊性。年度审计报告每年向公众发布，详细地记录了公司在社会和伦理行为方面的表现，是否兑现了出版"自由、进步、国际化的报纸"的承诺，以及作为一个商业机构，在员工关系、商业伙伴关系、社区关系以及和世界其他机构的关系上的表现是否合格。《卫报》的审计活动体现了市场部门和新闻部门的共同价值观是如何结合起来服务公共利益的。

《卫报》被证明是最快速地拥抱新技术提供的可能性并利用新技术的能力将受众转化成其员工的媒体之一。它先于大部分传统媒体，接受了数据新闻，即将大型数据库转化为一种新的报道形式。它对使用社交媒体工具也采取了同样的态度，把推特、脸谱等看成从读者社群收集信息的方式，而不仅仅将其视为推广其传统内容的方式。它将自己的文化转变成一种制度，在这种制度中，之前被视为受众的群体也成为新闻采集过程的一部分，在某种程度上他们成为传统新闻的补充而不是威胁。

虽然面临裁员和股价下降，但纽约时报公司一直保持对优质新闻的承诺，这在该公司的旗舰报纸那里得到了最好的体现。事实上，有分析表示过担忧，认为时报公司过于专注报纸业务，而没有通过投资其他产品来实现收入的多元化。公司主席，兼任纽约时社社长的小阿瑟·苏兹贝格（Arthur Sulzberger Jr.）2005年告诉《纽约客》（*New Yorker*）的肯·奥莱塔（Ken Auletta）："我们是一家把所有精力用于生产新闻的公司。这是我们最核心的力量，同时是严防死守的阵地。我们不会涉足教育或餐饮业务，但你会看到我们对新闻产业进行投资。"[38] 2013年，《纽约时报》新任首席执行官马克·汤普森（Mark Thompson）在和美国报业编辑协会的交流中表达了同样的情绪：事实上，作为公司的首席商业执行官，他为报纸的总编辑吉尔·艾布拉姆森（Jill Abramson）工作。他们所做的一切最终都是为了新闻。

2011年4月，当《纽约时报》决定对在线内容收费时（当时，只有出于商业原因被收购的财经类报纸成功地做到了对内容收费），遭到很多人嘲笑。然而，《纽约时报》证明质疑者们错了。到2013年，该报已经拥有大约70万名只订阅数字版的用户（这些人只为报纸的数字版付费却不需要印刷版）。到那一年年初，该报超过一半的收入来自其订阅费而不是广告费。一些质疑者仍然坚持认为《纽约时报》过于独特，它作为一份质量超群的全国性报纸可以收费，但是这对于其他报纸来说却很难。然而，这些质疑者这次又错了。到2013年，全国1385种报纸中，超过450种对数字内容收费——还有更多报纸打算跟进，包括许多一年前提出永不收费的报纸。十年来，报纸行业首次实现了发行收入的增长。

到2013年为止，对在线内容收费的行动还让人看到了另一个转变的希望。一些报纸开始重新投入资源以提高编辑质量。在前首席执行官阿尔·纽哈斯（Al Neuharth）的带领下，甘尼特报业集团（Gannett Company）成为20世纪末创造了季度利润增长预期的先驱之一，向新的新闻采集资源投资了数千万美元。甘尼特集团这么做是基于如下推理：如果想让人们为内容支付更合理的价格，就必须提高内容的质量。堕落的理想主义者也曾提出过这一观点，但是多年前他们又放弃了。不管怎么说，提高质量才是有效的商业策略。《纽约时报》率先向普通受众收取数字内容的费用，代表着一个重大的转变，即重新回到一个观念：媒体经营的核心是新闻必须向受众传递价值，而不是把受众视为影响广告主的砝码。为了进步，新闻必须变革，受众也必须成长。金融革新的倡导者是那些继续相信新闻的人。

防火墙的隐喻永远是个神话——最后它不是保护了新闻工作者，而是让他们感到失望。顶层的新闻管理者和顶层的商业经营者应永远保持对话。所谓的防火墙只不过是一个向读者保证新闻工作者会保持独立的简易方式而已，附带的好处是避免双方基层员工的接触，这样管理人员就不必处理纠纷和冲突。

现实中，其他一些特征在历史上也定义了什么才是具有新闻公信力的组织文化，这些特征更多地与顶层管理者的新闻责任感有关，而不是和基层员工的相互隔离有关。对公民负责任的新闻公司或组织应做到如下关键的五点：

1. *所有者必须首先对公民负责任*

新闻部门不应该与组织的其他部门隔离开，只有两部分人都忠于新闻真诚、独立的价值观——而不是一部分专注于商业、意识形态或其他因素，另一部分专注于服务公众——新闻业才会运行得最好。历史经验表明，只有公司的所有者坚信新闻的核心价值观时，才会出现这种局面。

甚至所谓防火墙措施的拥护者实际上也是这一联合哲学的实践者，他们也主张新闻主导一切。历史学家汤姆·伦纳德（Tom Leonard）的研究发现，与传说不同的是，没有证据证明亨利·卢斯真的说过关于教堂与国家相分离的话。相反，卢斯认为整个公司需要"顽固地保持独立"。

《洛杉矶时报》前任出版人、美国有线电视新闻网总裁汤姆·约翰逊（Tom Johnson）在回首自己的事业时，得出了与前一代的卢斯，或更早一代的奥克斯同样的结论：

> 媒体的所有者，或者是上市公司董事会选出的首席执行官最终决定着新闻部门发表或播出的新闻的质量。主要是他们在选拔、雇用、辞退或擢升编辑、社长、总编辑、新闻总监和编辑部主任，即管理新闻编辑部的新闻工作者……所有者决定着新闻部门的预算，以及新闻和广告的时长和版面。他们根据他们选拔的人员的素质和他们拥护的新闻政策来确定新闻的质量标准。所有者决定媒体的利润回报率。所有者支付给新闻工作者的报酬的丰厚程度也将决定新闻的质量。[39]

在历史上曾经保护过新闻事业的家族企业的仁慈家长除了少数例外，基本上已经消失。目前，网络革命刚刚开始，公司文化已经向私募股权所有者做出了极大的让步。现在就概括这个群体的特点还为时尚早。其中一些人，如前互联网企业家阿龙·库什纳（Aaron Kushner），开始想象与读者的接触达到了一个新的水平，并形成了新的关于质量的概念。另一些人则转向出版行业，因为代价实在非常小，风险似乎也很小。但是，毋庸置疑的是，这一转变十分重要，可能比其他因素更重要。

2. 聘用把公民放在首位的商业管理者

虽然所有者最终决定一个机构的价值观，但成功的经营者也认为应该招聘认同机构目标的管理者，尽管销售广告、提高发行量与写新闻的思路完全不同。A. H. 贝洛（A. H. Belo）公司经营报纸和电视业务，该公司的前董事会主席和首席执行官罗伯特·德查德（Robert Dechard）认为，应该自上而下地贯彻公司的社会责任意识："归根结底，我们要恰当用人，所用的人应该既有良好的新闻判断能力和新闻工作经验,同时又对潜在的冲突十分敏感。我更偏爱具有正确判断力的人。"[40]

3.新闻工作者对新闻拥有最终发言权

在新闻组织实验新的营利模式时,那些直接负责管理新闻部门的人应该扮演更重要的角色。他们必须守卫编辑的诚实,同时保护商业品牌的诚信。这就意味着当他们认为组织越过了红线时,必须举起手来大声发出声音。华盛顿邮报社新任社长和总编辑之所以名誉扫地,正是因为编辑们没有做到这一点。该报为了经济收益,举办了一个没有新闻报道价值的私人宴会,只是为立法者提供了便利[这和大西洋传媒(Atlantic Media)或《得克萨斯论坛报》(*Texas Tribune*)为了营利而策划的有新闻报道价值的事件完全不同]。在现代的新闻实践中,新闻编辑部的领导实际上是品牌的保护者。

4.制定并传播明确的内部标准

即使所有者认同新闻的使命,他们所雇用的管理者也没有异议,相关标准也必须在所有员工中被清晰地表达出来,以营造一种开放的氛围,至少能使某些级别的经营人员和新闻采编人员对话,确保双方相互理解并尊重对方的职责。

很少有总编辑像福布斯传媒(Forbes Media)的"首席产品官"刘易斯·德沃尔金(Lewis Dvorkin)一样在尝试新的方法和新的支付模式上这么具有实验精神。德沃尔金探索了如何使用社交媒体、受众贡献内容和赞助内容,并且为《福布斯》(*Forbes*)吸引受众和产生利润进行了其他一系列实验,但他的做法时常引发争议。《福布斯》曾是一份纸质财经类月刊,如今已成为"多媒体财经新闻的来源"。当德沃尔金前进时,不论你为这些实验欢呼还是因此畏惧,他总是积极拥抱我们所提倡的一个核心观念:尽可能让你所做的一切透明和诚实。他很早就接受了允许"品牌"（或曾经被称为广告商的群体）赞助和创造新闻内容的理念，但他总是很小心地给这些内容贴上标签。不论人们是否认为德沃尔金过于离经叛道，他在其他人还犹豫不决时已经成功地做到了三件事：重新激活了人们对《福布斯》内容的需求；进行了实验；通过与自己的受众沟通使这些实验保持开放性。

5. 同时向公众传播明确的标准

最后的一个关键之处是让受众清楚，并且让他们比过去更加清楚新闻机构是如何运行的。德沃尔金为《福布斯》所写的文章只是其中一个例子。报业公司"数字优先"（Digital First）的首席执行官约翰·佩顿（John Paton）也撰写博客，表达了对自己所进行的实验的思考。此类沟通方式也强化了公司内部的相互理解。这些举措还起到了另一个作用：它们推动组织努力达到所承诺的标准，如果达不到，就会面临很大的风险。

这些进一步对媒体行为加以解释和说明的运动获得了支持，它们最初并不是为了说明媒体在技术上所做的激进改变，而是为了回应一代人以前就开始积累的不断增长的对新闻的信任危机。堪萨斯州《曼哈顿信使报》（*Manhattan Mercury*）的总编辑爱德华·西顿（Edward Seaton）也是美国报业编辑协会主席。1999 年，他在该协会的一场演讲中建议：报纸重建公信力及可信度的最好方法是"说明你自己……作为编辑，我们必须起到带头作用。我们必须阐明我们的价值观。有了标准后，我们就有了可以向公众和员工解释的东西，有了每个人都能听到并且理解的东西。我们必须竭尽全力，精益求精。我们应该强调的是为公民服务，而不是强调道德底线或科技"[41]。

一些电视台也采取了相似的做法。弗洛斯特·卡尔（Forrest

Carr）担任图森市 KGUN 电视台的新闻总监时，制定并反复播放"观众权利清单"（"Viewers Bill of Rights"），该清单清楚地列出了图森市的公民应该期待电视台及其员工达到哪些标准。

该清单列出七项权利，其中包括：知情权（电视台"在采访中要提有难度的问题并进行调查"），要求新闻采集活动遵守伦理准则的权利［电视台将遵守新闻工作者职业委员会（Society of Professional Journalists）制定的伦理准则］，要求新闻报道以解决问题为导向的权利（电视台将努力寻找或发现解决方法，而不是只关注问题本身）。

权利清单的措辞通常会让人觉得了无新意。但是，在该电视台播出介绍"观众权利清单"的节目期间，卓越新闻项目对图森地区进行的焦点小组访谈发现，这项措施密切了电视台与观众的关系。一位男性观众说："可能还是需要电视台有一些准则，类似所谓报道伦理的东西。"

该电视台在图森地区的观众占有率稳步攀升。新闻总监卡尔还提出，该项目有另一个收益：使该组织的工作人员明确了组织的价值观。卡尔说，之前没有任何措施像这次这样有助于改善新闻编辑部的文化。

有证据显示，"观众权利清单"的理念在今天仍然会得到响应。2013 年 6 月，在肯塔基州的路易斯维尔（Louisville），福克斯电视网的附属台 WDRB 推出了"观众契约"（"Contract with Our Viewers"）。这一声明具体包括十条原则，目的是表达该组织忠于一系列核心新闻价值观，并且忠于观众。该契约包含如下承诺：不"炒作我们的产品"；"努力呈现不带偏见的报道"；谨慎地使用"突发新闻"（breaking news）一词，不将其作为市场营销的噱头。契约承诺要珍惜和重视观众的观看时间。[42]

无论新闻机构采取什么措施，为谁服务都是最关键的，这也是常被忽略或误解的问题。然而，这一问题之所以重要，正是因为媒体变得不受欢迎了。在思考为什么公众对新闻的信任程度会下降的时候，人们经常忽视了一点：从根本上说，信任危机针对的是媒体的动机。作为公民，我们并不期待新闻工作者完美无瑕——甚至新闻中每个单词的拼写都正确无误。问题不出在这些表面现象上，而在更为根本的地方。

新闻工作者愿意把自己想象成人民的代言人，为了公共利益报道社会的最新问题。然而，公众越来越不信任他们。人们看到的是煽情主义和利用大众，感到新闻工作者是为了金钱或个人名誉而从事这项工作，没准儿更糟的是认为他们会从他人的不幸中获得变态的快感。鲍勃·伍德沃德（Bob Woodward）[①] 为了写书而采访政要，但是他在采访后写的报道中对很多内容有所保留。这一做法被披露出来后，读者对其忠诚问题表示了质疑。他究竟是一个为自己工作的作家，还是为公众服务的《华盛顿邮报》记者？一些读者认为，伍德沃德没有权利替他们决定什么事情应该立即公开，什么事情一两年之后才能在书里公之于众。

为了重新把人们和新闻联系在一起，再通过新闻把人们与更大的世界联系在一起，新闻工作必须重新效忠公民，恢复这一在新闻行业的协助下被错误地颠覆了的传统。当然，即使这样也还不够。追求真相和忠于公民只是使新闻事业得以运行的最初的两个步骤。下一步同样十分重要：新闻工作者获得真相的方法以及如何向公民解释这一方法。

[①] 鲍勃·伍德沃德（1943—　），《华盛顿邮报》著名记者，水门事件的两名报道者之一。现任《华盛顿邮报》编辑，出版了多本政治畅销书。

第4章　经过核实的新闻

当这位希腊通讯员坐下动笔时，他希望说服受众相信自己是可信的。他希望人们知道，自己书写的战争既不是官方记录，也不是草率完成的急就章。他努力做到更独立，更可信，使自己的作品能够传诸后世。在进行报道时，他十分注意记忆力、看问题的角度和政治会以怎样的方式模糊回忆。他对书写的事实进行了复核。

为了说明上述一切，他决定在开头首先阐明自己的报道方法。下面这段话是公元前5世纪修昔底德（Thucydides）在介绍他对伯罗奔尼撒战争（Peloponnesian War）的叙述方式时，写下的关于发现真相的方法论的开场白：

> 关于我对事件事实的报道……我定下了一条原则：决不轻易写下我听到的第一个故事，甚至也不接受自己的一般印象的引导；我描述的事件，有的是我亲历的，如果是从目击者那里听来的，我一定尽可能详尽地进行检查。即便如此，真相还是不容易发现：不同的目击者对同一事件也有不同的说法，或者因为偏袒某一方，或者因为记忆不完全。[1]

为什么两千多年过去了，这段文字看上去还是如此具有现代感？因为它道出了非虚构作品的核心任务：从传言、流言、错误的记忆、受到操纵的议题中筛选出尽可能准确的信息，并且依据新的信息和观点修正报道内容；克服自己在感知和经验方面的局限，做出让更多人认为值得信赖的描述。抛开所有关于新闻工作的争论，抛开不同媒体和不同时代之间的各种差异，上面这些问题才是那些试图采集、理解并传递新闻的人每天面对的真正问题。

新闻工作者不会遵守标准化的准则，每个生产新闻的人，或生产更一般的非虚构作品的人都会根据自己的一套通常是相当个性化的方法检验和提供信息——他或她个人用于自我约束的核实行为。实际上，像寻找多个目击证人、尽可能多地透露信源身份、询问多方意见等都是通过核实进行自我约束的工具，这些都是尽可能接近关于正在调查的事件的真相的必要程序。这些方法可能带有强烈的个人色彩和特殊性。比如，《洛杉矶时报》的作家里克·迈耶（Rick Meyer）一般会把获得的事实和采访内容组合成笔记卡片一样的摘录，并在办公室的地板上进行组织和整理。还有的方法可能相对制度化，比如《纽约客》设立了事实核查部门。不论这些习惯和方法叫什么名字，采用何种媒介，它们都强调了新闻工作的第三项原则：

> 新闻工作的实质是用核实进行约束。

最终，作为约束手段的核实将新闻工作和娱乐、宣传、小说、艺术区分开来。娱乐——及其近亲"娱信"（infotainment）——专注于如何尽量使人快乐、轻松。宣传通过选择或制造事实，实现其真正目标：说服和操纵。虚构类作品通过制造场景，传达作者对于所谓真相的个人化的印象。

唯独新闻关注的是对发生的事情做出正确描述的过程。

无论是电视网新闻还是社交媒体上个体公民发布的目击者见闻，都具有这一特征，这也是判断所有自称新闻工作的活动是否货真价实的首要标准。

但是，从事新闻生产的人通常无法将本行业最根深蒂固的信仰与新闻工作者的角色这一更大的哲学问题联系在一起。他们知道怎样核实一则报道，但是不能清晰地阐明核实行为对社会的贡献。然而，无论如何，核实事实是新闻工作的中心。正如沃尔特·李普曼在1920年所说的那样："如果一个社群缺乏借以揭穿谎言的信息，其成员就没有自由。"[2]

这也正是其他媒体的成员（如剧作家和电影制作者）讲述真实事件时，新闻工作者经常会感到不快的原因。2012年，公共广播节目《美国生活》(This American Life)"收回"了一个曾经播放过的关于中国制造业的节目，因为他们发现该节目的作者、剧作家迈克·戴西（Mike Daisey）将他自己访问中国时遇到的人和事与其他人讲的故事混合在了一起。《美国生活》的主持人兼执行制片人艾拉·格拉斯（Ira Glass）在一份声明中说："我们收回这个报道，因为我们不能保证其真实性。"[3]

然而，戴西没有这种疑虑。他在自己的声明中说："我还是站在我的作品这边。我的节目是个戏剧化的作品……它将事实、回忆和戏剧性的内容混合在一起讲述故事，我相信它诚实地做到了这一点。《纽约时报》进行的深入调查和一些劳工权利群体所记录的电子工厂的生产状况肯定会支持我的节目。"

他补充说："我所做的不是新闻。"[4]

戴西的《美国生活》案例只是新闻工作者与其他领域的传播工作者之间关于真实的含义的众多冲突之一。1999年，当《60分钟》(60 Minutes)的记者迈克·华莱士（Mike Wallace）看到电影《惊曝内幕》(The Insider)时非常愤怒，因为屏幕上的自己所说的台词是虚构的，事件的顺序也做了调整，暗示他向烟草行业屈服是因为担心自己的"遗产"（legacy）。"谁听我提过**遗产**这个词？这纯粹是胡说八道……我很生气。"[5]这部电影的导演迈克尔·曼（Michael

Mann）反驳说，虽然为了增强故事的戏剧性对情节做了一些修改，但是按照某些对"真实"的一般定义，影片还是"基本准确"的，因为华莱士确实做出过让步。

在这两个案例中，争论的双方操着完全不同的语言。对曼和戴西而言，真实存在于更大的故事整体中，而不是每个事件的细微之处。而对格拉斯和华莱士而言，真实离不开对细节的准确描述。在这件事上，双方的观点都有道理。但是，新闻的核实过程必须兼顾这两种看法。它必须既获得正确的事实，又揭示真相。

从新闻成为商品的那一刻起，人们几乎可以从无限量的新闻媒体中随时、不断地获取它。新闻核实过程——以公共利益为目标的可信新闻的原动力——面临着新的压力。这种压力主要来自两个方面。第一是迅速发布新闻的诱惑，反正总有事后更正的机会。第二是发布新闻的冲动，因为它早已被其他媒体发布，"存在于"新的网络媒体系统中了。

"9·11"事件之后，反恐战争制造了一种新的现实，使得上述问题变得更加复杂。这一新的现实与"自媒体"文化中的流行观念发生了冲突。该文化认为，由于公民可以随心所欲地进行交流，所以他们离真相和更加准确的信息更近了。

公民的交流变得更容易，这一点毫无疑问。然而，新闻核实最终能否坚持下去取决于新闻工作者对这一目标的忠诚程度，只有他们才能生产出与其他更有权力的中介机构制造的说服性或操纵性信息相抗衡的信息。

被误解的客观性

或许因为用核实进行约束过于个人化，并且缺乏正式的定义，它也成为新闻业中最容易混淆的概念之一——客观性的一部分。这一概念最初的意义现在已经彻底被误解并且几乎被抛弃了。但是，把握其背后的意图，寻找新的语言来表达同样的意思，可以为我们指出一条更好的未来新闻业之路。

当批评家，包括许多新闻业内的批评家，抛弃了客观性观念的时候，他们通常使用的理由是没有人能够做到客观。《自媒体》的作者丹·吉尔摩在他那篇2005年广为流传的题为《客观性的终结》（"The End of Objectivity"）的文章中写道："我们是普通人，我们都有偏见，受到自己文化背景的影响，处于各种冲突之中，我们每天都会把这些冲突带入工作。"[6]吉尔摩赞成新闻工作者抛弃**客观性**这个词，用**全面、准确、公平**和**透明**（thoroughness, accuracy, fairness and transparency）取代它。

他不是近八十年来唯一怀疑客观性观念的人。这一论点的主要主张充满混乱。当客观性这一概念最早被从社会科学领域引入新闻业时，它并没有暗示新闻工作者不受偏见的影响，而是恰好相反。

这个词在新闻业中第一次出现要追溯到20世纪，尤其是在20年代，当时越来越多的人认识到新闻工作者充满偏见，通常是无意识的偏见。号召新闻工作者接受客观性观念是为了敦促他们建立一整套内在统一的检验信息的方法——将所有证据公之于众——以保证个人的及文化的偏见不会损害其报道的准确性。

19世纪的新闻工作者谈论的是现实主义而不是客观性。[7]这种观念认为，只要记者发掘事实并把它们按照一定的顺序组合在一起，真相就会自动浮现。现实主义产生于新闻与政党分离并追求准确性的时代。它产生的时代也正是新闻工作者所说的"倒金字塔"结构诞生的时代，当时的新闻工作者把事实按照重要程度依次递减的方式加以排列，认为这样做有助于读者理解发生的事件。

然而，进入20世纪之后，一些新闻工作者开始对这种天真的现实主义表示忧虑。部分原因是记者和编辑逐渐注意到宣传的兴起和新闻代理人（press agent）①的出现。就在弗洛伊德（Freud）提出他的潜意识理论、毕加索（Picasso）等画家实验立体主义的时候，新闻工作者也更多地注意到人的主观性。1919年，沃尔特·李普曼和《纽约世界报》副总编辑查尔斯·默茨（Charles Merz）写了一篇颇具影响力的论文，严厉地批评了《纽约时报》的文化偏见如何导致其歪曲了俄国革命。[8]他们写道："总的来说，关于俄国的新闻是一个典型的例子，说明新闻工作者看到的不是事情本身，而是人们希望看到的东西。"李普曼等人开始寻找能够使新闻工作者"在观察、理解和再现新闻时保持清醒，不受非理性的、未经检验的、未被承认的臆断影响"的方法。[9]

李普曼指出，新闻工作是由"缺乏专业训练的偶然的目击者"实践的。新闻工作者的良好初衷，或某些人所谓的"诚实的努力"，是远远不够的。把希望寄托于强硬派记者的粗犷的个人主义——或李普曼所说的"本行业特有的愤世嫉俗者"——也是不够的。当时的一些新趋势，像报道署名或邀请专栏作家写稿，也不能解决这一问题。[10]

李普曼认为，解决问题的办法是让新闻工作者获得更多的"科学精神……在我们这个丰富多样的世界里，只有一种东西可以统一，那就是方法的统一，而非目标的统一，即通过标准实验加以统一"。李普曼的意思是新闻工作应该追求"共同的思想方法和关于正确事实的共识"。李普曼认为，为了做到这一点，刚起步的新闻教育首先要改变"职业学校的教育方式，因为其目标仅仅是让从业者在既有结构中追求更高的收入"。相反，这个行业应该把学习获得证据和核实作为其基石。[11]

虽然那是一个对科学充满信心的时代，但是李普曼对科学不抱

---

① 这是公共关系的雏形，一些熟悉新闻业的人或从事过新闻工作的人开始将帮助客户发布新闻当成一种新的职业。

太多幻想。"尽管新闻无法用数学来表达，但这没有关系。事实上，正是因为新闻十分复杂，难以把握，优秀的报道才需要运用最高级的科学精神。"[12] 换句话说，客观性的最初含义是新闻工作者无法做到客观，但是新闻工作者的方法可以做到客观。

客观性的原始含义对于我们理解 21 世纪的当代媒介具有重要的意义。第一，它意味着客观性并不是没有观点，或者是纽约大学的杰伊·罗森（Jay Rosen）教授所说的"空洞的视角"（the view from nowhere）。相反，把客观性的目标视为统一的、透明公开的、规范的方法则比较接近吉尔摩和其他人所倡导的替代性方案。第二，许多新闻机构使用的中立的语气，即那种人们熟悉的自认为中立的新闻写作风格，并不是新闻的基本原则。相反，它只是新闻机构用来突出下列事实的工具：他们正在试图生产通过客观的方法获得的东西。第三，这种没有用核实加以约束的中立的语气，通常只是掩盖空洞实质的装饰而已。那些通过选择信源表达自己的观点，然后用中立的语气让自己看上去不偏不倚的新闻工作者，实际上是在欺骗。这损害了整个新闻行业的诚信，令其缺乏原则、不诚实和偏颇。在新闻的标准受到怀疑的时代，这一点尤其值得我们引以为戒。

原始的客观性观念应该被反复强调。在其中，中立并不是新闻工作的基本原则。中立只是一种语气或工具，其目的是说服受众相信传播的内容是准确的或公平的。

有趣的是，不论是左翼商业媒体还是右翼商业媒体，尽管它们的新闻带有观点，却经常拒绝承认这一点；相反，它们宣称自己是公平的。福克斯新闻在自我宣传中标榜"公平和平衡"（fair and balanced）。右翼评论员安·库尔特（Ann Coulter）提出要揭露左翼的"谎言"。当阿尔·弗兰肯（Al Franken）还是一个自由派评论员的时候，他把自己的书当作"真理"来推销。他们都重复了赫斯特和普利策以及19世纪黄色新闻的观点。赫斯特和普利策当时宣称自己刊登的煽情报道比竞争对手的更准确。新闻从业人员（哪怕是评论写作者）很少标榜自己是优秀的辩论家，但会宣称自己写的东西比别人更准确或更接近真相。

原始的客观性观念将客观性理解为一种方法，它的另一层含义是它可以调和不同形式的美国新闻媒体，让它们在适用范围更广的统一新闻规范下运行。其中既包括今天的公民新闻、脱胎于20世纪六七十年代的左派媒体的另类媒体（alternative press），又包括持不同政治观点的新闻杂志。如果准确性、谨慎的方法、用核实加以约束催生的透明性、采取统一的方法核实事实的做法等能成为所有新闻工作的出发点，那么原始的客观性观念就可以适用于各种各样的表达方式。（我们将在下一章详细讨论这一点。）

正如李普曼早在九十多年前提出的那样，统一的方法而不是统一的目标，才是适合多元文化的评价标准。这一方法是采集信息的方法，与表达风格无关。虽然李普曼的观点非常深刻和超前，但在呼吁新闻工作要专业化的问题上他并非孤军奋战。伟大的大众新闻革新者、比李普曼年长一辈的普利策创建了哥伦比亚大学新闻研究生院，他这么做的理由虽然没有表达得像李普曼那样明确，但也大致相同。美国报业公会（the Newspaper Guild）①成立的主要目的也是推进新闻的职业化。

然而，多年以来，更深刻的、原始的客观性观念却被人们解释得混乱不堪，以致其意义基本遗失。很多作家在作品中用这一概念暗示新闻工作者是客观的，比如利奥·罗斯滕（Leo Rosten），他曾写过一本颇有影响的研究新闻工作者的社会学著作。但是，可想而知，他发现这个观念无法实现。许多法学专家也持这种观点，他们宣称客观性不可能实现。大量新闻工作者从未真正理解李普曼的观

---

① 美国报业工会的前身是成立于1933年的新闻从业者劳工联合会。

点。[13]随着时间的推移，新闻工作者开始将客观性视为**幻象**并将其丢在一边。他们基本上依旧是"偶然的目击者"。

在另类媒体工作的人常常敌视所谓主流新闻工作者对客观性的信仰，因为实际上他们之间的不同之处只在于对中立语气的看法，而不是搜集和核实信息的方式。报纸记者发现他们可以轻松地转到《纽约客》这样的杂志工作，在杂志社他们可以使用与另类媒体相似的，甚至与更主观的电视新闻相似的语气写新闻。

与此同时，记者们进一步完善了李普曼心中的观念，但通常只限于个人行为，以技巧或报道惯例的形式出现，而没有让其成为新闻工作的基本目标。关于客观的报道方法的观念散落在各处，在记者之中以非正式的方式口耳相传。比如，斯坦福大学（Stanford University）发展心理学家威廉·戴蒙（William Damon）发现新闻工作者用不同的"策略"核实报道。戴蒙询问采访对象他们从何处得知相关观念。绝大多数人的回答是"通过试错""我自己发现的"，或"从朋友处"学到这些观念。很少有人说是从新闻学院或自己的编辑那里学到的。[14]许多有用的书里曾经写到过这个话题。比如，一个自称"调查性记者和编辑"（Investigative Reporters and Editors）的组织，曾试图开发一种方法来使用公开记录、阅读文件，并提出关于颁布《信息自由法案》（Freedom of Information Act）的要求。

然而，总的来说，各种不同的核实方法和策略从未被整合成为统一的方法，更不用说成为教学内容或学科了。传统的核实方法也未能与时俱进地适应新的新闻形式。虽然新闻行业发展出了各种确定事实的技术和惯例，但是并没有开发出一套检验新闻中的解释性内容的可靠性的体系。

更重要的是，在21世纪，公众似乎越来越不相信新闻工作者或其他任何人能够在叙述中做到真实，或者存在一种客观的核实方法。这一状况不仅威胁到新闻的理念，而且威胁到社会面对和解决自身问题的可能性。公共领域成为一个只有极端观点在争吵的地方，而不是一个寻求妥协、同意和解决方案的领域。

如果新闻工作者要为近三百年来指导其工作的价值观辩护，甚至为修昔底德等早期编年史学家的本能辩护，他们首先必须知道获得正确事实的原则和方法，同时必须让公众知道这一方法。

最近，一个全新的数据可视化和数据新闻领域正在发展，为新闻业带来了新的巨大的潜力。数据新闻领域为进一步实现李普曼心目中的"科学精神"的承诺提供了可能。与此同时，它也包含内在的危险，受众会仅仅因为数字是量化的而错误地认为其是权威的，而实际上基于数字的分析，甚至生产数字的算法都是人类的创造。换句话说，不断发展的数据新闻领域催生了对方法更加严格的要求。但是，这一现状也可能诱使受众在不存在严格方法的地方推断出它的存在。对透明性的要求不能因为数据的存在而放松。数据甚至强化了这种要求。

断言的新闻还是确证式新闻

早在网络出现之前，现代媒体文化的变化已经削弱了新闻工作者多年来发展起来的核实的方法的有效性，即使这种方法未得到明确命名或系统整理。在新闻24小时循环播放的时代，新闻工作者花更多的时间为已有的新闻增加内容，他们通常加入解释，而不是尝试独立发现并核实新闻事实。事实成为商品，很容易获得，或被重新包装以用于其他目的。新闻工作者吉内瓦·奥弗霍尔泽（Geneva Overholser）曾经是总编辑、监察专员和教育工作者，目睹过媒体的潮起潮落。他评论说："一旦一则新闻出笼，似乎与之相关的所有新闻都是真实的。报道被一家媒体（报纸或电视台）所决定……部分原因是新闻机构已经联合在一起，部分原因是电子媒介的报道方式，我们都在一个槽里进食。"[15]这还是网络的影响未被大家完全感知时的情况，网络的出现扩大了这种影响。

简言之，网络使得内容的再次分发变得非常便捷，加快了新闻流动的节奏，这种组合增加了错误信息广泛流传的可能性。

当下的每则突发新闻似乎都为上述观点提供了例证。美国有线电视新闻网和福克斯报道最高法院否决了医疗改革，但事实并不是这样，出现这种情况，是因为这两家机构的记者急于赶在竞争对手前把新闻直播出去，而没有认真阅读法院的裁决。波士顿马拉松爆炸案的犯罪嫌疑人被报道已被击毙或被捕，但实际上当时没有发生这样的事。或许新闻报道所犯的错误中，最令人遗憾的还是对于2012年12月康涅狄格州纽敦市（Newtown）发生的20名小学生被杀的报道。

12月14日上午约9∶30，亚当·兰扎（Adam Lanza）进入桑迪胡克小学（Sandy Hook Elementary School）开枪射击。上午11∶17，美国有线电视新闻网在其推特账号@CNN上发文："CNN的@SusanCandiotti 报道：嫌疑人名叫瑞安·兰扎（Ryan Lanza），20多岁。"下午2时许，坎迪奥蒂（Candiotti）在节目中重复了这则错误信息，尽管她承认这些信息并未得到州警察的确认。下午3点，美联社（AP）说他们已经确定了瑞安·兰扎的身份。一些新闻机构追随美国有线电视新闻网，展示了瑞安·兰扎的脸谱相片并公布了他发布的一些帖文。

这还不是全部错误。一些新闻机构，包括《纽约时报》还报道说兰扎的母亲是这所学校的教师，也被她的儿子枪杀。

问题是，瑞安·兰扎并不是枪手。他的兄弟亚当才是。而且，他们的母亲也不是该校的教师，她当时根本不在枪击现场。亚当·兰扎之前已经在她家里将她杀害。

并非所有错误都可以归因于时间紧张。关于兰扎母亲的错误报道也反映出许多报道该事件的记者想要找到此案的逻辑或动机。"我们很难接受一个如此可怕的事件竟然是随机发生的。"W. 约瑟夫·坎贝尔（W. Joseph Campbell）说。他写了一本研究媒体制造的荒诞的书，书名为《搞错了：美国新闻业中十大错误报道》（*Getting It Wrong: Ten of the Greatest Misreported Stories in American Journalism*）。他说："一想到她和该学校几乎或者根本没有关系，你就更难理解这可怕且愚蠢的行为。"[16]

有时，新闻核实出现问题并不简单源于对错误信息的传递，还源于新闻工作者正在期待某些事实，因为这些事实符合一个更宏大的流行性主导叙事的要求。

一个更经典的案例是关于副总统阿尔·戈尔的流行叙事，当时他是民主党提名的总统候选人。为了给人们留下深刻印象，他不断夸大自己过去的成就。一篇报道称戈尔有"匹诺曹问题"，另一篇称他为"说谎者"，还有的称他有"妄想症"。[17]其中一个关键的证据是，戈尔断言自己发现了位于纽约州北部爱河（Love Canal）的有毒废弃物掩埋场，该发现有助于改变联邦政府的政策。可是问题在于，戈尔从未说过这样的话。他曾经对新罕布什尔州的高中生说，他第一次了解到有害废弃物问题，是一个选民告诉他，田纳西州一个叫通尼（Toone）的小镇被严重污染，戈尔提出要召开听证会调查此事。他对学生说："我开始在全国寻找其他类似的地方。我发现了纽约州北部一个叫爱河的小地方。于是，我召开了关于这个问题和田纳西州通尼的情况的第一个听证会——你们可能没听说过这次听证会，但它导致所有相关调查的启动（But that was the one that started it all.）。"[18]

然而，第二天，《华盛顿邮报》完全错误地引用了戈尔的话："我正是第一个启动调查这个问题的人（I was the one that started it all.）。"在一份新闻稿中，共和党又将这句引语改成"我是第一个启动调查这个问题的人（I was the one who started it all.）"。《纽约时报》刊登了与《华盛顿邮报》一样的错误引语。不久，新闻界就开始了对此事的讨论，依据的都是数据库里这两份报纸的错误报道。美联社正确地引用了戈尔的原话，但没有一个人注意到。直到那所高中的学生对媒体的错误报道提出抗议，这个问题才得到澄清。

就在新闻工作者把越来越多的时间花在整合来自各个新的新闻来源的不断增加的信息数据流时，他们也会面临变得更加被动的风险，更像是接受者而不是采集者。为了对抗这一风险，进一步理解客观性作为一种约束手段或方法的原始意义将有助于新闻业打下更牢固的基础。并不是只有我们在提倡这种做法。北卡罗来纳大学新闻学教授菲尔·迈耶说："新闻和科学具有相同的知识源头，都来自17世纪到18世纪的启蒙运动。催生了《宪法第一修正案》的思维方式也催生了科学的方法……我认为应该尽可能恢复新闻与科学之间的联系……我认为我们应该强调方法的客观性。这正是科学的方法——我们的人性、主观的冲动……指导着我们应该用客观的手段调查什么。"[19]

这样看来，像公平和平衡等观念，或者在新闻报道中集合不同视角的观念就有了新的意义。这些观念不是最高原则，而像我们前面说过的，实际上是真正的技术或工具，能够帮助新闻工作者搜集和核实对事件的叙述。公平和平衡多个观点从来都不应该成为追求的对象或新闻工作的目标。它们的价值在于帮助我们对事件进行更彻底的核实，做出更可信的描述。但是，就像任何其他技术一样，必须谨慎地使用它们，而不是夸大其价值。

比如说，平衡就可能导致歪曲。举个例子，如果压倒多数的科学家相信全球变暖是一个科学事实，或者相信某些治疗方式明显是更安全的，但是记者制造的印象却是科学家们分成势均力敌的两派,那么这对公民和真相来说,就是一种伤害。不幸的是,通常新闻中的平衡都被错误地理解为类似数学上的相等,就好像一则好的报道中,双方的引语数量一定要相等。正如新闻工作者知道的那样,一则新闻中经常包含两种以上的立场。有时,平等地处理它们并不能真实地反映现实。

同样,如果把公平本身当作目标,那么它也会被误解。公平应该意味着新闻工作者对事实公平,对公民理解事实做到公平。它不应被理解为:"对信源公平,不应该让他们不开心。"它也不意味着新闻工作者会问这样的问题:"我的新闻看上去公平吗?"这些都是主观判断,会减少新闻工作者进行核实的需求。换句话说,公平只是一个目标,而不是方法,从根本上说是主观的。

试图制造公平的表象也可能导致呈现错误的平衡,让人产生错误的观念,即认为不同的观点具有相等的伦理重要性。不妨看一下2013年3月美国有线电视新闻网的一则报道,内容是对两个高中橄榄球运动员的判决。这两个球员分别叫特伦特·梅斯(Trent Mays)和马里克·里士满(Ma'lik Richmond),他们被控在一个聚会上强奸了一个16岁的女孩。这两个年轻人被判在少年管教所服刑1—5年。

这两名少年面对该判决结果感到非常痛苦。

但是,美国有线电视新闻网的主播坎迪·克劳利(Candy Crowley)和法律分析专家保罗·卡伦(Paul Callan)在向观众解析案情时似乎忽略了谁才是这个案子的受害者。

"一个16岁的孩子当庭啜泣。尽管他们是身材高大的橄榄球运动员,但他们听上去还是16岁的孩子。"克罗利说。"当你听到他们的哭声时你会意识到他们会被一直关到21岁。他们在服刑期间会错过很多事情。这会对这两个年轻人的一生产生什么样的持续影响……?"

对裁决可能导致的结果表达同情是一回事，但是失去对新闻语境的把握是另一回事。

在一个网络化的世界里，消费者掌握更多控制权，内容的分发方式与其原有的机构性信源失去了联系（比如，有人在推特上分享了一张图表，却没有附带原有的文章）。在这种情况下，使用更严格的搜集新闻的方法，然后在每一个报道中用更透明的方式传播这种方法，不仅更接近客观性的原始意义，同时赋予新闻的消费者更大的权力，让他们拥有必要的工具对该信任什么内容做出最佳判断。

在传统的秩序里，人们依靠负责任的把关人来确定他们应该知道什么新闻，应该听到哪些事实。在公众信赖的品牌新闻公司工作的新闻人并没有受到过让他们所有的作品都保持透明的训练。以报纸为例，到 20 世纪末为止，大部分被公众信任的新闻品牌都具有垄断性（一城一报）。对于新闻如何采编的过多解释会使叙述变得笨拙不堪。只要该品牌被信任就足够了。这就是我们与内容相遇的方式。我们读报纸上的新闻或者在新闻节目中看新闻。这就是我们在其他地方描述的新闻的"相信我"（trust me）时代。

现在，在我们的信息系统中，随着权力向新闻的消费者转移，我们进入了新闻的"给我看"（show me）时代。在一个我们依赖朋友推荐、搜索结果、社交媒体推荐、电子邮件发送的新闻、聚合式分布的世界里，每条内容、每则新闻具有内在统一性就变得至关重要，因为这可以让生产该内容的证据与选择清晰地显示出来。

我们进入了这样一个时代，消费者不会说："我相信这些内容，因为我信任这个信源发出的所有信息。"公民应该要求看到他或她应该相信某个特定的内容的证据。新闻已经被原子化，被分解为与新闻机构分离的报道。每一个新闻原子都必须证明自己。

在这个意义上，澄清对公平、平衡等概念的常见误解，改进新闻生产中所使用的核实的规则，可能成为提高新闻的质量，并基于这些新闻展开公众讨论的最重要的步骤。最后，用核实进行约束才能使新闻区别于其他领域的传播，并且创造新闻继续存在下去的经济理由。

遵循客观的**方法**——而不是良好的意图——的新闻究竟是什么样的？对那些受到合理约束的报道，公民究竟应该期待些什么？我们对来自不熟悉的信源、普通公民，甚至有党派立场的制作者的新闻应该提出什么要求？在倾听和研究来自新闻工作者、公民和其他关心新闻的人的所思所想的过程中，我们发现，作为约束方式的核实的基础由以下一些核心观念构成。它们是科学报道的理性规则：

（1）不得随意添加本来不存在的东西。
（2）不得欺骗受众。
（3）尽可能使你的方法和动机透明、公开。
（4）依赖你自己的原创性报道。
（5）谦虚、谨慎。

下面让我们依次解释这些观念（其中包括一条推论）。

和以断言为特征的新新闻相似，以非虚构为名的虚构性内容的兴起也是一个重要现象。在不同的领域，这些内容的叫法有所不同。在电视媒体上，制片人称其为纪录剧（docudrama）；在出版界，一些作者——比如詹姆斯·弗雷（James Frey）——则绑架了回忆录这种体裁，把虚构性内容当作真实传记销售。2006年，有人揭发弗雷的回忆录《百万碎片》（*A Million Little Pieces*）里大部分内容子虚乌有，都是东拼西凑编造的。在某种意义上，这就是说谎。一些从事非虚构叙事写作的作家，如《善恶花园的午夜》（*Midnight in the Garden of Good and Evil*）的作者约翰·贝伦特（John Berendt）指出，为了吸引读者的注意力，一些细节（如主人公的想法或者对话片段）可以虚构以增添故事的色彩。

《纽约客》的作家约翰·麦克菲（John McPhee）以独特的叙事风格著称，他对于叙事中关键因素的总结可能最令人信服："非虚构作品的作者和读者谈论的是生活在真实地点的真实的人。所以只有当那些人开口，你才能说那些人说了些什么。作者不能决定他们说什么……不要杜撰对话。也不要虚构不存在的人物……你不能钻到他们（人物）的脑子里替他们思考。你无法采访死者。如果违反了这些规则，你就是在利用和损害其他纪实作者的可信性。"[20]

约翰·赫西（John Hersey）因在《广岛》（*Hiroshima*）一书中描写了第二次世界大战中第一次使用原子弹所产生的后果而获普利策新闻奖。1980年，赫西试图阐明一条规则，以帮助新闻报道在不跨越事实与虚构之间的分界线的同时仍然具有吸引力。在《刻在执照上的铭义》（"The Legend on the License"）中，他提出了一条非常严格的标准：永远不要虚构。新闻工作隐含的信条是："这里的任何东西都不是编造的。"

但是，今天我们认为赫西所说的"永远不要虚构"的标准需要修改。

我们和位于佛罗里达州圣彼得斯堡市波因特研究院的资深学者罗伊·彼得·克拉克（Roy Peter Clark）一道，为有志于探索事实与虚构的分界线的新闻工作者提出了一组经过修改的最新观念。

1. 不得添加内容

不得添加没有发生的事情。这个要求比"永远不要虚构"或"永远不要编造事实"更进了一步，因为它同时包括重新排列事件发生的时间和地点，或把不同的人物和事件加以合成。比如，在录制电视新闻的时候响起了警报，录制人员为了制造戏剧性效果，把警报声从一个场景移到另一个场景，即警报声被加入第二个地点的背景音。这样一来，原来的事实就变成了虚构。

人们在添加内容或进行润色时，通常不愿意别人知道——这就暗示这些行为本身是无法被接受的。当非虚构作品的作者虚构了情节并承认该行为时，批评家和读者一般会做出负面反应。这也正是赫西那篇文章的主要观点，他像其他人一样对作家汤姆·沃尔夫（Tom Wolfe）①的做法表示怀疑。传记作家埃德蒙·莫里斯（Edmund Morris）在写作《荷兰人》（Dutch）时发现了这种做法的弊端。在他写的一本由传主授权的罗纳德·里根（Ronald Reagan）的传记中，他把自己塑造成里根早年生活的一个目击者，实际上那个时候作者还没有出生。莫里斯说他这么做是为了突出里根自己是如何创造虚幻现实的。但是，这一幻想与现实交织的写法对表现里根帮助不大，反而削弱了这本书的可信性。"我为什么要读那个东西？"《华盛顿邮报》前执行总编辑本杰明·C.布拉德利大叫道。[21]

2. 不得欺骗

绝不要误导受众。愚弄大众是撒谎的一种形式，它嘲弄的是新闻忠于真实的观念。这一规则与上一个规则密切相连。如果你转移了警报的声音却没有告诉观众，就是在欺骗他们。如果承认你的所作所为会让观众感到不快，那么它显然就是不合适的。这是一种行之有效的检查方法。如果观众知道你为了增强戏剧性而把新闻中的这个声音移到了另一处，他们会有什么感受？

"不得欺骗"意味着无论使用何种叙事技巧或讲故事的手段，只要报道内容和字面意义上的目击报告有所不同，受众就有权知道。我们在对新闻工作者的调查中发现，他们在引语问题上有普遍的共识：除了改正语法错误外，如果为了追求清晰，修改了引号中的词语或者删除了某个短语，引用者应该给受众一些信号——比如

---

① 汤姆·沃尔夫（1931—2018）是20世纪六七十年代美国新新闻运动的发起者。作为畅销小说作家和记者，他主张将文学手法应用于新闻报道。

使用省略号或括号。[22]

如果事件报道者重构（reconstruct）了他没有当场听到的引语或当场所见的事件，受众有权知道这些引语是被重构的，以及这些二手的引语被核实过。作者在书籍或报道的开头或结尾加上一则暧昧的说明，告诉受众只有"一些采访内容涉及重构"，这是不够的。哪段采访？如何重构的？这些模糊的披露根本算不上真正的披露。

我们认为这两个观念——不得添加内容和不得欺骗——是区分事实和虚构的路标。但是，作为公民，我们如何判断哪些新闻可信呢？下面是我们需要树立的另一些必要的观念。

3. 透　明

如果报道新闻的人是真相的追求者，他们也必须对受众真诚　因为他们是真相的呈现者。这项责任要求从事新闻工作的人尽可能如实、公开地告诉受众，他们知道什么以及不知道什么。如果你一开始就做不到对受众真诚，又如何能够自称追求和传递真相呢？

在实践中，诚实地告诉人们你知道什么的唯一方法就是尽可能披露你的信源和你获得信息的方法。你是如何知道一切的？谁是你的信源？他们是否拥有一手材料？他们可能有什么偏见？他们是否说过自相矛盾的话？还有哪些信息我们不知道？

这就是透明精神（Spirit of Transparency）。我们认为，这一观念是进一步实现用核实进行约束的唯一的重要因素。

新闻工作者在试图从准确转向真实的过程中，会面对许多限制，大多数即使不能突破，也可以通过如下方式得以缓和，那就是诚实地表明他们所知道的知识的性质、他们为什么相信这些知识，以及他们为了解更多知识付出了哪些努力。

透明还有第二个重要的优点：它是尊重受众的标志。它使得受众可以判断信息是否可信、获得过程是否可靠，以及提供信息的人有何动机和偏见。这也使得透明性成为对抗信源造成的错误和欺骗的最佳保护伞。如果最有价值的信息来自一个可能具有倾向性的信源，说出信源并说明信源的立场有助于向受众揭示信息中可能隐藏的倾向——而且可以阻止信源的欺骗。这也迫使报道者尽最大努力寻找权威信源。

透明、公开还有助于表明新闻工作者为公众服务的动机，这是可信性的关键。愿意透明、公开，是在表明报道者对真相非常在意。谎言或错误源自不懂装懂，或自以为是。

透明精神如何起作用？它自上而下运行，首先意味着会议、发言、编辑专栏都要公开，尤其是在出现争议时。透明精神会影响到单条新闻，对其提出具体的要求。如果一则新闻里说"专家们说"，那么记者究竟采访了多少专家？透明性最有价值的一点，恐怕是它天生与互联网的新型开放式架构不谋而合。在数字环境中，消费者也是批评家，他们会对新闻做出评论，提出关于新闻生产者的问题，搜索其他信源，或者针对社交媒体上的内容发表自己的评论。关于新闻的对话让新闻的消费者有能力对信息的可信性提出最重要的问题："你是怎么知道的？"向新闻的提供者提出这个问题能够促使他们对原始信源提供的判断、结论、标签和事实做出清晰的表述。

对信源做出清晰、详细的说明是新闻发布者实现透明、公开的最有效形式，这也为新闻工作者与公众之间建立更加开放的关系打下了基础。虽然新闻工作者在许多方面接受网络的速度比较慢，但是他们能认识到与受众的这种新型关系和数字化传播方式能够令他们更好地做到透明和检验事实，是制作新闻的有力工具。例如，2002年，《洛杉矶时报》刊登的《恩里克的旅程》（"Enrique's Journey"）获得了普利策新闻奖，这个由六篇报道组成的系列报道描述了一个洪都拉斯少年赴美国寻找母亲的经历。在发表这些报道时，

《洛杉矶时报》通过脚注的方式，详细地展示了引语、事实、场景和其他信息的来源。超过 7000 字的脚注使这篇报道不仅摆脱了被指为武断的可能，而且向读者提供了详细的信源信息。

自从 2001 年本书第一版面世以来，当时充满争议的透明性概念越来越受到重视。这在很大程度上要归因于数字技术的出现、它所创造的互动工具以及关于新闻的对话。虽然新闻编辑部普遍遭受了巨大的经济打击，但是向着开放和提供证据的转变绝对是极为积极的。互联网站及一些新闻工作者用来讨论、批评和传播小道消息的渠道（互联网站和它提供的专门用于呈现新闻领域的讨论、批评和小道消息的渠道）——比如吉姆·罗梅内斯科（Jim Romenesko）的博客[1]、尼曼新闻实验室、Poynter.org、GigaOm[2] 等——帮助推动各类机构更坦诚地解释其工作。新闻机构开设博客，编辑和制片人借此说明新闻编辑部的决策。对超级链接的使用，使得数字新闻可以改变过去印刷状态下扁平的叙述风格，动态性更强，消费者也可以更深入地了解话题，跟进新闻的发展，还可以将新闻作为参考资料的门户反复访问。

网络还创造了几十种新的方式呈现新闻和信息，这使得经典的电视或印刷形式显得微不足道，这些方式包括数据可视化和交互图表、数据库、多媒体、策展新闻等。在专著《真相：信息超载时代如何知道该相信什么》中，我们提到用印刷媒体的方式报道新闻事件，新闻提供者在传达新闻时大概可以使用七个元素：标题、叙述性的故事、图表或图形、照片、地图、侧栏（次级新闻），或许还

---

[1] 吉姆·罗梅内斯科（1953— ），曾任报纸记者、编辑，后来任网站记者。1999 年，他被波因特研究院聘用，并在该学院网站开设博客。该博客提供日常新闻、评论和媒体内部的一些信息，访问量较大。

[2] GigaOm 是 2006 年由著名科技记者欧姆·马利克（Om Malik）创办的科技博客，每月为 650 万独立用户提供互联网新闻和搜索服务。2015 年，该博客因为资金问题而关闭。

有醒目的引文（从新闻中挑出的一段有趣的文字，放大显示，作为图形元素吸引人们阅读）。使用数字形式后，新闻发布者的选择成倍增加，从数据库到原始文档、有信源或报道者的音视频采访以及更多形式。[23] 所有这些工具都有助于提升透明度，鼓励参与，并且使新闻更可信。使用这些工具让新闻透明的策略仍在不断发展。显然，把这些工具视作威胁，或额外的工作负担大错特错。关键是要把它们当成机会。

使用这些工具时必须坚定信念。在网络时代来临之前，新闻发布者就已经在一个领域向着更加透明的方向前进，那就是对匿名信源做出解释。这一趋势的一个推动力是，20 世纪 90 年代末期，越来越多的数据显示，过度使用匿名信源激怒了公众，是公众对新闻工作者的信任度下降的罪魁祸首。

《纽约时报》一篇关于自行用药的报道在引用一个自己开药的人时试图做到透明。然而，该报在介绍她时只是简单地称其为凯瑟琳。"'我手里有不少药，可以在朋友需要的时候分给他们。我大概知道我在说什么。'凯瑟琳说。凯瑟琳住在曼哈顿，和许多在本文中接受采访的人一样，因为担心自己的行为可能会让雇主、执法机构或者至少父母找她麻烦而不希望自己的姓（last name）出现在报纸上。"[24]

凯瑟琳要匿名的原因十分明显，但是《纽约时报》对于为什么同意匿名的解释虽然篇幅很长，却对应用的标准语焉不详。究竟是因为该报不想让她面临法律的风险，还是害怕她父母会找她麻烦？

透明性要求新闻工作者在每个事件上都要问一个问题："为了对这条信息做出评估，我的受众需要知道些什么？"答案包括在可操作的前提下，尽可能地说明新闻机构是如何得到这条信息的。

透明性的第二个要素涉及另一个问题："我们是否需要对处理信息的方式做出解释？是否需要说明在新闻内容取舍过程中有争议

的决定?"在一个对新闻工作者充满不信任的时代,对可能导致误会的采编决策做出说明十分重要。

透明性的第三个要素涉及的问题可能不符合大多数新闻工作者的直觉:新闻生产者必须承认,报道中还存在一些没有得到回答的问题。作为传统,新闻工作者受到的训练是不要提出新闻报道无法回答的问题。要回避报道中的缺陷与漏洞。要让新闻看上去无懈可击,甚至无所不知。但是,在21世纪,当新闻工作者无法控制公众对公共事件的了解时,当他们不再是把关人时,这种观点就变得不太明智——如果它曾经明智的话。

这些关于透明性的观念可以解决大量问题。我们不妨看一下理查德·朱厄尔(Richard Jewell)的案例。《亚特兰大宪章报》(*Atlanta Journal-Constitution*)刊登了一条爆炸性新闻——警察部门暂时认定朱厄尔是1996年奥运会爆炸案①的作案者。这条新闻来自执法部门,信源希望不要透露自己的姓名。他提到,此前因为发现雷管炸弹并将这一情况报告给警方而被誉为英雄的朱厄尔,在调查过程中成为嫌疑对象。这条新闻还说,朱厄尔符合警方对"独行引爆者"的描述。

让事情更复杂的是,该报纸还必须面对它自己定下的规则:不得使用匿名信源。那么,《亚特兰大宪章报》是如何报道这则新闻的呢?它使用了被新闻界称为"上帝之声"(Voice of God)的策略,即记者不说明信源,只是把它当作(他们自己理解的)事实进行报道。

这条新闻也没提及警察局还有许多事情没有搞清楚,其中包括

---

① 1996年7月27日午夜,社会极端分子埃里克·鲁道夫(Eric Rudolph)在位于亚特兰大奥运会主新闻中心旁的奥林匹克公园内放置了装有雷管炸弹的背包。身为保安的理查德·朱厄尔发现了这一背包并向在场的佐治亚州侦查部门发出警告。9分钟后,案犯本人也打通"911"警示警方。在警方清场过程中,炸弹爆炸,1人被炸死,1人死于心脏病,另有110余人受伤。2003年,案犯埃里克·鲁道夫被逮捕。

他们并没有任何物证说明朱厄尔与该罪案有联系。警方也没有将朱厄尔当作嫌疑人进行审讯。警方还没有推算出合理的时间表，说明朱厄尔可以在打电话报警后，在他所说的时间出现在他发现炸弹背包的地方。

该报坚持说整个报道没有任何问题，它只是报道了警方的想法。然而，如果该新闻机构注意到案件还有许多疑点，警方尚且无法确定对朱厄尔的怀疑，那么这则新闻可能就不会那么具有爆炸性，但会更全面，也会更准确。同时，这也可以避免新闻刊登后所引发的长达数年的诉讼。①[25]

透明精神与科学方法的基本原则完全相同，都要解释你如何知道，以及为什么相信你知道的事情，这样才能让受众也接受你相信的一切。在科学研究中，实验的可靠性或客观性取决于实验结果能否被其他人复制。在新闻报道中，我们只有说明自己是如何知道的，才可能接近我们的报道能被他人复制（如果他们想这么做的话）这一观念。这就是科学或新闻中方法的客观性的含义。

沃尔特·李普曼刚开始怀疑新闻工作者是否具有去伪存真的能力的时候，就意识到了这一点。

> 当一份报纸六次刊登列宁去世的消息，而其唯一的信源只是一个一再被证明不可靠的关于列宁已去世的报告时，它没有任何理由或借口为自己辩解。在这个例子里，真正的新闻不是"列宁去世"，而是"赫尔辛福斯（Helsingfors）说列宁已经去世"。报纸所应承担的责任不是一再重复列宁去世的消息，而是采用了不可靠的信源。如果说编辑们对错误负有责任的话，那么最大的责任就是他们对信源可靠性的判断。[26]

---

① 被宣告无罪后，朱厄尔正式提起诉讼，以诽谤罪起诉以美国全国广播公司和《亚特兰大宪章报》为首的相关媒体，要求媒体正式道歉。这场官司持续了近十年。2007年，朱厄尔因病去世。

不幸的是，太多的新闻报道未能揭示其方法、动机或信源。通常，电视网的新闻节目只会简单地说"信源说"，这么做是为了节约宝贵的播出时间，但是这些信源大部分都不是机密。同样，这也是国会山的大部分办公室一直沿用的规则，官员说的话只能以匿名的方式被引用，只有众议员可以例外。

像这样对公众保密是一个错误。当公民对新闻工作者和政府当局越来越不信任时，这种不利于公众的行为只会让新闻工作遭到更多质疑。

4. 不得误导信源：透明原则的推论

透明精神也对处理新闻工作者与信源的关系问题有所启发。显然，在尽量向受众讲真话的同时，新闻工作者也不应该对信源说谎或误导信源。

不幸的是，没有仔细思考过这个原则的新闻工作者常常忽视了这一点。误导信源、隐瞒报道的真实目的，甚至在报道的走向上对信源撒谎，这都是某些新闻工作者以寻找真相为名经常使用的所谓技巧。虽然乍看上去，真诚的作风似乎给报道者套上了一副枷锁，但是在许多时候并不是这样。不少记者逐渐发现，诚实可以使他们产生更大的影响。曾担任《波士顿环球报》（*Boston Globe*）和《芝加哥论坛报》政治记者、后来进入政府部门工作的吉尔·朱克曼（Jill Zuckman）告诉我们："我发现对信源说实话通常效果更好，应该告诉他们我正在做什么以及我将要怎么做。"《华盛顿邮报》的记者杰伊·马修斯（Jay Mathews）很久以前就养成了给信源看新闻初稿的习惯。他认为这会增强其报道的准确性并提升精细程度。[27]

与此同时，新闻工作者也应该要求其信源同样做到诚实可信。事实上，我们还应该更进一步。如果享有匿名特权的信源被发现故意误导记者，那么这个信源的身份就应该被公开。让信源享有匿名特权的交换条件之一就是他说出真相。如果信源说谎，并且把匿名当作保护伞传播谎言，信源就应该被曝光，因为信源破坏了契约。记者不应只代表公众使用这一技巧。关于这一做法应该有足够的共识，以至于信源了解它，并有所畏惧。

还有一类特殊的误导类型——新闻工作者误导信源，这就是通常所说的化装采访（masquerading）。这时新闻工作者为了获得新闻而假扮成其他人。"秘密"（undercover）采访技巧并不是新发明。在20世纪初，内莉·布莱（Nellie Bly）这样的揭黑记者（muckraker）就曾使用这种技巧。在她的众多故事中，最有名的一次是化装成精神失常者被关进精神病院，揭露这些机构对精神病患者的虐待。今天的电视节目尤其喜欢使用化装和微型隐形摄像机暴露不良行为。

不得欺骗原则和对受众、信源透明的原则对化装采访有何建议？这些观念并不完全否定新闻工作者进行化装采访的行为。相反，它们暗示在能否使用这些技巧的问题上，新闻工作者应该使用检验公民不服从（civil disobedience）①是否合理的类似标准。公民也应该使用这种标准来判断新闻工作者的做法是否合理。我们可以通过三个步骤来进行检验：

（1）要获得的信息必须对公众的利益具有充分的重要性，因此欺骗具有合理性。

（2）新闻工作者只有在没有其他方法获得新闻时才能进行化装采访。

（3）无论何时，新闻工作者只要通过误导信源的方式获得

---

① 公民不服从是人们反抗法律、不合理的行政行为的方法之一，是指拒绝遵守政府的某些法律、要求或命令，而不诉诸暴力。美国作家亨利·戴维·梭罗（Henry David Thoreau）开创了这一传统。可参见何怀宏编：《西方公民不服从的传统》，吉林人民出版社2011年版。

信息，就必须让受众知晓这一点，并且解释这么做的原因，包括为什么该新闻使欺骗具有合理性，以及为什么这是获得事实的唯一方式。

通过上述方法，公民可以自行判断新闻工作者的欺骗是否合理。同样，新闻工作者也可以通过这些方式向其首要的效忠对象——公民显示其清白。

我们之所以用很长的篇幅讨论让新闻更加透明这一观念，是因为从长远来看，它有助于培养鉴别力更强的公众。这样的公众能够轻松地发现规范的新闻和粗心的或为私利服务的伪新闻之间的差异。只有这样做，新闻工作者才能使新兴的市场力量也成为帮助提高新闻质量的一股力量。这里的透明意味着在新闻报道中植入一种新的意识，说明新闻是如何获得的以及为什么要用这种方式表达。

在报道克林顿和莫妮卡·莱温斯基（Monica Lewinsky）丑闻的过程中，《纽约时报》在向读者解释为什么将一位名叫朱厄妮塔·布罗德里克（Juanita Broaddrick）的妇女的指控推迟发布并且放在第16版时，就是按照透明原则来处理的。布罗德里克声称克林顿总统21年前在阿肯色州对她实施了性侵犯，但是她当时并没有提出指控，甚至在莱温斯基丑闻之前从未提过此事。而且，她也没有就此事诉诸法律部门。

《纽约时报》的记者费利西蒂·巴林杰（Felicity Barringer）和戴维·费尔斯通（David Firestone）采访了自己报纸的总编辑比尔·凯勒，把后者的解释也写入新闻。在报道中，凯勒指出：布罗德里克指控的是非曲直最终"很可能无法搞清楚……从法律上看，它似乎无法推进……参议院也不可能再次弹劾他……而且'坦白地说，我们都对丑闻有些厌倦了'"。一些公民可能不同意凯勒的决策，但是至少他们现在得到了一些解释，了解了报社为何要这样处理新闻，而不是得到"新闻是客观现实而不是人类判断的产物"这样的错误感觉。[28]

这里有两个重点需要说明。第一，记者认为，让读者了解新闻背后的决策是如何做出的以及做出这些决策的标准是什么十分重要。第二，《纽约时报》编辑部内部的氛围使记者可以心安理得地质疑总编辑的决定，并在报道中有意识地引用他的评论。

5. 原创性

除了要求新闻更加透明之外，我们还应该在我们生产和消费的新闻中寻找另一种品质。记者迈克尔·奥雷斯克斯（Michael Oreskes）在任纽约时报华盛顿分社社长时为了规范寻求真相的行为，提出了一个看似简单但有力的观念：做好自己的工作。随着科技让传播他人的作品更容易和更普遍，并将事实变成一种价值递减的商品，这一观念甚至变得愈发重要。

在数字时代来临之际，克林顿总统与白宫实习生莫妮卡·莱温斯基的性丑闻及法律丑闻是最早被曝光的重大新闻之一。这则新闻非常具有教育意义，因为当时的新闻机构不太熟悉这样的观念——用当时流行的短语来说，新闻"就在那儿"（out there）。在整个丑闻事件中，新闻机构经常发现自己处于无所适从的尴尬位置，因为其他新闻机构不时放出爆炸性新闻，但是它们自己无法证实这些新闻。更为复杂的是，这些爆炸性新闻通常来自匿名信源，这意味着和直接引用他人的言论不同，新闻机构需要对这些匿名新闻的真实性承担更大的责任。基于这样的信源，三家不同的新闻机构均报道说有第三者目击了总统与莱温斯基的亲密行为，而这些新闻后来均被证明不准确。一家新闻机构是否应该发表这些爆料，因为它知道其他媒体会报道？况且，在一个新的媒体层出不穷的世界里，公众总会在其他地方看到这些报料，这是否也能成为发表的理由？

奥雷斯克斯的结论是应该坚决说不。"那些做正确报道的记者一定会做好自己的本职工作,他们兢兢业业,遵守审查信源的基本原则,从多个信源处获得信息。那些被'就在那儿'的信息干扰、引用这可怕的短语为新闻工作者的罪恶辩护的人,那些只担心个人成败的人,而不是尽可能好和尽可能快地完成工作的人,最终会把报道搞砸。"[29]

原创性是更好的新闻、更深入的理解和更准确的报道的保障。新闻界的一些古老格言,如"有疑勿报"(when in doubt leave it out),涉及的就是类似的问题。在策展新闻和聚合新闻还未出现时就存在的"核对"(matching)新闻的传统也植根于同样的理念。这种理念要求新闻机构不是简单地刊登其他新闻媒体的独家新闻,而是首先派出自己的记者联系信源并确认这一消息。核对的传统是新闻机构避免把功劳归诸其竞争对手的一种方法,在早年间承认其他媒体抢到了独家新闻被认为是一件尴尬的事情。然而,核对的传统催生了另一个更重要的积极效果——无法被独立地确证的新闻不会被重复报道。

原创性的概念与关于透明性的观念是一致的。报道中存在不同层次的知识,生产新闻的人必须意识到这一点,并向受众说明。新闻首先关注的是事件的外部特征:一辆卸货车闯了红灯并撞上一辆公共汽车;总统说过这些话;多少人遇难;文件上说了什么。你离这些客观存在的信息的外部层面越近,就越容易确证这些信息。

即使在这里,也存在不同的层次。报道者可以亲自看到和核实的文件或事实处于最高的级别。如果依赖其他人传达这些事实,很重要的一点是了解这些中间信源是如何知道他们传播的内容的。信源是目击者?还是他们也是二手信源(比如,新闻秘书只是听取简报但并未在现场)或者离得更远(警察局的公关人员没有采访目击者,只是有人向他转述了目击者的说法)?

然而,当报道转向内心世界,试图报道信仰、动机等时,新闻中猜想的成分必然增多。卡车司机闯红灯时心里在想什么?总统为什么要说这些话？康涅狄格州纽敦市的枪手的动机是什么？

新闻工作者可能认为受众也应该知晓这些心理活动，但是要获得关于这种细节的确凿证据难上加难。可能存在多种解释和不同层次的知识。这些不太确凿的证据也应该向受众明确说明。如果编辑部认定，对某专家进行采访是说明动机和回答"为什么"的最佳途径，那么必须向公众说明为什么选择这位专家，并介绍他（她）的专长或他（她）与这个话题的关系。新闻编辑部不应躲在专家的后面，推卸尽可能接近真相的责任。

为什么我们建议这么做？因为新闻工作者在他（她）知道什么和不知道什么的问题上对受众越诚实，受众就会越信任新闻报道。对人们真诚，不要装作无所不知，报道你无法证实的内容。承认自己有所不知会让你更加权威，而不是相反。

6. 谦　虚

最后一个观念是，参与新闻报道的人必须对自己的能力保持谦虚的态度。换句话说，他们不仅必须对所见所闻保持怀疑，同样重要的是必须对自己了解所见所闻的真实含义的能力表示怀疑。《芝加哥论坛报》前总编辑兼社长杰克·富勒在他的《新闻的价值》（*News Values*）一书中建议，新闻工作者对于自己知道的一切和知道这一切的方法，应该有一种"谦虚的判断"[30]。避免错误报道的关键是对个人知识的局限和感知能力的局限表现出训练有素的诚实。

资深宗教作家劳丽·古德斯坦（Laurie Goodstein）告诉我们的一件事正好有助于说明这一点，它是关于五旬节教派（Pentecostal）的信徒在美国国会大厦前的台阶上进行奋兴（revival）祷告的报道。这次宗教聚会的主题包括信仰疗法、号召学校组织祷告、诅咒允许堕胎的国家等——一个相当典型的福音会奋兴集会。一家报纸的记者报道这个事件时也提到了上述内容，但是加了这样一句话："参与者的情绪在变化，不时地对台阶后雄伟的白色建筑中的立法人员充满敌意。"接下来，该记者引用了一家基督教电台的播音员站在台阶上说的话："让我们祈祷上帝会杀掉（slay）国会大厦里的每一个人。"[31]

该记者认为这位播音员所说的 slay 的意思是"杀害"（kill）。但是古德斯坦解释道："任何一个五旬节教派的成员都知道，请求上帝 slay 某人，其含义是对灵魂进行杀戮，圣灵意义上的杀戮，表示祈祷他们会转而爱上帝、爱基督。"

问题在于这个记者不了解这层含义，在新闻编辑部也没有五旬节教派的成员可以咨询。或许他急于发布这样一条"有趣"的新闻，以至于事后也没有找其他人复核一下这个播音员是否真的在鼓动人们谋杀国会成员。古德斯坦说："它导致该报做了一个令人尴尬的更正。"它同样为保持谦虚提供了一个有力的证据。

谦虚还意味着你必须保持开放的心态——哪怕下一个采访对象会改变新闻的全部意义，甚至让你相信根本不存在任何新闻，你仍然能够接受。

这几个观念加在一起，构成了以核实进行约束这一做法的核心哲学。它们有助于新闻工作者（任何生产新闻的人）和公民建立对双方都有益的更加密切的联系。通过使用透明性、新闻叙事等强大的工具，搜集和报道新闻的人可以用重要的信息吸引公民。与此同时，进一步公开自己的工作，也能促使新闻从业人员在获取、组织和呈现新闻的过程中考虑得更加周全。

数字时代核实面临的挑战

在本书第一版出版后的十二年里，我们被问到的次数最多的一个问题是：在一个传言、流言、暗示信息和恐慌可以在人群中公开实时传播的时代，用核实进行约束是否仍然可能？当错误的信息已经满天飞的时候，如何还能扮演对事实背后的事实进行把关的角色？

在一个于雪城大学纽豪斯新闻学院（Newhouse School of Journalism at Syracuse University）召开的研讨会上，我们当场被问到了这个问题。那个会议的主题是新闻界应该如何处理对儿童性骚扰的指控。早在 2011 年，一所学校的篮球教练伯尼·法恩（Bernie Fine）就成为这类指控的对象。当地报纸对此进行了调查并认为无法证明该指控，但是数年后，新闻界决定将这一指控公之于众。该案成为爆炸性事件并且相关调查还在进行中。在下午举办的该研讨会的一个分论坛上，一位在雪城治疗性骚扰受害者的治疗师突然宣布，虽然他不能提供细节，但是他知道该校还有另一位教练仍然在对儿童进行骚扰，并且学校在保护他。其他与会者都惊呆了。

一位当地报纸的记者在分论坛一结束就来找我们。他该如何报道这一完全没有实质证据的指控？这个分论坛通过推特进行直播，并且还有流媒体做了直播。该指控就在那儿——新闻媒体根本没有参与。

对于这样的案例，我们认为最好的应对方式就是保持透明和谦虚。新闻报道者没有理由简单地忽视该指控。它已经被推特和网络直播"发布"了。因此无论离报道发表还有多长时间，第一步就是寻找确凿的证据。追踪发表言论的人，要求他提供证据，以支持或证明将这一指控公之于众是合理的。（此人拒绝对此提供进一步的评论。）去询问警察，是否有记录在案的投诉。调查该大学之前是否听说过这一指控（但是要注意，大学和警方都牵涉其中，没有在研讨会讨论的案件中迅速采取行动）。

第二步是尽可能向受众提供现在已经公开的指控的背景。要向公众说明指控者并没有提供足够的证据证实其观点。报道中要提到参加专题讨论的其他治疗师对于将这一没有实质证据的指控公之于众感到震惊。要将该公开指控放到语境中，不要只是重复该指控。

第三步是告诉公众要证明这一指控还需要提供什么证据。这么做是表明公众需要小心、谨慎。事实上，在一个网络化的媒介环境中，新闻工作者的责任还包括用尽可能多的信息武装公众，以便他们能够自己决定是否应该相信某条新闻。换句话说，应该将受众视为成年人，他们需要知情而不是被保护。一些与我们一起解决该问题的人建议监测社交媒体，看看在发布更多信息之前，该指控已经给人们留下了多深的印象，以及是否应该让这些反应的性质决定你接下来要发布的内容。

最后，核实这些已经公开的指控的最后一步涉及开放的网络系统为致力于核实的人增加的责任。新闻机构现在需要承担对该指控进行调查的义务。从事新闻工作的人不能像鸵鸟一样无视这些没有根据的指控，换句话说，新闻工作者现在负有更大的责任追查到底，因为这些指控已经公之于众。这意味着提出指控的治疗师不能轻松地摆脱干系。新闻机构应该仔细地确认他是否应对自己所说的一切承担责任。

上述这些步骤加在一起，就形成了一条核实已经公开的但没有实质证据的材料的规则。现代新闻提供者必须告知公众，需要看到什么实质性的证据，他们才能相信一个不确定的指控，并且引导社群找到答案。因此，核实的过程变得更公开，更具合作性。

偏　见

用核实加以约束，尤其是透明的观念，是新闻工作者解决偏见问题最有力的方式之一。我们这里所说的偏见并不仅仅指政治或意识形态偏见。偏见包括各种偏好，既有恰当的，也有令人不安的。

我们所说的偏见意义更广泛，涵盖搜集和报道新闻的人的所有判断、决策和信仰。它也可以包括偏向追求真相或事实，或偏向为无声者发声，同时可以指个人社会的、经济的或政治的倾向。批评者说得对，我们都受到个人生活史和所在文化的偏见的影响。如果这么看的话，我们根本无法做到在传播中不带任何偏见，这也包括那些让报道引人入胜的偏见。

如果用这种更宽泛的，坦率地讲也是更现实的方式理解偏见，那么偏见就不是能够消除甚至有必要消除的东西。相反，从事新闻工作的人的职责是在报道某则新闻时更加清醒地意识到偏见的存在，并判断什么时候它们是恰当的和有用的，什么时候它们又是不恰当的。新闻工作者需要成为自己的偏见或新闻发布机构的偏见的管理者。

有句格言说得很形象，"带有偏见的眼睛才能看见偏见"——或者说，你认为有偏见的新闻其实仅仅是你不同意的新闻。然而，这种解释的问题在于它太容易成为一个所有人为自己开脱的借口。既然你不能令所有人满意，为什么还要为它操心呢？所以，问题就自动解决了。然而，用这样的方式来打发问题并未真正化解受众的不满，也无法改进报道。

偏见管理涉及几个与核实有关的问题。首要的任务是更系统和更自觉地获得真正的事实，可以使用下面将要提及的几个技巧。进行核实，而不是盲目地相信自己或他人的良好意图，是从事新闻搜集和报道的人避免先入为主的最有效的方式。

第二个管理或抑制偏见的方法是向透明精神靠拢。这意味着传受关系将由居高临下地传达，转变为平等地分享。解释自己的决策常常迫使从事新闻工作的人评估，有时甚至重新思考，他们正在做的事情。新闻工作者还告诉我们，更加透明、公开对于推翻受众对新闻工作者的动机的假设有显著的影响，否则他们会心怀疑虑。

核实的技巧

显然，上述观念还不够具体，并不足以构成报道的"科学方法"——它还有待新闻工作者个人加以完善。问题的关键在于他们十分清楚这一点。但是，为了更好地进行说明，我们还是愿意提供一些来自全国各地的新闻工作者的切实可行的方法。下面这几个技巧虽不能应付所有问题，但是任何新闻工作者都可以从中提炼出最理想的收集和呈现新闻的方式。

1. 带着怀疑编辑

桑德拉·罗是俄勒冈州波特兰的《俄勒冈人报》总编辑，她在该报采用了一个被她和她的继任者彼得·巴提亚（Peter Bhatia）称为"起诉式编辑"（prosecutorial editing）的管理系统。不过，这个叫法显得太有攻击性。雷德·麦克勒盖奇（Reid MacCluggage），康涅狄格州新伦敦的报纸《今天》（The Day）的前总编辑兼社长，提出了一个更好的词——"怀疑式编辑"（skeptical editing）。[32]

这个方法涉及对新闻报道进行裁定——实际上是逐字逐句地对其中的判断和事实进行编辑。我们是如何知道的？为什么读者应该相信？这句话背后的假设是什么？如果新闻说某件事会引起人们的怀疑，那么这是谁说的？是某位记者、某个信源，还是某位市民？

在《俄勒冈人报》任编辑部主任的阿曼达·贝内特（Amanda Bennett）说，她是从《华尔街日报》那里学到这个观念的，其作用"与其说是挖出数量有限的事实性错误，不如说是挖出判断和叙述中产生的无意识的错误——发现那些因为'众所周知'而被写进去的东西"[33]。

如果一篇报道说目前大部分美国人都有个人电脑，编辑就会进行核实。如果新闻说"根据信源得知",编辑就会问:"这个信源是谁?只有一个信源吗?"如果只有一个信源,新闻就应该说明这一点。如果一则新闻说候选人史密斯对于某项税收提案的态度突然完全转变,这引发了人们对其政治立场的怀疑,编辑就会问:"人们产生了什么怀疑?""谁产生了怀疑?"如果答案只是记者及其朋友,那么新闻报道中要么说明这一点,要么明确呈现具体的引语。

罗说,只要切实可行,在进行这种类型的编辑工作时,编辑和记者应该坐到一起,由记者提供原始材料。罗说:"在我们编辑部,越是这样做,我们就越远离真正的恐惧。"[34]贝内特在自己编辑部的一群记者和编辑中传授了这种做法。她说:"人们此前并不知道可以问这些问题。"这么做的目的,在很大程度上是"使人们觉得可以提问,并且形成一种自觉"。除非能够彻底核实,否则与其往新闻里加东西,不如删东西。[35]

贝内特和罗相信,该技巧使编辑和记者更加仔细、全面。《俄勒冈人报》采取怀疑式编辑的做法,目的是创造一种氛围,让人们可以在不质疑记者人品的情况下质疑新闻报道。这成为新闻编辑部公开的对话环境的一部分,这种对话既可以自下而上,也可以自上而下。

2. 使用准确性清单

一些新闻机构使用准确性清单,以提醒其新闻工作者认识到核实的重要性。我们收集到的清单中有些只列出了一些概念性的问题,比如下面这些:

(1)报道的导语是否得到了充分的支持?

(2)能帮助受众理解新闻的背景材料是否完整?

(3)新闻中的所有利害相关者是否都得到了确认,是否联系过各相关方代表并且给予其发言机会?

（4）新闻是否偏向某一方或做了难以觉察的价值判断？有些人是否会格外地喜欢这篇报道？

（5）为了保证新闻中的所有信息正确无误，是否对每条信息的出处进行了标注和记录？

（6）这些事实是否足以支持新闻的前提假设？有争议的事实是否得到了多个信源的支持？

还有一些问题更加具体：

（1）是否对引语进行过复核，以确保其准确并且不会被断章取义？

（2）是否复核过网址、电话号码和不常见的姓名？

（3）报道中第一次出现的人名是否为完整的姓名？

（4）是否检查过年龄、住址、职务等信息，以保证它们准确无误？如果是这样，是否在文章旁边注明"所有资料都已准备就绪"以表明它们都被订正过了？

（5）报道中的时间是否包括星期和日期？

一些编辑认为类似这样的清单太机械，如果处理得不好，它们也会打击记者的自信心，压制新闻叙事中的创造性。这一点我们同意。但是，如果处理得当，这些问题可以帮助记者和编辑共同努力，将报道变得更准确、可信。

3. 不做任何假设

记者戴维·普罗泰斯（David Protess），在担任芝加哥清白项目（Chicago Innocence Project）（一个非营利性的揭露错误判决的调查组织）主任时，运用死囚犯的例子让西北大学梅迪尔新闻学院（Northwestern University's Medill School of Journalism）新闻系的学生们意识到核实推测性事实的重要性。教训之一就是：不要依赖官方或新闻报道。要尽可能接近原始信源。全面彻底，不要遗漏。确证所有假设。

普罗泰斯每年都会收到数千封来自死囚犯的邮件，他们宣称自己是被冤枉的。每年他都会从中选择一些布置给学生去检查。普罗泰斯经常使用1999年安东尼·波特（Anthony Porter）的例子，向那些有抱负的记者介绍怀疑一切的重要价值。在被判谋杀罪名成立后，波特正面临判决执行。

"要说明我使用的方法，最好的办法或许是我在课堂上给学生做的演示。"普罗泰斯在一次采访中这样说，他那时还在梅迪尔新闻学院。他说："我在黑板上画了一组同心圆。最外面的圈代表第二手文件，像新闻报道……接下来的一圈代表原始文件，像证言及陈述之类的庭审文件。再里面一圈是现实的人——证人。我们对证人进行询问，以检查他们说的是否与文件的内容一致。我们向他们提出的问题可能是查阅文件资料时想到的。最里面的一圈是我所说的靶子——警察、律师、其他嫌疑人以及罪犯……你会惊讶地发现，原始文件里包含着丰富的内容。那里有许多东西，特别是警察放过的最初的犯罪嫌疑人。"

在波特一案的内圈，普罗泰斯和他的学生发现了一个被警察迅速放过的嫌疑人阿尔斯托里·西蒙（Alstory Simon）。他们使用普罗泰斯发明的系统方法，对文件和信源进行了交叉检查，发现西蒙的一个外甥在凶案发生当晚无意中听到西蒙对谋杀的忏悔。西蒙最终被判定有罪，而本来被判死刑的波特逃过一劫。1999年3月19日，安东尼·波特成为伊利诺伊州第五个因为普罗泰斯及其学生的努力而获释的被误判谋杀罪的死刑犯。普罗泰斯的工作有力地说明了有条理的新闻核实的威力。

4. 汤姆·弗伦奇的红铅笔

如果说普罗泰斯的方法的特点是详尽无遗，那么汤姆·弗伦奇

(Tom French)的方法则是极其简单的。弗伦奇专门为佛罗里达州的《圣彼得斯堡时报》(*St. Petersburg Times*)撰写长篇非虚构深度报道。他的特稿获得了1998年普利策新闻奖。他也写有时效性的硬新闻。

弗伦奇建立起一套核实自己新闻中的所有事实的方法。在交稿之前,他拿着稿件的打印件,用红铅笔逐行审查,在每个事实与判断前标上记号,以确定他已经对这些内容的正确性进行过复核。

5. 谨慎使用匿名信源

作为公民,我们所知道的大多数信息都来自他人。那些撰写新闻的人也常常依赖别人提供报道的细节。新闻工作者为使受众相信他们的可靠性而使用的最早的技巧之一就是披露信息的来源,比如"在麋鹿组织(Elks Lodge)① 年度报告会的某次演讲中,琼斯先生说……"等。依赖他人得到信息,就必须始终保持怀疑的态度。有句格言说得好:"如果你的母亲说她爱你,也要先核实一下。"有了关于信源的详细背景信息,受众自己就能决定这些信息是否值得相信。

如果信源是匿名的,这些就无法实现了。基于此,受众必须对新闻提供者投入更多信任,才能接受信源说的是可信的。我们在上文指出,解决这一问题的方法是在保护信源的同时,多与受众分享有关匿名信源的信息。但是,随着时间的推移,这也变得更加复杂。

新闻信源控制媒体的手段越来越高明。过去,为信源保密是新闻工作者用来劝诱不愿开口的内部吹哨人放心提供重要信息的手段,而现在其含义完全不同——它成为深谙媒体游戏规则的信源在

---

① 麋鹿组织是美国的慈善组织,主要帮助残疾儿童和老弱群体,分支遍布全美,影响很大。

同意接受采访之前强加给记者的交换条件。

随着新闻工作者在重大公共信息问题上对匿名信源的依赖不断增强,他们也开始尝试建立一些规则,以确保自己和受众相信新闻工作者和报道中的匿名信源没有任何特殊关系。乔·莱利维尔德(Joe Lelyveld)在《纽约时报》任执行总编辑的时候,要求记者和编辑在使用匿名信源之前问自己两个问题:

(1)匿名信源拥有多少该事件的一手信息?

(2)如果确实存在误导我们的动机,那么该信源的动机究竟是什么?是为了锦上添花,还是为了隐瞒那些可能改变我们对信息的印象的重要事实?

只有在对上述问题做出令人满意的回答之后,他们才愿意使用这些信源。此外,他们还尽最大可能与读者分享一些暗示性信息,如信源处在一个得以知晓此事的位置(比如"一位看过文件的信源"),或信源可能有哪些特殊利益(比如"一位独立检查办公室的内部工作人员")。这种追求更加透明的报道的努力增强了受众的判断能力,使他们能够自行决定是否相信该报道。更为重要的是,它还表明了新闻机构在提供这些新闻时所采取的标准。

已故的德博拉·豪厄尔(Deborah Howell)曾担任《华盛顿邮报》的监督员、纽豪斯报团驻华盛顿总编辑以及《圣保罗先锋报》(*St. Paul Pioneer Press*)的总编辑,他提出了另外两条规则,对莱利维尔德的规则做了进一步的补充。

(1)切勿使用匿名信源表达他人的观点。

(2)切勿在报道的第一个引语中使用匿名信源。

《丹佛邮报》(*Denver Post*)前总编辑格伦·古佐(Glenn Guzzo)则要求记者和编辑在提出使用匿名信源的申请前回答另一组问题。

(1)该信息对这则新闻来说必不可少吗?

（2）该信息是事实而不是观点或判断吗？（他不允许以匿名方式发表判断性陈述。）

（3）该信源的位置是否能保证其真的知晓此事——他是目击者吗？

（4）是否存在其他能够说明可信性的指标（多个信源、信息分别得到独立证实、对信源的了解程度）？

（5）为了帮助受众确定对该信源的信任程度，你将如何介绍该信源？

即使在你决定使用匿名信源提供的信息之后，这三个版本的问题或检测方法也可以为如何传递新闻提供实用性指导。

问题不在于任何人都应该严格地遵守上述检测方法中的每一条，而在于从事新闻实践的人决定让信源匿名时自觉地做出了判断，并且把自己的理由和受众分享。民意调查发现，虽然公众并不喜欢匿名信源，但是他们也认为使用匿名信源或许有一些价值。[36]

究竟该如何披露信源信息？下面是一个例子："据一位接触到本案细节的律师说……本报决定对这位律师的身份保密，因为对公众来说这一信息十分重要，而且我们认为，说出他的身份将使他在法律上处于险境。"

真相的多重来源

最后，在追寻真相之旅中，新闻生产过程中的每个人都扮演着重要的角色。社长和媒体所有者必须愿意毫无畏惧、毫无偏袒、始终如一地发布有利于公共利益的新闻。

编辑必须保护表达自由免遭威胁——抵抗政府、公司、起诉者、律师，以及其他新闻制造者通过以假乱真、粉饰太平来误导或操纵媒体。

记者必须矢志不渝并努力超越自己的视角，进行自我约束。在一次委员会的论坛上，芝加哥电视台资深主播卡罗尔·马林（Carol Marin）用下面这种方式向我们说明这一点："当你和家人坐在一起共度感恩节的时候，发生了一场典型的家庭内部争论——可能是政治问题，也可能是种族、信仰或性方面的问题——但要记住的是，你在这场家庭争论中所看到的，是在一个特定的位置上看到的——你坐的那把椅子，你所在的桌子的一侧。它会扭曲你的观点，因为在这时你只是在捍卫你的观点……而新闻工作者是那些远离桌子、试图纵览全局的人。"[37]

如果把新闻工作看成一场对话，那么参与对话的人不仅是提供新闻的人，还包括公民。公民也应在其中扮演角色。当然，他们必须专心致志。他们必须果断、自信。如果有疑问或问题，他们应向提供新闻的人提问：你们是如何知道的？你们为什么要写这些？你们所遵循的新闻原则是什么？这些都是合理的问题，公民应该得到答复。

因此，从事新闻工作的人必须把提供真相作为首先要效忠的原则，还必须把公民作为最重要的效忠对象，这样他们才能自由地追求真相。新闻工作者应该使用透明的、系统的核实方法，吸引公民加入寻找真相的过程。下一步则是厘清新闻工作者与被报道者的关系。

第 5 章　保持独立

1971年，因发表了五角大楼文件，《纽约时报》与联邦政府之间爆发了具有历史意义的冲突。几个月后，尼克松总统的演讲撰稿人威廉·萨菲尔（William Safire）在一个筹款晚宴上正好坐在纽约时报社社长、"重拳"阿瑟·苏兹贝格（Arthur "Punch" Sulzberger）[①] 的旁边。在席间交谈中，萨菲尔提到打算辞掉政府的工作。

言者无心，听者有意。自从尼克松于1968年参加竞选开始，苏兹贝格就面临压力，他要找个保守的声音平衡《纽约时报》言论版。压力来自斯科蒂·赖斯顿（Scotty Reston），他是该报驻华盛顿记者、前分社负责人以及执行总编辑。他担心的是政界对报纸的看法，同时担心《纽约时报》的董事会成员有意见。董事们认为，报纸的声音只有更加平衡才能保证策划中的全国版将来取得成功。在当时，该报的言论版被自由派把持，包括汤姆·威克（Tom Wicker）、安东尼·刘易斯（Anthony Lewis）、弗洛拉·刘易斯（Flora Lewis），以及稍温和一些的赖斯顿本人。苏兹贝格最终得出结论：急需一个强有力的保守派声音加入。

萨菲尔是不二之选。他在纽约长大，在该市具有良好的人脉。他写得一手清晰晓畅、有时尖锐的散文，一些批评新闻界的文章令人难忘。华盛顿邮报社社长凯瑟琳·格雷厄姆（Katharine Graham）

[①] 即 Arthur Ochs Sulzberger（1926—2012），1963年至1992年任纽约时报社社长。

也曾经试图邀请萨菲尔加盟，但是因为薪酬问题最终没有达成协议。这令邀请萨菲尔加入《纽约时报》的想法更具吸引力。

然而，如果说萨菲尔的加入缓解了保守派给苏兹贝格的压力，那么它同时也点燃了老读者的激烈批评，就连《纽约时报》编辑部的一些人也有不同意见。这两部分人都对总统的演讲撰稿人摇身一变而为新闻工作者感到惊诧。

对一个有党派倾向的政治活动家来说，他要达到什么标准才可以自称为新闻工作者？仅仅开一个专栏并不能达到成为《纽约时报》的新闻工作者的要求。萨菲尔最终来到《纽约时报》时，正值水门事件被曝光三周之前。多年后他回忆说，当时"华盛顿分社的同事完全排斥我，把我看成尼克松阵营冥顽不化的宣传家。唯一勉强愿意和我吃午餐的记者是马丁·托尔钦（Martin Tolchin），他是我在布朗士科学高中（Bronx High School of Science）的同学"[1]。

然而，两个互不相关的事件改变了萨菲尔的处境。第一个是个人事件。萨菲尔说："在分社一年一度的野餐会上，某记者的3岁小孩掉进了水池，马上就要溺水；作为唯一站在旁边的成人，我连衣服也没脱就跳进池里把他救了起来。大部分人开始改变对我的看法，觉得'他也许不是坏得一无是处'。"第二个是新闻事件。《纽约时报》记者约翰·克鲁森（John Crewdson）报道了一则爆炸性新闻，提到16名记者和1名尼克松的助手被秘密安装了窃听装置。这个助手就是萨菲尔。"这是对新闻自由前所未有的侵犯，后来该行为被判违法；因为我也被窃听，我就成了尼克松所谓的'他们中的一员'，当我在《时报》的专栏里攻击尼克松的秘密录音带时，《时代》（Time）杂志把这称为'萨菲尔怒火冲天'（Safire Afire）。这帮我树立了独立的形象。就像经历了洗礼，我不再被当作'贱民'而受排斥。"

32年后，萨菲尔带着一个普利策新闻奖从《纽约时报》退休。

他不仅赢得了新闻界同事的尊敬,也赢得了上百万读者的尊敬。是什么使他获得了赞誉?肯定既不是中立或冷淡的语气,也不是公正无私的姿态。萨菲尔始终是彻头彻尾的保守主义者,会无情地批评对手,让对方身败名裂,在被激怒时还会有过激的言论。那么,究竟是什么把萨菲尔和党徒、政治活动家或宣传家区别开来?

对21世纪的新闻和信息的传递而言,这是个关键问题。科技使媒体向数百万新的声音开放;脸谱和推特上的每个人都是信息发布者。在商业新闻编辑部的规模缩减的同时,智库、公司、政治活动集团、非营利组织这些有明确社会议程的机构成为新闻编辑部,对影响它们自身的议题进行报道——有时他们会监督商业媒体,专注于纠正偏见、消除浅薄或改正其他缺点。正如数字时代的思考者注意到的,我们所有人都可以发布新闻。在这一背景下,新闻与其他信息的区别是什么?

前面两章提到的两种价值观,即真实及忠于公民在某种程度上回答了这个问题。我们下面还会提到,扮演监督者角色和为公众讨论提供论坛也是答案的一部分。但是,现在让我们讨论一下新闻评论在新闻工作中扮演的角色。

带有立场的新闻不能被排除在新闻之外。如果不承认它们也是新闻,那么专栏作家和社论作者就会被排除在这个职业之外。比如,像《华尔街日报》的保罗·吉戈特(Paul Gigot)和《纽约时报》的托马斯·弗里德曼(Thomas Friedman)这样的记者在成为专栏作家之后就不再以记者自居。像尼克·莱曼(Nick Lemann)[他同时也是哥伦比亚大学新闻学院(Columbia Journalism School)的院长]这样的杂志作家可能会因为在报道中给出自己的结论而被谴责越过了红线。像罗伯特·卡罗(Robert Caro)[1] 和已故的戴维·哈伯斯坦,他们的细致描写已经将其作品从新闻作品提升到了

---

① 罗伯特·卡罗(1935—),美国总统林登·约翰逊传记三部曲的作者。

历史作品的层次。然而，以新闻的判断标准来看，作品的深度、勇气和悲天悯人都不值得赞扬，相反，这些特点会将这些作品逐出新闻之列。像露斯·马尔克斯（Ruth Marcus）、戴维·布鲁克斯（David Brooks）、保罗·克鲁格曼（Paul Krugman）和迈克尔·格尔森（Michael Gerson）这样的专栏作家也会受到严厉批评而不是赞扬。一些被称为知识新闻（Knowledge Journalism）的著名作品（其作者既是报道者，也是专家）也会被谴责，因为信息量过大、过于实用。

每年普利策奖评审委员会都给评论颁奖，并把该奖项放在"新闻"类。不少人会提出，和那些由大公司掌握的、自诩提供中立新闻的报纸相比，美国的另类报纸更接近美国新闻的历史传统。

当人们抱怨说网络催生的新媒体发布的主要是评论内容，因此不是新闻时，这些新闻业的先驱值得我们追忆。无论我们遵循何种传统或区分标准，都不能因为作品中包含判断和观点就将其排除在新闻之外，当然也不能把所有评论都视为新闻。

有必要重申并澄清一点，即不偏不倚或中立并不是新闻的核心原则。正如我们在前一章讨论核实时解释过的，不偏不倚并不意味着客观。但是，如果中立不是新闻的基石，那么新闻和其他信息（如宣传）的区别又在何处？宣传家亦公开出版。政治活动家亦公开出版。阿尔·沙普顿（Al Sharpton）的有线电视脱口秀节目的政治立场偏左。拉什·林堡的脱口秀节目立场偏右。数十位分属两个政治阵营的博主发布了党派倾向明显的博客。他们是新闻工作者吗？一个人只要参与公开出版或广播，就可被称为新闻工作者吗？

萨菲尔从《纽约时报》退休后（他于2009年去世），我们采访了他，请他总结一下，究竟是什么影响了他的思想，促使他从一个政界人物转变成一名新闻工作者？核心问题与效忠对象有关。

> 究竟应该忠于谁？老友、同事、政治意识形态或党派、为之效力的新闻媒体、冰冷的事实——还是真相？

实际结果可能是这些对象的不同程度的动态组合。你不会为了一条精彩的新闻而毁掉与之长期合作的信源。你不会因为意识形态而拒绝好新闻。[你不会无动于衷地看着文字编辑把精彩的"故事"(story)变成干巴巴的"论文"(article)而不做任何抗争。]你不会守着一系列确凿的事实,却得出缺乏根据的或者误导性的结论。如果有人野蛮攻击和你政见一致的人,加入攻击的行列并不是英雄所为。你不会断章取义地引用一段话,追求细节的准确却误解了中心意思。

换句话说,和其他新闻工作者一样,萨菲尔忠于准确和事实,坚决站在确凿的事实和真实的结论一边,告别了过去的党派身份。他有自己的风格,虽然依旧保守,但现在为读者工作。

萨菲尔也认为,自己的从政经历对第二个职业——新闻工作起到了正面作用。但是,他同样明确地意识到,这个转变只能进行一次。他说:"如果每隔几年就在政客和新闻工作者之间转换身份,读者或观众就会感到困惑,已经形成习惯的跳槽者本人也会面临麻烦。"虽然萨菲尔坚信,政治经历是对记者的良好训练,但是新闻工作远不仅是在电视台或言论版占据一个位置那么简单。

由于过去身在其中,了解如何回避问题或含糊其词,所以跳出来后,这些经历有助于新闻工作者识破此类对言辞的操纵。当置身其中时,你与某些你认为可信的人建立了终生的关系(同时你也会记住哪些人不那么值得信任)。而当你走到街对面时,这种交情可以指引你找到秘密信源。从知情者或更具体些,退休的知情者那里获得信息的技巧,是无法通过新闻工作学到的。没有什么能比共同的工作经历更能打动秘密信源。你知道从他那里你能得到什么,对方也清楚你会为保护他做什么努力。

萨菲尔甚至认为，新闻评论员比其他新闻工作者享有的自由更多，他们可以有一说一，不必因受记者身份的限制而权衡再三。他们担负的义务也更多。萨菲尔说："我认为自己参与开拓了一个叫作'有观点的报道'（opinionated reporting）的新领域。它不是通过暗中做手脚使新闻偏向某个观点；它是通过挖掘新鲜事实，显示（或者至少使人们关注）这是正大光明地表明立场的言论专栏。"

还有一件陈年旧事令《纽约时报》的新同事心存芥蒂，但是在这件事上，萨菲尔有意不多做澄清。"还是那件有关'否定一切的扯淡富人'（nattering nabobs of negativism）的事。"萨菲尔回忆道。他指的是自己曾经参与写作了一篇演讲稿，它后来成为一位重要的政治人物公开指责美国媒体的最著名的演讲之一。"这个短语是我1970年为副总统斯皮罗·阿格纽（Spiro Agnew）在圣迭戈的演讲创造的，这篇指责失败主义者的演讲只是泛泛而论，没有专门针对媒体，但是因为阿格纽之前还发表了一段由帕特·布坎南（Pat Buchanan）写的演讲，恰好被电视直播，那段演讲痛斥了媒体的'即时分析'（instant analysis）和其他原罪，因此人们把我创造的这个押韵的短语（阿格纽大方地把它归到我的名下）和阿格纽对媒体的讽刺挖苦联系在了一起。（我从未试图向人们解释此事的原委，因为'媒体批评家'这个称号并不会损害我在读者心目中的形象。）。"这段引言也很说明问题。萨菲尔更关心的不是在新同事心目中的形象，他真正关心的是受众的反应。

这些品质构成了新闻工作的第四个基本原则：

新闻工作者必须独立于报道对象。

这条原则甚至也适用于从事发表言论、批评和评论工作的人。新闻工作者必须随时关注的不是保持中立，而是独立的精神和思维

方式，以及思想上的独立。

像萨菲尔这样的社论和言论新闻工作者并不中立。和其他新闻工作者一样，他们的可信性也来自相似的追求：准确、核实、符合更大范围的公共利益，以及使公众知情。"你是否必须同时呈现双方的观点以做到不偏不倚？"萨菲尔答道，"当然不是。不要害怕把那些在人群中实施恐怖袭击、有意杀害平民的人称作'恐怖分子'（terrorist）。这种杀手不应被称为'好战分子'（militant）或'行动主义者'（activist），因为后两者只适合用来称呼政治示威者或狂热分子。也不要把他们称作'持枪歹徒'（gunman），这个词不仅含义模糊，而且有性别歧视。如果过分追求公平，有可能最后就像布利茨（Brits）所说的那样，你会变得束手束脚"。

萨菲尔还认为，冒牌的公平损害了读者利益。"公平原则并不意味着在空间和时间上完全相等。当争议中的一方有了新闻——公布了调查结果或主办了活动——记者不一定非要找到反对者并给予同等关注。评论上做到平衡，可以；在文章字数或节目时间上追求'平衡'，不行。"

这并不意味着要去找一个有待反驳的论点稻草人。对于政治活动家和宣传者而言，事实经常是可伸缩的且更具有选择性，观念只是战术，而不是实践的重点。目标并不是让某个论点获胜，而是产生特定的政治后果。言论新闻工作者则不是这样，对他们而言，目标是探索新的观念。一些最优秀的言论新闻工作者更愿意挑战对手最强有力的论点，而不是攻击其薄弱之处。迈克尔·格尔森在加入《华盛顿邮报》专栏作家写作群之前曾任乔治·W.布什的演讲撰稿人，他说站在对方的立场看问题能让自己的观点更强大和更有趣。《华盛顿邮报》专栏作家 E. J. 迪翁（E. J. Dionne）在谈到辩论的艺术时引用了作家克里斯托弗·拉希（Christopher Lasch）的话，后者认为当作家严肃地思考要反对的观念时，他们也会从中学到某种东西并改变自己的观念。

在某种程度上说，这第四条原则（新闻工作者必须在思想上保持独立）更多源自实践而不是理论。在理论上，我们既能报道一个事件，也可以成为该事件的参与者，但是在现实中，深陷其中会使新闻工作必须执行的其他任务变得模糊不清。它会使新闻工作者无法从其他角度看问题，更会使新闻工作者难以赢得信源和其他阵营的斗士的信任，同时难以（如果有可能的话）说服受众相信你把他们的利益放在了你为之效力的工作群体之前。

独立思考

在我们与全国不同领域的新闻工作者进行讨论，研究他们的动机和职业目标的过程中，我们逐渐发现，萨菲尔、格尔森和迪翁清楚地表达了被广泛接受的关键而复杂的观念。已故《纽约时报》自由派专栏作家安东尼·刘易斯曾说，自由派和保守派的差异不仅在于对真实的忠诚，而且在于这种忠诚中蕴含的信仰。他还说："那些后来成为言论专栏作家的新闻工作者有自己的立场和观点……但是仍把事实放在首位。英国《曼彻斯特卫报》（The Manchester Guardian）伟大的总编辑 C. P. 斯科特（C. P. Scott）说：'评论可以自由，但事实是神圣的。'我们总是由特殊到一般；先发现事实，然后从中得出结论。""媒体煽动者如安·库尔特或资深保守派脱口秀主持人约翰·麦克劳克林（John McLaughlin）则完全是另一种风格。他们只关心意见，最好是被大声表达出来的意见。事实，如果有的话，也只是偶尔才需要的东西。他们听从红桃皇后①的建议：'先判刑——再定罪。'"[2]

---

① 红桃皇后，《爱丽丝漫游奇境记》中的人物，统领一群扑克牌士兵，容易动怒，动辄宣判砍别人的头。

独立精神甚至也影响到艺术批评或书评那样的非意识形态型言论的写作。曾任《纽约时报》舞评家的约翰·马丁（John Martin）说，每当他进行判断和阐述观点时，他都认为自己保持着一种新闻工作者特有的独立。"我认为首要的职责是说明发生了什么，其次才是表达我的观点或解释，如果用尽可能简洁的方式表达的话，就是把具体表演放到整个场景中。我认为这项工作在某种程度上也是新闻报道。"[3]

有个问题近年来变得时髦起来，那就是谁是新闻工作者，谁不是新闻工作者。我们认为这是个错误的问题。人们应该问的是：这个人是否在从事新闻工作？这个人在工作中是否坚持真实性原则，是否忠于公民，是否在传递信息而不是在操纵受众？正是这些观念把新闻和其他传播形式区别开来。以此来看，不应把推特混同于"信源"或归为某种特定类型的内容。推特是一个平台，一个传输系统，人们会发现其中的内容范围很广泛，从青少年发布的八卦信息到新闻工作者正在寻找的信源，不一而足。职业新闻工作者在推特或脸谱上发表的内容可能是一张家庭度假照片或一则在酒吧里讲的笑话，与其职业内容毫无关系。埃米莉·贝尔是哥伦比亚大学新闻研究生院托尔数字新闻中心（Tow Center for Digital Journalism）的负责人，她喜欢评论周日晚上的电视节目《都市女孩》(*Girls*)，但是她发布的推特评论完全是个人化的。更值得讨论的是博客，这种写作形式包罗万象，从只对几个朋友说的高度个人化的故事，到更为公开的有关爱好的日记，还有关于最高法院的一些重要的新闻报道（就像热门的Scotusblog）。在许多方面，推特、脸谱、照片墙和其他社交媒体平台让社会交往变成更具公共性的传播。但是，这并不能定义传播的性质。传播的性质是由内容决定的。这些新的传输平台和形式既可能用于新闻工作，也可能用于政治行动。它们既可能成为交换谎言的市场，也可能促成深刻的学术讨论。问题不在于信息在何处出现,问题在于工作的性质本身。

我们得到的重要启示是:言论自由和新闻自由属于每个人。但是,传播和新闻并不是可以互换的两个概念。每个人都**可以是**新闻工作者,但并非每个人都**是**新闻工作者。

起决定作用的不是他们是否拥有记者证或受众。菲尔·多纳休(Phil Donahue)是一位早期热门日间电视脱口秀节目主持人,他成名的时间比奥普拉·温弗瑞(Oprah Winfrey)还要早上几年。他很早以前就对我们说过:那个走进切尔诺贝利的酒吧说"那东西爆炸了"的人,在那一刻就在做新闻工作。如果他不是在散播传言,而是在报道目击的事件或者调查的结果,那么他就是在从事新闻工作。当技术使得公共空间不再局限于像酒吧这样的物理空间时,多纳休假设的这个例子会不断出现。让我们思考一下信息技术顾问索海·阿萨尔(Sohaib Athar)的例子。当美军袭击乌萨马·本·拉丹(Osama bin Laden)在巴基斯坦的阿伯塔巴德(Abbottabad)藏身的院子时,阿萨尔恰好住在那个地区。阿萨尔在 2011 年 5 月的那一天发布的推特消息"观察到一架不同寻常的直升机,没有任何爆炸声,估计这个活动不是日常的塔利班行动"是已知的第一个关于刺杀乌萨马·本·拉丹的突袭的报道。

能理性地分辨言论新闻工作者和党派宣传家之间的区别是一回事,能遵从这一区别而不越界则是另一回事。人情、环境及奉承都会引诱言论作者越界。

玛吉·加拉格尔(Maggie Gallagher)的例子十分具有启发性。在 1997 年我们组织的一个论坛上,时任环球新闻集团(Universal Press Syndicate)和《纽约邮报》专栏作家的加拉格尔是我们遇到的在言论新闻工作者和活动家加宣传家这两种身份之间游刃有余且最善言辞的思想者之一。加拉格尔当时说:"我用三个标准随时提醒自己不突破新闻工作者(持有某种观点的新闻工作者)的底线。

第一个是始终追求真相……我从不向读者提及我认为不真实的事情。"[4]

必须"对读者开诚布公，向受众说明你的观点和倾向……这是新闻工作者与宣传家的不同之处。我不想操纵受众。我希望向他们揭示或描述我所看到的世界"。

加拉格尔说，要做到这一点，关键是和小集团保持距离：

> 我认为，做诚实的新闻工作者和忠于某个原则或某项事业，这两者可以兼得。但是，做诚实的新闻工作者和忠于某人、某政党或小集团，是不可兼顾的。为什么我这么说？这与我的基本信仰有关，我认为新闻和个人对真实的认知密切相关。一个人可以相信某些事情、观念和提议对美国有利并且公开表明自己的观点。但是，人民才是你的受众，忠于政党、个人或小集团则意味着你不会把向人民说出真相作为首要考虑。这会导致在忠诚问题上存在根本冲突。

在本书第一版里，我们被加拉格尔说的这些区别深深打动，并把这些话安排在本章开头加以强调。然而，2005年，有人发现加拉格尔违背了自己提出的原则。

《华盛顿邮报》的媒体批评家霍华德·库尔兹（Howard Kurtz）揭露，加拉格尔曾经与卫生与公共服务部（Department of Health and Human Services）签订了一个价值21 500美元的合同，答应为该部写东西。库尔兹写道：加拉格尔的工作是宣传布什政府提出的婚姻倡议（marriage initiative）是强化家庭关系的措施。这个合约的期限是2002年的10个月，内容包括为该部一位官员起草一篇杂志文章、写作宣传小册子以及举办一个情况简报会。这篇报道还揭露，布什政府的教育部曾向保守派评论员阿姆斯特朗·威廉斯（Armstrong Williams）支付了24万多美元，让他宣传布什的"不放弃任何一个孩子"（No Child Left Behind）计划。这一曝光导致加拉格尔失去了在报纸的专栏。后来她又继续为专栏写作，但是那个时候她已经成为一个反对同性婚姻的游说团体的负责人，以政治活动家的明确身份和立场发表言论。

加拉格尔说，她认为自己的情况与威廉斯不同。她写道："我是一个婚姻专家。我的收入来自与婚姻问题相关的写作、编辑、调查和教育。如果一个学者或专家因为替政府工作而获得报酬，当他或她写论文、散文或报纸评论时涉及和工作中完全一样或类似的题目时，是否要向人们说明自己为政府工作这一事实呢？如果这是一个道德标准的话，那么这是个全新的标准。"[5]

事实上，这并不是个新标准。无论对于学术研究还是新闻工作，它都是个基本的标准：如果存在潜在的利益冲突，必须告诉受众，如果这一说明会令人明显处于不利地位，就不要接受这项工作。加拉格尔没有公开这一点，事实上暗示着她知道自己在做什么，也知道这会损害她的独立性，而独立性对自称新闻工作者的人来说至关重要。

独立性的演化

古希腊的哲人已经知道人天生是政治动物，他们提出，有组织的社群需要开展某些政治活动。正是严峻的政治事件的磨炼，催生了第一批期刊，广大公众被邀请参与制定将会影响其生活的政治决策。

正如第3章所述，过去三百年的新闻事业史，尤其是在美国的传统里，经历了由忠于政党转向忠于公共利益的过程。哥伦比亚大学新闻学者詹姆斯·凯里写道："从新闻的角度看，20世纪可以被定义为民主对抗宣传的世纪，'客观的'和'独立的'媒体在这一抗争中责无旁贷，出力不小。"[6]

本质上，媒体用新的契约关系替换了对政党的忠诚——新闻里不再隐藏秘密的议题。过去，社论和政治言论与头版新闻混杂在一起，有时甚至成为头版新闻；现在，它们在版面和归类上都有明确的区分。从这些现在看来显而易见的简单决定中，逐渐产生了目前关于新闻伦理的大部分标准，尤其是有关记者的政治立场的原则。

在整个20世纪，随着新闻工作者逐步职业化以及城市报纸的竞争对手减少，幸存下来的报纸得以吸引更广大的受众，电视新闻机构也面临着相似的状况。在这一过程中，上述伦理原则得到了进一步强化。

在21世纪，我们面临的最大问题是，新闻独立的观念是否会继续存在。新技术及其导致的受众碎片化，推动了建立在意识形态和肯定受众既有感知（肯定新闻）基础上的分众媒体的出现，虽然这些媒体中许多是由公司所有，其目标是追求商业利益，而不是成为严格意义上的党派媒体。[福克斯新闻、微软全国广播公司（MSNBC），以及保守主义干将格伦·贝克（Glenn Beck）运营的互联网就是其中的几个例子。]目前在地方媒体这个级别，已经不存在类似的意识形态市场，但还存在一些州级的由非营利机构资助的在线新闻网站，比如Watchdog.org，一个倾向保守主义的网站，声称自己在对州政府进行调查性报道。与此同时，随着传统新闻编辑部的萎缩，游说团体、智库和商业机构都进入了新闻生产行列，以报道它们自己的核心话题，并且影响这些报道。这些趋势还将继续发展，并且让美国新闻业独立于小集团的传统面临质疑。这些趋势导致大众市场式微，但是在过去，正是大众市场在经济方面的潜力促成了独立新闻事业的出现。新媒体系统会不断经历淘汰、更新，问题是21世纪的受众还会不会像20世纪那样更愿意接受由真正的思想独立的新闻人生产的新闻。

行动独立

新闻独立的规则经过历史的发展,被不断完善和强化,以至于许多传统新闻机构规定记者和编辑不得参加像公共政治集会这样的政治活动。1989 年,《纽约时报》的最高法院记者琳达·格林豪斯(Linda Greenhouse)就因为参加了支持堕胎的名为"自由选择"("Freedom of Choice")的游行而受到批评。她称自己是匿名参加活动的,并且没有使自己被大众关注。事后她说:"我只是其中一个穿蓝色牛仔裤和羽绒服的女性而已。"但是,《纽约时报》认为她参与游行损害了她在新闻报道中的形象,对她正式提出了批评。[7]

格林豪斯事件正好发生在新闻界对自由主义偏见的指责日益敏感的时期。自 20 世纪 60 年代以来,政治论争的性质发生了很大的变化,部分原因是保守派智库建立了一个活跃的网络,为公共辩论注入了新观念。共和党的立法者指责媒体带有偏见的声音越来越大。

新兴的数字发布平台的出现,让关于新闻工作者私人领域言行标准的讨论变得更加激烈。2004 年 4 月,雷切尔·莫斯泰勒(Rachel Mosteller)因为写博客而被《达勒姆先驱太阳报》(*Durham Herald-Sun*)开除。她在名为"讽刺的记者"("Sarcastic Journalist")的博客里,谈论了自己在新闻编辑部的经历。她在博客里并未提到公司或同事的名字。2006 年 1 月,每周出版的《多佛邮报》(*Dover Post*)的记者因为在博客里贬低那些争取被该报报道的人而被开除。2010 年,美国有线电视新闻网解雇了资深的中东事务编辑奥克塔维娅·纳斯尔(Octavia Nasr),原因是她之前发了一条推特,回应了一名什叶派神职人员去世的消息。

重估独立性

即使关于独立的规则在过去几十年间变得越来越严格，仍然不断有人挑战（或违反）它们。

2003年3月伊拉克战争开始前夕，保守派专栏作家乔治·威尔（George Will）在专栏中驳斥了美国必须等到盟友同意后方可进入这个中东国家的观点。为了支持自己的观点，说明等待批准是愚蠢的，威尔大段引用了英国上议院议员兼报纸所有者康拉德·布莱克（Conrad Black）的演讲。布莱克在演讲中说，美国之所以拥有最成功的外交政策，是因为其目标受到威胁时，它会清除威胁。

但是，威尔在专栏里没有透露的是，多年以来，他一直受雇于布莱克，是后者的报业公司——霍林格国际（Hollinger International）的国际顾问委员会的成员之一。《纽约时报》说，威尔每次出席该公司的会议，都可以得到2.5万美元；威尔说自己也记不清出席了多少次会议。威尔所在的组织——华盛顿邮报作家群（*Washington Post* Writers Group）也不知情。当《纽约时报》问他是否应该告诉读者从布莱克那里拿钱这一事实时，威尔回答说："我的工作是我自己的事，明白吗？"[8]

康拉德·布莱克事件并不是威尔第一次在类似的问题上违规。1980年，威尔是共和党总统候选人罗纳德·里根的坚定支持者，他担任里根的演讲教练，为里根与吉米·卡特（Jimmy Carter）总统的竞选辩论做准备。威尔在辩论结束后，就以美国广播公司评论员的身份到电台做节目，为里根的表现欢呼，称赞里根在压力之下"表现一流"。

类似的秘密政治家顾问的先例不可胜数。比如沃尔特·李普曼曾为不同的总统写过演讲稿，其中包括林登·约翰逊。李普曼的秘密顾问工作后来被揭露，他的名誉也受到了影响。

威尔事件和之前类似事件的不同之处在于，这个专栏作家继续说他对此毫不在乎。当他指导里根的新闻最终浮出水面的时候，威尔却称批评者是吹毛求疵。他说："在新闻事业中（和在其他有可能发生'利益冲突'的公共服务领域一样）如今充斥着一些'手拿道德温度计'的人，他们迫不及待地测量他人的体温，就像那些缺乏明确道德标准的人一样，杞人忧天，混淆视听。"[9]

威尔提出论点和意识形态无关。相反，他另有所指（来自不同意识形态的人都可能赞成他）：新闻道德或伦理是主观的，缺乏正当性。

但是，威尔的论点存在一个问题，正是这个问题揭示了为什么独立性的概念根植于实践，而不是根植于理论。威尔一直对指导里根一事守口如瓶。他不愿意告诉读者，在他的协助下里根总统所进行的表演，正是他后来热情洋溢地进行评论的对象。如果他说出这件事，他对里根的赞扬就会大打折扣。这个评价不是由伦理学家做出的，而是观众做出的。

威尔所做的事情虽然并不新鲜，但是它会继续损害新闻工作者在政治活动中的可信性。2008年，各个有线电视台的评论员，如克里斯·马修斯（Chris Matthews）、保罗·贝加拉（Paul Begala）和唐娜·布拉齐尔（Donna Brazile）都把自己呈现为中立的评论者，但是私下里他们都支持巴拉克·奥巴马或希拉里·克里顿（Hillary Clinton），或者为他们在民主党内的提名竞选提供咨询。美国有线电视新闻网后来出台了一条政策，即禁止"政治观点提供者"（"political contributors"）接受候选人的酬劳，但是接受政治团体间接支付的酬劳似乎表明新闻频道得以通过利用漏洞来尊重规则，而不是尊重其基本精神。把讲话要点分发给友好的政治评论员，使那些以媒体人角色出现的人摇身一变为功能性的政党喉舌，把政党想投向特定群体的内容用相同的言辞和概念加以传播,这已经成为一种常见的操作方式。

还有一种做法是政党候选人用"咨询"评论员看法的方式讨好他们。比如,2005年布什政府围绕第二届总统宣誓就职仪式的演讲稿,咨询了许多新闻工作者,其中就包括《旗帜周刊》(*Weekly Standard*)的威廉·克里斯托尔(William Kristol)和辛迪加专栏作家查尔斯·克劳萨默(Charles Krauthammer)。这两位评论员都说这些是一般性的政策咨询,而不是为撰写演讲稿做准备,并且坚决不道歉,认为自己在这件事上没有任何错误。[10]他们在总统的演讲结束后,都对其大加赞扬。

这类咨询活动,除了没有向公众公开外,还有另一个问题值得注意。当评论员把自己看作内部人士时,不会觉察出这里有什么问题,经常会自欺欺人地认为自己看到了真相。通常,政客不会对新闻工作者可能对演讲所做的实际贡献真正感兴趣,因为参与其中的撰稿人可能已经超过了实际所需,政客真正感兴趣的是让新闻工作者自认为他们的修辞和智力充满魔力,以至于政客不得不征询其高见。这些协商与其说是引诱新闻工作者对演讲做出贡献,还不如说是保证得到对自己有利的报道。

除此之外,新闻工作中精神和思想独立的观念还面临着其他有力的挑战,值得我们一一考察。

一个担忧是新闻独立已经走上歧路,发展为自我禁锢和封闭,与整个社会隔绝。正如后来加入克林顿政府的前《旧金山纪事报》(*San Francisco Chronicle*)记者埃利奥特·迪林格(Elliot Diringer)向我们的研究合作者所说的那样:"有一种观念认为你应该保持超然到这种程度……如果你是新闻工作者,你就应该从公共事务中退出。我发现这有点儿让人无所适从。我不明白为什么做个热心公民一定要与做记者相对立。"[11]

对于这种认为遵守传统新闻惯例的人会远离和疏远公众的论调，主要有两种反对的声音。第一个是公众新闻或公民新闻运动（Public or Civic Journalism），这一运动在20世纪90年代颇有影响，后来被新技术带来的社群互动关系超越。这一运动主张新闻不仅要指出问题，而且要检验各种可能的答案。该运动的倡导者并不认为这种做法抛弃了新闻的独立原则。批评者则指出，新闻工作者被置于鼓吹者（advocate）的位置，因为他们认同某一结果。然而，最终，这种分歧更多地关注如何谨慎地操作，而与哲学无关。

新闻记者应该在多大程度上帮助提供解决方案？这一问题引发了争议。因为人们普遍认识到，新闻的目的不只是报道而且是创造社群。这涉及创建传播渠道、论坛和联盟，并且把解决问题的人联系在一起。前文对新闻历史的勾勒清楚地表明，创造社群始终是新闻工作的核心——从最初在咖啡馆的谈话中成长起来的报纸，到围绕突发新闻形成和再形成的公民和新闻工作者社群，或者在像推特这样的社交平台上形成的兴趣社群。通往光明之路与通往水沟之路的差异仅在于执行，以及扮演新闻工作者这一角色的人内心的意图。他们是否冒充新闻工作者，假装提供新闻和信息，实际上真正的动机是操纵他人以实现预定的结果？抑或他们是真正的信息提供者和论坛的协调者，并不假设自己知道答案，而只是提供信息，然后帮助召集社群成员，让大家一起解决问题？

当感觉到独立的新闻提供者在某种程度上不被信任，另一个声音是彻底抛弃独立的原则，站在对立双方中一方的立场上进行报道，以此吸引受众。于是，党人摇身一变为"媒体人"，成为脱口秀节目主持人、评论员，或者广播电视节目的嘉宾。通常他们以独立专家自居——他们被视为前联邦检察官、法学专家或其他中立的专业人士。事实上，他们是政党的代言人。他们最好被称为"媒体活动家"（media activist）。我们在第 7 章讨论新闻的公共论坛功能时会谈到，这些人并不是真正的专家，只是在装腔作势，通常，他们并不重视其言论的准确性。这些党人与其说是在表达公众对新闻媒体的不满，不如说是在利用这种情绪。心理学家菲利浦·泰特洛克（Philip Tetlock）调查了 250 多个以专家或评论员为职业的人。这项历时二十年的研究的目的是评估这些专家预测的各种结果会出现的可能性。结果显示，这些专家是失败的预言家。如果当初他们全面地考虑过各种可能的结果的话，情况可能会稍好一些。[12]

说明该现象的最好例证可能来自右翼势力，保守派媒体大鳄鲁珀特·默多克创造了福克斯新闻，整个新闻网的内容有很大一部分是言论及政治意识形态。私下里，福克斯内部的新闻工作者认为，他们通过播出保守派节目来创造平衡。当然，这种看法也并非全无道理。

但是，在公开场合，福克斯倾向于提出更加微妙却不够坦诚的论点，用独立的外衣包装它的节目。福克斯新闻网第一个市场营销计划的口号就是"我们报道，你来决定"（We report, you decide），后来这个口号又被"公平和平衡"（Fair and Balanced）代替。这与赫斯特、普利策的手法如出一辙，即不是宣传自己是什么，而是把公司想要的形象灌输给公众，希望公众把自己看成准确、公平的化身，而不只是一个可能提供可信信息的来源。它希望每个受众成员都觉得福克斯很公道。如果你喜欢我们，不是因为你赞同我们的观点，而是因为我们更准确、更全面。

但是，新兴的美国政党媒体只是一味强化受众的成见，而不监督权力。这种新的肯定式新闻与美洲殖民地时代的传统美国政党媒体的新闻有所不同，后者受党派控制，目的是宣传政治议程，说服甚至教育受众。但是，在像福克斯和微软全国广播公司这样的地方形成的新兴的肯定式新闻只是作为公司战略而存在：政治只是达成经济目的的手段。

同样重要的是区分两种新闻：第一种是拒绝承认自己的党派倾向和真正的同盟的肯定式新闻，第二种是传统形式的言论新闻。后者更透明也更独立，这种新闻可以在《旗帜周刊》和《国家》（Nation）这类期刊、今天很多学者写的博客，以及像戴维·布鲁克斯或保罗·克鲁格曼这样的言论作者写的评论里看到。后者公开自己的意图，同时遵守所有保持思想独立的原则。前者看上去是在传播中立的信息，却使用看似平衡的语言和形式干着另一种勾当——为了积聚受众而宣传。

这一区分具有重要的意义。言论新闻工作者在公开意图的同时，也公开了对一系列理性原则的忠诚，这些原则的地位高于小团体或党派。戴维·布鲁克斯把自己描述为自由主义者，《华盛顿邮报》的乔治·威尔也用同样的方式称自己是美国托利党人，《国家》杂志的维克多·纳瓦斯基（Victor Navasky）称自己是进步主义者。肯定新闻虽然宣称公平、平衡和中立，却缺乏这种机敏和坦率。不妨仔细观察这些评论员——雷切尔·马多、阿尔·沙普顿、拉什·林堡、肖恩·哈尼提（Sean Hannity）、比尔·奥雷利——或者考察一下在线评论员米歇尔·马尔金（Michelle Malkin）、格伦·贝克，以及Breitbart.com这类网站的写手。他们的货币是情感动员而不是观念。他们的谈话大多集中在对手的错误上，或者预测明显误入歧途的对手会遇上麻烦。这就是肯定的精髓：害怕、愤怒或确信对手会得到应有的惩罚和报应。就像一位广播脱口秀节目主持人在我们参加完他的一段晚间节目后告诉我们的："我的节目与意识形态无关。它表达的是愤怒。"

这两种新闻还有另一个差别。言论新闻，不论是由保守派的专栏作者还是自由派的专栏作者所写，基本上都不报道新闻，只是解释新闻。他们假定新闻报道应该由别人负责。当言论新闻工作者可能涉及新闻报道时，他们不会声称自己是在报道新闻，而会强调自己主要关注的是评论和解释。

肯定新闻会更大胆地声称自己在报道新闻（"我们报道，你来决定"）。福克斯新闻、微软全国广播公司和像"赫芬顿邮报"这样的媒体对政治特工和名人开放，因为这些人受欢迎，有自己的受众。他们不再是被采访的新闻制造者，他们成为报道团队的一部分，参与报道并收取报酬。因此，前白宫新闻秘书达娜·佩里诺（Dana Perino）及其政治助手，以及政治行动委员会（PAC）的政治活动家卡尔·罗夫（Karl Rove）是福克斯新闻的评论员，人权活动家阿尔·沙普顿在微软全国广播公司主持一个节目。他们提问或被提问，就好像他们是现场的观察者，而不是其中的参与者。在美国有线电视新闻网，民主党活动家唐娜·布拉齐尔和共和党顾问亚历克斯·卡斯特利亚诺斯（Alex Castellanos）在给候选人提供建议的同时还在对种族问题进行评论。

这些主持人露骨的偏见并没有破坏他们自己关于准确性的观念，因为这种罗生门式的偏见（不存在什么准确性或真相）不容易避免，所以已经成为借口。对某些人来说，"有观点才有信息"的观念非常具有吸引力，因为这种新闻不需要任何职业训练或技巧，甚至不需要理想主义。这种观念过于绝对，就像对纯粹的市场经济的信仰，或者对这种观念的信仰：任何感情只要足够强烈就是合理的。

新闻工作者身份的模糊还有另一种表现形式。它改变了人们对新闻工作者与报道对象的关系的态度。比如，《纽约时报》即使知道托德·珀德姆（Todd Purdum）与前白宫新闻秘书迪伊·迪伊·迈尔斯（Dee Dee Myers）有亲密关系（后来两人结婚了），仍然允许他去报道克林顿政府。如果在几年前,《纽约时报》根本不会容许发生这样的事情,而现在这种做法甚至没有引起任何议论。一代人以前,人们发现《纽约时报》记者劳拉·福尔曼(Laura Foreman)曾与一位她报道的腐败政客有恋爱关系,那个时候她正在另一家报社工作。此事被曝光后,《纽约时报》执行总编辑 A. M. 罗森塔尔(A. M. Rosenthal)说了一句名言:"只要你不报道马戏团,我才不在乎你是不是和大象睡在一起。"相比之下,迈尔斯和珀德姆的关系如此公开,以至于以白宫为题材的电视剧《白宫群英》(The West Wing)竟把此事作为充满吸引力且明显可以接受的次要情节加以再现。既然如此,为什么美国有线电视新闻网的首席驻外记者克里斯蒂安妮·阿曼普尔(Christiane Amanpour)在报道 20 世纪 90 年代末的科索沃战争时就不能和时任美国国务院新闻发言人的詹姆斯·鲁宾(James Rubin)订婚(后来结婚)呢?

和福尔曼的案例不同,在当代媒体文化里,因为向社会公开了彼此的关系,迈尔斯和珀德姆,或者阿曼普尔和鲁宾的情形就比较容易被社会接受。但是,这样就可以了吗?从道理上讲,任何人都能报道与自己有私人关系,甚至亲密关系的对象吗?这种行为怎样才能和新闻工作者首先忠于公民的职业责任保持一致?

信息披露很重要。作为公民,我们有资格知道一名记者是否与他或她正在报道的某个问题或某个人物有密切关系。但是,在听取了新闻工作者和担心此事的公民的意见之后,我们得出这样的结论:仅做到个人信息披露还不够。就像格尔森、迪翁和其他言论作者理解的那样,为了清楚地看问题并做出独立判断,个人之间保持一定距离至关重要。

解决方案似乎也并不像有人声称的那么复杂。珀德姆可以换到另一条报道专线,鲁宾或阿曼普尔也可以调换岗位。事实上,在一个如此多的公民质疑新闻工作者专业性的时代,强调对独立性原则的支持,等于向多疑的公众明确表明新闻机构将严肃对待自己的责任,愿意以自己的不便、难堪、偶尔的牺牲和不快乐为代价满足公众的要求。

独立于阶层和经济地位

独立的问题不仅限于意识形态领域。事实上,意识形态问题可能比其他领域的问题更容易处理。正如第 4 章提到的,解决倾向性问题的方法是采取一种更为明确的报道方法。但是,为了充分理解思想独立在搜集与报道新闻中扮演的角色,有必要看看其他类型的冲突和互相依赖问题。

随着 20 世纪新闻工作者职业训练的增加、受教育程度的提高(在某些地区,收入也有所增长),独立的概念也变得更加复杂。纽约记者胡安·冈萨雷斯(Juan Gonzalez)是《纽约每日新闻》的专栏作家,同时担任拉美裔新闻工作者小组主席,他关于阶级如何影响新闻报道的立场的观点非常有影响力。他对我们说:"最大的问题……是美国人民感到在新闻、信息的生产者与接受者之间横亘着一道阶层鸿沟。这条鸿沟说明存在着针对大多数美国人的阶层偏见,不论他们是保守派、中庸派还是自由派:如果他们是劳动阶层并且生活贫困,就会被认为对社会无足轻重。我认为这才是最主要的偏见。"[13]

理查德·哈伍德在《华盛顿邮报》担任过许多高级别职务,包括内部调查员(ombudsman)①,他同意此看法:"作为认知精英中的一分子,新闻工作者从同伴那里学到世界观、思维方式以及偏见。他们的工作要适应和满足这一新兴上层阶级的品位与需求。我必须说,有大量证据表明主流媒体把自己的未来押在了这个阶级身

---

① 有的报纸也称公众编辑。

上，因为这个阶级逐渐向社会上层流动……而抛弃或失去了低收入的劳动人民。"[14]

汤姆·明纳里（Tom Minnery）过去是新闻工作者，后来成为以科罗拉多州科罗拉多斯普林斯（Colorado Springs）为基地的福音会组织——"关注家庭"（Focus on the Family）的副会长。他认为阶级偏见让新闻加速商业化。他说："报道的方向……是对美国广大中间人群的生活方式的扭曲。在美国，1%的人口持有日常交易股票的35%。如果看电视晚间新闻或报纸，你会认为我们所有人都坐在家里关注美国消费者新闻与商业频道屏幕下方的实时滚动股票行情。"他还说，如果看电视网的早间节目，"会看到大量对最新上市的小电器的细节的报道……商业推销和新闻报道现在已经紧密而有机地结合在一起，我们甚至再也看不清它们之间的分界线在哪里"[15]。

简言之，哈伍德和明纳里提出，商业化的媒体开始服务于消费社会而不是市民社会。

一些人提出，网络在很大程度上修正了这个问题，民主化的信息、错误的自我纠正，创造了准确的、平衡的和提供语境的合作性维基文化。但是，问题并不是这么简单。数字鸿沟、阶级鸿沟和数字能力鸿沟仍然存在，不同的人在不同的领域还要面对活跃性和影响性的鸿沟。我们会想象这个世界发生了巨大的变化，然而到2012年，使用互联网的美国成年人中只有18%使用推特，但是大部分新闻工作者在那里十分活跃。[16]然而，在讨论科技的好处时，有些现实经常未得到关注（关于技术的讨论通常向前看而不看现状）。现实情况是，大部分美国媒体的报道，以及世界上其他一些地方的媒体报道，仍然来自商业化的媒体平台。

许多新闻公司都把精英人群视作战略性目标受众，该策略强化了潜在的阶层隔绝。随着网络媒体使用基于在线行为的定位方法来发现受众，这种阶层隔绝进一步得到强化。随着网络日益成熟，人们认为数字发布者会获得越来越多的利润（而不仅仅是吸引受众），这也会影响网络项目的启动和融资。人们越来越将新闻媒体看成"陌生世界"的一部分，他们在其中感到疏离，而不认为它是代表公众的社会公器。

对于媒体隔绝来说最大的例外是本地主义。人们倾向于不信任媒体。但是，当他们想象媒体时，脑子里想到的是全国媒体，尤其是有线电视新闻。例如，我们参与研究的皮尤中心的数据显示，2011年66%的美国人认为媒体经常错误地报道事实，63%的人认为媒体有偏见。当我们问公众当他们听到"媒体"一词时最先想到的是什么媒体，63%的人会提到一个有线新闻频道，尤其是美国有线电视新闻网和福克斯新闻频道。[17]

当该调查针对人们最常使用的媒体问同样的问题时，人们的感知就会发生巨大的变化。只有30%的人说媒体通常错误地报道事实，49%的人认为媒体有偏见。这个时候人们脑子里所想的是什么媒体？大多数人提到的是本地报纸或电视台。

向前看，我们有理由担心本地主义的未来。数据显示，互联网不可避免地会把我们的新闻消费从与地缘政治连在一起的本地事件中连根拔起，原因仅仅是相关技术使大量全国的和国际的信源非常容易获得。全国性数字媒体日益增多也仅仅是因为它们更容易聚集大量的受众，因此会获得更多的金融支持，吸引商业广告公司。当然，不能绝对地说这是个好现象或坏现象，但是网络会让我们关注更加碎片化的、意识形态更极化的话题，以及我们对其的共同看法更少的细分利益。我们看到的网络流量和调查数据表明，这一趋势已经出现。

解决方式肯定不是否定新闻独立的观念，转向更具有意识形态色彩的内容以使新闻更有吸引力和可信度。这一做法对于恢复社群新闻网站或报纸媒体出版机构的财务健康状况几乎毫无用处。解决问题不能从削弱地方媒体对大部分市场的吸引力下手。

相反，要创造一种服务公众兴趣、增强民主活力的新闻，就要招聘更多来自不同阶层、背景的人与隔绝、孤立做斗争。持有不同立场的人一起生产的新闻会比其中任何一个人独自生产的新闻更好。

在网络影响了许多大媒体的新闻从业者的收入以前，上述做法是那些志在生产更优质新闻的人努力的方向。"如果你打算改变新闻工作者的人员构成，就应该设立某个项目，吸收在其他领域有工作经验的人员……（并且）给他们提供机会，帮助实现阶层的多样性。"冈萨雷斯说。[18]最近，招募具有多元生活经验的人进入新闻业的观念启发了新闻教育，使其做出更具创新性的努力。这也是2006年新成立的纽约城市大学（City University of New York）新闻学院院长史蒂夫·谢泼德（Steve Shepard）的核心思想。这还是全球新闻研究学会（Fellowships in Global Journalism）的核心精神，这个想法是由多伦多大学蒙克国际事务学院（University of Toronto's Munk School of Global Affairs）的罗布·施坦纳（Rob Steiner）提出的，他之前是《华尔街日报》的记者。施坦纳的想法是吸引在其他领域经验丰富的专业人士，将他们培养为新闻工作者，以提升新闻的质量和专业性。

独立于种族、民族、宗教和性别

在20世纪的最后三十年，人们越来越意识到，新闻有必要进一步反映美国社会的多样性。像美国报业编辑协会等行业群体为报纸树立了全行业的多样性目标。各新闻机构修改了风格手册，彻底清除了带有种族主义的语言。几乎所有这些承诺都只得到了部分实现。报界未能实现该目标。我们将在个人良知的原则部分讨论，如果把多样性的意义仅仅狭隘地理解为民族、性别或其他量化指标，这个概念就仍然存在问题。这些指标是实现多样性的必要手段，但不是多样性的目标。

然而，在多样性问题中还有一个议题需要我们先搞清楚。这就是民族、性别和其他特质究竟在多大程度上可以和身份或专业性画上等号。我们是否赞同只有非洲裔美国人才能胜任报道非洲裔美国人的工作，只有亚裔美国人才能胜任报道亚裔美国人的工作，诸如此类？一个优秀的新闻工作者难道不应该能报道任何事情吗？

非洲裔商业管理人员彼得·贝尔（Peter Bell）说："关于多样性的争论，核心问题是表征问题，其前提假设是，只有同种族或同性别的人才有相似的思维方式，因为他们对种族歧视或性别歧视感同身受。但是，我认为这种观点忽略或者弱化了阶层、受教育程度、地域、家庭背景、个人心理、宗教信仰等因素对个人观念和信仰的影响。……种族和性别等可观察的特征……常被视为能够代表一类人的指标，但我要说，对于人类思想而言，这些指标过于原始、粗糙……在任何特定问题上，黑人应该持有什么立场？当然，答案是根本不存在这么一种立场。"[19]

许多新闻工作者，甚至包括属于少数群体的新闻工作者，都提出了相似的疑问。多次获奖的电视和广播通信记者约翰·霍肯伯里（John Hockenberry）是一位残障人士，他说："简单说吧……你觉得保证新闻编辑部里有一个亚裔、一个非洲裔和一个坐轮椅的人，就有资格自吹实现了多样性，这其实和根据人口统计学分布来决定报道内容没什么区别。你可以根据人口统计学指标来制定盈利目标，但是绝不可能让它决定报道内容……雇用什么人当记者并不是多样性的衡量指标，了解受众才是，你必须真诚地对所有受众感兴趣，不论他们是左派还是右派，不论他们属于哪个经济阶层。"[20]

这些批评触及了一个严肃的问题：新闻工作者的个人背景在多

大程度上会影响工作？如果仅仅基于民族或皮肤颜色来决定谁来报道某个事件，这难道不是另一种形式的种族或民族的刻板印象吗？这种做法暗示着存在一种所谓的单一的黑人视角或单一的亚洲人视角。

在严格规定新闻编辑部人员的构成比例和对新的"政治正确"的教条的恐惧之间，还有一大块富饶的地区可以开发。已经有充分的证据说明，缺乏多样性的新闻编辑部无法圆满完成其工作。这些人会错过新闻。他们的报道存在漏洞。记者克拉伦斯·佩奇（Clarence Page）回忆道："来自伊利诺伊州北部地区的一位编辑试图拒绝报道少数民族，他说在自己居住的城市里确实没有多少少数民族人口，但是我知道一个事实，他所在的城市有17%的人是拉丁裔——17%……威斯康星州农村的一位编辑告诉我，他所在地区真的没有少数民族，但其实沿着报社前的大路往北就是一个很大的印第安人保留地。"[21]

传统上对新闻的狭隘定义就是很好的证据，足以说明个人的视角会导致偏见。媒体公司意识到了这个问题，聘请了梅纳德研究所（Maynard Institute）这样的组织，通过工作坊的形式，进一步了解所有受众关注的问题，并扩大信源的范围。

如果我们承认种族等因素确实十分重要，我们又如何调和保有个人观点与保持新闻工作者的独立性之间的矛盾呢？毕竟，我们无法完全避免个人观点的影响。

我们曾暗示，生产新闻时可以做到既不完全排斥个人经验的影响，同时又不否定独立的观念。关键在于能否保持对新闻核心原则的忠诚，这种忠诚建立在对公众真诚和告知公众的基础上。就像处理意识形态问题一样，关键不在于是否保持中立，而在于是否故意为之。新闻工作者在报道和理解事件时会带入自己的文化和个人经历，但是独立于党派的要求，应该凌驾于所有这些文化和经历之上。不论在新闻工作者一词前面加上什么样的形容词——佛教徒的、非洲裔美国人的、残障的、拉丁裔的、犹太人的、中上层新教白人的（WASP），甚至自由的或保守的——它们都是描述而不是限制。他们首先是新闻工作者，同时又是佛教徒、非洲裔美国人、保守主义者——而非首先是佛教徒等，其次才是新闻工作者。当涉及相关报道时，种族、民族、宗教信仰、阶层和意识形态背景可以给他们提供更多信息，而不是支配其工作。

记者霍肯伯里对自身残疾的影响持怀疑态度，他的经历证明了我们提到的观点。霍肯伯里曾经避免报道"关于残障人士的新闻"，但是后来他逐渐领悟到他能够为这些新闻做出什么贡献。"我刚到（美国全国广播公司的新闻节目）《日线》（*Dateline*）的时候，制片人来到我面前说，我们想做个新闻，用偷拍机，是关于残障人士的工作与求职的……虽然我的本意是不想被视作残障记者，但我对他说的是，就我所遭遇的被歧视的经历来看，这样的事情是没有定论的。我遇到过用异样的眼光看我的人，或许他们做出了某种决定，但我永远无法真正弄明白……这些决定对我产生了什么影响。"

"这个青年（制片人）叫乔·李（Joe Rhee），是个韩裔美国人，他对我说：'约翰，歧视并不发生在你在场的时候，而是发生在你离开之后。这就是要偷拍的原因。'"[22]最后完成的新闻显示，在每次暗访中，招聘的公司都拒绝了有身体残障的应聘者，而雇用了另一个健全人。"我们新闻编辑部的成员通力合作、集思广益，做出了这则很有影响的新闻。"霍肯伯里说。

霍肯伯里的经历说明，新闻编辑部的目标不仅仅是创造数字上的多样性——在这个例子中，如果残障记者独立进行报道，这则新闻就可能不会完成。新闻编辑部多样性的最终目标是创造一种氛围：人人都坚信新闻独立的观念，同时又集中大家的智慧、群策群力。把不同的经验混合在一起，就能生产出比任何个人独立完成的新闻内容更丰富的新闻。最终,这些新闻又会使公众对于世界的看法变得更为多样和全面。

新闻工作者要忠于社会。其模式不是超然世外,不是愤世嫉俗,也不是事不关己,高高挂起。新闻工作者的角色以特殊的参与为基础——全身心地投入告知公众的工作,但不是作为活动家直接参与行动。这可被称为"参与的独立"(engaged independence)。

很少有人像吉尔·西伦(Gil Thelen)那样深入地思考新闻工作者在社群中的作用。他既是一位报纸编辑,又是一位教育家。西伦是公民新闻(Civic Journalism)概念的早期实验者,公民新闻提出要把新闻工作者与社群重新联系在一起。与此同时,为保护新闻工作者的独立,他也和出版人进行过斗争。因为对新闻与商业利益无法分离感到不满,他最终离开了奈特-里德集团旗下的报纸。

西伦把新闻工作者在社群中扮演的角色描述为"负责任的观察者"。西伦解释说,新闻工作者与公民的需求"互相依赖"。如果我们镇上有个需要解决的关键问题,而且本地机构已经对此进行了调查,"作为观察者,我们有责任对调查过程及其产生的影响进行长期跟踪报道"。草率地报道这个事件或因为它看似没有新闻价值而忽略它,都是不负责任的做法。西伦提出,新闻工作者应该致力于帮助解决问题,解决方法就是扮演好负责任的记者的角色。

在这个意义上,**观察者**一词的含义就不是被动的。它也意味着连接者、转译者、提供语境者和诠释者。但是,它把新闻工作者与另一些社群行动者、政治行动者和战斗者区分开来。那些从事新闻工作的人关注的是对他人的所言所行进行准确的理解和传达,而不是为了找到某个解决方案或结果而工作。这一点使新闻工作者成为更加可靠的观察者。

西伦的想法与其他一些新闻工作者的说法不谋而合,他们提出新闻媒体应该创造一种共同的语言、共同的理解方式,或者扮演黏合剂的角色,定义社群并把社群成员凝聚在一起。这也是许多新闻工作者对"参与的独立"的恰当解释。

新闻工作者应该作为观察者、转译者和连接者参与社群的观念也得到探索社交媒体潜能的写作者的回应。最有力的声音来自《西雅图时报》(*Seattle Times*)的专栏作家莫妮卡·古兹曼(Monica Guzman)。她写道:"在一个人人都可以参与新闻采集的世界,培育自我告知的社群本身就是新闻工作。为了做到这一点,我们不仅要学习这些空间中的语言,而且要聪明地融入,尊重并启发其中的声音。"[23]古兹曼说,通过运用这种方法,社群就不会意味着新闻的终结。它是新闻的目的。

在使用社群的声音创造新的连接性新闻方面,安迪·卡尔文(Andy Carvin)赢得的承认最多。当 2011 年"阿拉伯之春"拉开序幕时,卡尔文是美国全国公共广播电台(NPR)的社会媒体战略规划师。他立即开始监控开罗解放广场(Tahrir Square)和其他地方的人分享的推特信息,然后他开始核对、强调和重新发布这些信息,并联系发布信息的人帮助核实其他人发布的内容。有一些信源他之前就知道,另一些他进行了核实。卡尔文把他收集的信息以一种精心编排且透明的方式展示出来,他的推特账号@acarvin 成为一种用户不断增长的新闻服务,其真实度、可信度鲜有其匹。

卡尔文称他使用的技巧为"情境性认识"(situational awareness),即通过跟踪他搜集的实时的现场声音看到范围更大的图景。正如古兹曼所说:"卡尔文将偶然的闲聊变成了集体智慧,再将这种智慧送给最需要它的人们。所有这一切都不需要写作一篇传统的新闻报道就可以办到。"

每天都会出现新的例子,说明新闻工作者为了更好地服务社群而和社群建立联系,同时保持自身的独立性,从证明者的视角报道新闻。《卫报》对开放新闻的信念也是一个例子,该报支持社群参与新闻的采集过程。开放新闻比较接近把新闻看成有组织的信息的观念,后者将社群的经验和多样性、机器的力量,以及新闻工作者经过训练获得的技巧、窍门和不带成见的调查结合在一起。《卫报》的总编辑阿兰·拉斯布里杰(Alan Rusbridger)说,开放新闻背后有十个核心理念:

(1)它鼓励公众参与。

(2)它不是惰性的(指新闻工作者对公众的态度等),简言之它不是静态的产品。

(3)公众参与新闻生产前的过程。

(4)它推动形成兴趣社群。

(5)它向网络开放、与网络连接并与网络合作。

(6)它聚合并展示。

(7)它承认新闻工作者不是唯一的权威的声音。

(8)它向往实现并反映多样性。

(9)发表只是开始而不是结束。

(10)它欢迎挑战、修正和澄清。

开放新闻的核心理念和安迪·卡尔文的技巧代表了新闻工作者的工作方式的较大转变。它们支持了,而不是否定了新闻的基本原则。换句话说,它们反映了公众对新闻的原则的要求并未改变,改变的只是这些原则在网络时代落实的方式。

连接和观察等新观念是可信赖的新闻的品质,它们也解决了公众参与新闻生产的方法问题。但是,这种参与要求对准确性负责,并与其他形式的行动主义不同。即使政治活动家在生产新闻,但只要其环境不是新闻性的,其行为也与新闻工作有区别。在智库中、政治行动者的特殊利益团体中,或者公司环境中扮演转译者、观察者和传播者角色的人不会因为获得了资助而被免除这些义务。如果他们不愿意遵守同等标准的透明性原则,以及忠于准确性和核实精神的原则，他们的工作就会丧失可信性和权威性。在 21 世纪，新闻的独立，就像它在言论新闻中表现出来的那样，是思想的独立。在这个意义上，我们把独立性看成新闻生产的核心原则，不论新闻在哪里被生产出来。

一些新闻工作者开发了高度个性化的技术，以检验自己能否保持这种参与所要求的思想独立。《费城询问报》和《华盛顿邮报》的前首席政治记者保罗·泰勒（Paul Taylor）后来在皮尤中心创建了社会和人口统计项目（Social and Demographics Project），他在当记者时使用前后对比法来检验自己的行为。如果泰勒被分配报道需要进行大量采访和研究的新闻，他一般会在搜集信息前拟一则导语。在写作快结束的时候，泰勒会对比自己前后写下的两则导语。如果它们很相似，他就会知道自己在搜集信息的过程中没得到什么新东西，可能是自己的工作做得还不够，也可能是他只是在重复自己的先入之见。

归根结底，再严格的措施都无法防止个人的或思想的影响介入，无法保证新闻工作者始终独立于党派、政治或其他因素。最终，只有良好的判断，加上恪守首先忠于公民的原则，才能使新闻工作者独立于党派。拥有自己的观点不仅是被允许的、自然的，也是非常有价值的，任何优秀的记者在报道新闻时都应该保持天然的怀疑和不信任。但是，当新闻工作者将所持观点用于新闻报道时，他必须足够聪明和诚实才能认识到，这些观点必须基于确凿的材料而不是个人信仰。这和是否信任某个人或某个群体没有关系。新闻工作是以报道、学习、理解和教育为基础的技艺。给探索过程设置障碍，最终会导致对公众不忠。

当我们思考下一个基本原则——监督者（看门狗）角色时，独立的重要性将变得更加明显。

第6章 监督权力并为无声者发声

1964年，普利策奖把一个新设的奖项颁给了《费城公报》（*Philadelphia Bulletin*）。这是为了奖励该报揭露了费城警察参与了多起诈骗活动——一种非法的彩票游戏。该报道预示新一波调查警察腐败的潮流将在美国各城市兴起。该奖还有另一个重要的意义：它标志着印刷媒体正式承认，美国新闻业的新时代已经来临。

普利策奖的这一新奖项叫作"调查性报道"。来自全国的报社管理人员在评选这项由哥伦比亚大学资助的奖项时，去掉了一个他们认为不再需要专门褒奖的奖项——"本地报道"（"Local Reporting"）。他们开始强调新闻工作者作为政治活动家、改革者和揭露者的新角色。

通过设立这个奖项，新闻界正式承认了那些年来在新一代新闻工作者的努力之下不断出现的新的报道方式。来自波特兰的华莱士·特纳（Wallace Turner）和威廉·兰伯特（William Lambert），以及芝加哥的乔治·布利斯（George Bliss）等记者复兴了在第二次世界大战期间以及随后的若干年基本消失的追查及揭露腐败的报道传统。在战争期间，像斯克里普斯·霍华德（Scripps Howard）通讯社的特稿记者厄尼·派尔（Ernie Pyle）这类善于写故事的记者引领了报道潮流，他们的作品里坚强的英国人民、淳朴而英勇的美国士兵激起了盟军的英雄主义精神。然而，1964年以后，情况发生了变化。普利策奖引入调查性报道这个类型八年后，当《华盛顿邮报》的鲍勃·伍德沃德和卡尔·伯恩斯坦配合其他机构揭露尼克松政府的水门丑闻时，调查性报道突然名声大振，充满了吸引力，并改善了该行业的形象。

整个新闻界面目一新，尤其是华盛顿的新闻工作者。时任《纽约时报》执行总编辑的 A. M. 罗森塔尔对于《华盛顿邮报》在水门事件报道中独领风骚的状况忧心忡忡，他命令重组华盛顿分社，组建了正式的调查记者团队。只要罗森塔尔在位一天，华盛顿分社对调查性报道的重视就会像他的职位一样稳固。哥伦比亚广播公司新闻台开设了自己的调查性新闻节目《60 分钟》，该节目后来成为有史以来最成功的电视网新闻节目。地方台的电视新闻也不甘落后，不久也纷纷组建了自己的调查新闻队伍或"调查小组"（I-Teams）。

一些守旧者开始抱怨。他们不满地说，调查性报道只是一个廉价的概念，并不代表优秀的新闻报道。其实，所有报道最终都是调查。那种认为调查性报道的质量一定高于其他报道方式的看法确实过于简单，然而它在某种意义上讲也有一定道理。普利策奖评选委员会在 1964 年正式认可的这种报道方式其实是有着两百多年历史的传统报道方式。

调查性报道的根牢牢地扎在最早的定期出版物中，起源于出版自由理念和《第一修正案》最初的理念，也起源于新闻职业发展历程中新闻工作者的动机。这些根基十分深厚，它们构成了一个基本原则：

新闻工作者必须成为独立的权力监督者。

这个原则的意思经常被误解为"让好受的人难受"，甚至一些新闻工作者也会犯这个错误。不仅如此，因为当代新闻界过度使用

监督原则,同时使用伪监督原则迎合受众而不是服务公众,监督原则本身正面临威胁。可能更为严重的是,监督者角色正在受到新的公司集团化的威胁。同时,新闻机构还在艰难地寻找新的盈利模式,因为它们发现数字广告的收入不足。

17世纪早期,印刷期刊最先在欧洲出现时,把自己的角色定位为调查者。英国内战期间,英格兰的新闻自由还是微弱的火光,当时的期刊就承诺,会调查正在发生的一切,并告诉读者。1643年开始出版的《议会探报》(*Parliament Scout*)"意味着新闻业的某种创新——必须努力寻找和发现新闻"[1]。翌年出版的一份名为《密探》(*The Spie*)的出版物向读者许诺,它计划"揭露王国大游戏中的常见弊案,为此将进行卧底调查"。

这些早期的调查性工作成为新闻媒体获得宪法赋予的自由权利的原因之一。《议会探报》和《密探》这样的期刊首次使政府事务变得更为透明。它们显示了后来被称为第四等级的媒体人的抱负,它们公开宣传政府的事务必须向所有人公开,而不是只通知少数特权阶层。在这类期刊出现以前,了解政府内部运作的人限于少数精英,他们要么与政府有商业往来,要么直接涉足政府的管理。普通公众关于统治者的信息大部分来自非正式的街谈巷议或政府的官方讯息。和只提供统治者愿意发布的内容的公告和街头公告员不同,这些突然出现的新期刊旨在告诉人们政府实际上做了些什么。虽然就像在世界上其他地方经常发生的一样,政府常常取缔这些早期印刷商的活动,但是这些印刷商还是认为新闻和其他针对公众的传播形式存在差别,并把调查性报道作为区别这两种传播形式的标准之一。用詹姆斯·麦迪逊的话来说,正是监督者的角色使得新闻成为"自由的堡垒",就像曾格案对英国诽谤法的挑战所显示的那样,真实成为新闻媒体最后的防线。

这些早期的工作常常遇到各种障碍。英国政府禁止在议会辩论期间做笔记。记者必须用脑子记下所听到的，然后立即跑出去回忆或转述这些事件以赶上报纸的印刷。这些早期的新闻工作者被蔑称为"新闻贩子"（newsmongers），研究早期议会媒体的历史学家经常认为这类媒体并不诚实且以权谋私。尽管做法还比较原始和粗糙，但他们所表现出的这种追求信息透明的本能和所扮演的监督者的角色，已经被证明是不朽的，并最终取得了胜利。[2]

在后来的岁月里，随着受到保护的媒体和政府机构之间的冲突不断增加，最高法院屡次借助监督者角色的理念，重申媒体在美国社会的核心作用。从尼尔诉明尼苏达案（Near vs. Minnesota）开始，美国最高法院禁止政府妨碍任何出版活动，除非其内容"对美国国家安全造成了严重并且即刻的威胁"。最高法院通过了一系列判决，在法律空间为新闻媒体保留了一个安全地带，使它受到保护，可以毫不畏惧地满足公众对涉及公共福祉的重要信息的知情权。[3]在美国独立战争爆发差不多200年后，最高法院大法官雨果·布莱克（Hugo Black）继续强调新闻媒体的监督责任，他写道："媒体只有受到保护，才能揭露政府的秘密，让人民知情。只有自由而不受限制的新闻媒体才能有效地揭露政府的欺瞒行为。"[4] 20世纪60年代和70年代，在各州和联邦立法机构的支持下，《信息自由法案》，也就是所谓的"阳光普照法"，为公众提供了接触很多政府文件和活动的机会，新闻媒体也能更方便地获得政府信息。从21世纪开始——尤其是乔治·W. 布什执政期间，并且在巴拉克·奥巴马执政期间得到强化——政府史无前例地采用各种措施，阻止公众接触政府信息，甚至因新闻媒体发布这类信息而对其治罪。不确定的是司法系统将会对此做何反应。

监督原则不仅意味着监督政府，它的范围延伸到社会的所有权力机构。这个原则最初产生时就是如此。就像《密探》为了"揭露王国大游戏中的常见弊案"而进行的"卧底调查"一样，19世纪的新闻记者亨利·梅休（Henry Mayhew）走出报社，记录了那些生活在同一王国中的籍籍无名者的困苦。梅休漫步在维多利亚时代的伦敦街头，在伦敦的《纪事晨报》（*Morning Chronicle*）上讲述普通人的生活。[5]读者在他的报道中可以感受到卖菜姑娘和扫烟囱者的面容、声音和愿望。他把这些人物人性中光辉的一面呈现给那些平日对他们熟视无睹的大众。

这些早期的新闻工作者既寻找不为人注意的声音，也搜索尚未被揭露的弊案，他们把考察社会中被忽视的角落视为自己的责任，并坚定地将该责任视为新闻的核心原则。他们记录的世界在信息匮乏的社会中吸引了大多数人的关注，并立即引来了民众热情的支持。

在20世纪末，接近九成的新闻工作者相信新闻媒体"使政治领导人不敢为所欲为"，新闻工作者在回答是什么把自己的职业和其他类型的传播区别开时，把监督者的角色排在了第二位，仅次于告知大众。[6]

即使是在数字革命阶段，新闻机构仍然认为监督的责任尽管代价昂贵，却不能抛弃。2010年皮尤中心对新闻机构高管的一项调查发现，绝大多数人对接受利益团体或政府的资金持严肃的保留态度。[7]斯坦福大学的詹姆斯·汉密尔顿（James Hamilton）是专门研究媒体的经济学家〔他之前在杜克大学（Duke University）任教〕，他对《罗利新闻与观察》（*Raleigh News and Observer*）的调查报道成本进行过分析。他发现系列调查报道的成本是20万美元。然而，以《罗利新闻与观察》揭露北卡罗来纳州缓刑制度问题的系列调查报道为例，这种系列调查报道的无形收益是巨大的，它不仅推动了缓刑制度的改善，而且拯救了生命。[8]即使是持怀疑态度的公众也会同意这一结论。2011年皮尤中心的调查发现，大多数人（58%）支持媒体的监督角色，而且这种支持意见在民主党人、共和党人和无党派人士中的分布几乎是平均的。[9]

新闻工作者对监督原则深信不疑，然而这个原则也经常被误解。在世纪之交，芝加哥的新闻记者和幽默作家芬利·彼得·邓恩（Finley Peter Dunne）把监督的意思翻译成"让难受的人好受，让好受的人难受"（comfort the afflicted and afflict the comfortable）。[10] 虽然邓恩是半开玩笑，但这句话深得人心。2000年，《圣保罗先锋报》因揭露明尼苏达大学（University of Minnesota）篮球队的作弊丑闻而获普利策奖时，该报的体育编辑在演讲中提到，他的老板喜欢重复这句话。[11]

遗憾的是，认为新闻媒体存在的意义就是"让难受的人好受，让好受的人难受"这种观念曲解了监督的真正含义，赋予了它自由主义或进步主义的色彩。监督的含义要比字面意义上的**难受**或**好受**深刻且微妙得多。正如历史告诉我们的那样，对这个概念更合适的解释是代表大多数人监视少数掌握权力的人，以防止暴政的出现。

监督的目标已经超出了使权力的管理和行使过程保持公开透明，而拓展至使权力的行使结果被知晓和理解。这就暗示新闻媒体不仅应该关注权力机构的无效工作，同时还要关注它们的有效工作。如果新闻媒体不能像说明权力的失败运作一样说明权力的有效运作，又何谈监督权力？无休止的批评会失去意义，公众也会失去判断善恶的标准。

就像巴赫赋格曲的主题一样，调查性报道在新闻史上也时显时隐，但是从未消失。它定义了美国历史上一些最具纪念意义和最重要的时代：

（1）殖民地时期的报纸把目标确立为成为人民的论坛，报纸嘲弄遥远的政府，因为后者干涉了美洲的发展。詹姆斯·富兰克林（James Franklin）创办的《新英格兰报》（*New England Courant*）把自己定位为同时监督政府机构和宗教机构的"看门狗",同时殖民地也有自己的《密探》——以赛亚·托马斯（Isaiah Thomas）创办的《马萨诸塞密探》（*Massachusetts Spy*）专门揭露那些与敌人进行非法交易的人。

（2）革命报刊最终被建国报刊取代，新政府的组成和特点成为报道的主要对象。联邦主义者和反联邦主义者各自创办了报纸，告知和鼓励公众就新生国家的建国基本原则展开辩论。这时党派报刊最重要的角色之一就是监督对立党派，有时相关调查和揭露过程十分恶毒，以至于政府一度企图通过立法手段禁止这种行为，但收效甚微。[12]

（3）20世纪初，被冠以"扒粪者"（或"揭黑者"，muckrakers）绰号的新一代新闻工作者针对地方政府、州政府和联邦政府的改革，发出了自己的声音。他们对权力腐败进行了细致的调查和揭露，内容从对童工的虐待、城市政治机构一直到铁路和石油托拉斯，这些报道导致美国政界出现了进步主义运动。

（4）已经萌芽的非营利性新闻开始在公共诚信中心（Center for Public Integrity）及其下属的国际调查记者同盟（International Consortium of Investigative Journalists）这样的组织里开花，最成功的一个组织致力于调查性报道，每年有1000万美元的预算。由《华尔街日报》总编辑团队中的保罗·斯泰格尔（Paul Steiger）和理查德·托费尔（Richard Tofel）发起成立的网站ProPublica认识到一个有力的现实：虽然利用这些资源报道一个大城市的所有事务有一定困难，但是报道经验的积累可以提高全国同类新闻机构的调查能力，并且向那些有权者释放信号，提醒他们虽然新闻界自身的规模在缩小，但是作为一支调查力量，它仍然坚守在那里。

随着调查性报道的成熟，逐渐出现几种不同形式的调查性报道：传统的调查性报道（original investigative reporting）、解释性调查性报道（interpretative investigative reporting）以及对于调查的报道（reporting on investigations）。每一种都值得深入讨论。

传统的调查性报道

传统的调查性报道是指记者自己发现并以材料证明那些之前不为公众所知的活动。这种调查性报道经常导致官方对报道揭露的对象或活动进行公开调查，这是新闻媒体代表公众推动公共机构变革的经典事例。这种报道使用的技术和警察办案时使用的手段相似，比如最基础的走访、查阅公共记录、求助于线人，甚至在一些特殊情况下还会安插卧底和暗中监视。

林肯·斯蒂芬斯（Lincoln Steffens）或雷切尔·卡森（Rachel Carson）的作品都属于传统的调查性报道。前者的《城市之耻》（*Shame of the Cities*）系列报道在1904年发表后，导致地方政府进行了全面改革；后者则在1962年出版的《寂静的春天》（*Silent Spring*）中揭露了杀虫剂导致的后果，并引发了世界范围内的环境保护运动。

马库斯·斯特恩（Marcus Stern）和杰瑞·卡默（Jerry Kammer）的报道也可以归入这一类，他们于2005年和2006年为《圣迭戈联合论坛报》（*San Diego Union-Tribune*）所写的调查不仅获得了普利策奖，还导致议员"公爵"兰迪·坎宁安（Randy "Duke" Cunningham）引咎辞职，最终因腐败指控被定罪。[13]采用被他称为"生活方式审计"的独特系统，斯特恩开始对某些议员的旅行和生活方式之间的关系产生怀疑。通过深入调查国防工程承包商的竞选捐款情况，斯特恩发现了其他可疑的财务交易来往。他找卡默协助调查，两人顺藤摸瓜，最终揭开了圣迭戈市检察官办公室所谓的美国国会有史以来"最胆大包天的贿赂阴谋"。

在现代的传统调查性报道中，计算机分析经常取代记者的个人观察。以 2010 年《拉斯维加斯太阳报》（*Las Vegas Sun*）推出的系列报道"不要伤害"（"Do No Harm"）为例，它通过使用计算机辅助技术分析了上百万家医院的账单记录，发现了几千例可以避免的伤害和错误。这种分析经验证据的做法在多年前根本不可能实现。受到该系列报道的影响，内华达州立法机构通过了六个关于医疗改革和账单透明化的法案。

解释性调查性报道

第二种调查报道是解释性调查性报道，这种报道一般不仅要使用与传统调查性报道相同的技巧，还要做进一步的解释。这两种报道方式最本质的区别是：传统的调查性报道是发现之前没有被人发现的信息，目的是向公众说明可能影响他们生活的事件或环境；解释性调查性报道不仅要寻找事实，把信息加以整合，并在新的、更全面的语境中进行解读，加深公众的理解，同时还要针对某一观念仔细地思考和分析。和经典的揭露性报道相比，它通常涉及更复杂的问题或一系列事实。它不仅提供新信息，同时提供新视角。

1971 年《纽约时报》发表的五角大楼文件就是一个比较早的例子。这些文件的内容是美国政府关于美国卷入越南战争的后果的一项秘密研究。记者尼尔·希恩历尽千辛万苦获得了一份复本。接下来，一些精通外交政策和越南战争问题的《纽约时报》记者和编辑将文件内容解释和组织成一个令人震惊的文本，证明政府欺骗了公众。如果没有综合和解释过程，对大部分公众而言，五角大楼文件几乎没有任何意义。

《纽约时报》在 2005 年发表的关于社会阶层问题的系列报道

（包括十个部分）是更近一些的例子。一组记者使用现成的人口统计学数据和社会经济数据，揭示了"阶层（被定义为收入、受教育程度、财富和职业的综合体）对个人命运的影响，这与过去我们形成的社会充满无限机会的印象完全相反"[14]。

一些新闻工作者进一步提升了解释性调查性报道的高度。今天，在航班上和许多公共场所都安装有心脏除颤器，原因之一是记者约翰·克鲁森在为《芝加哥论坛报》工作期间以有说服力的方式证明它们可以拯救生命——当时美国的航空公司拒绝接受这个观念，因为它们害怕承担把该设备放进飞机的责任。先在《费城询问报》工作、后转入《时代》杂志工作的唐纳德·巴特利特（Donald Barlett）和詹姆斯·斯蒂尔（James Steele）在他们的研究项目"美国：哪里出了问题？"（"America：What Went Wrong"）和"美国：谁偷走了你的梦想？"（"America：Who Stole the Dream？"）中大胆地探索了美国复杂的社会和经济状况的根源。这两个由若干部分构成的系列报道都深入地探讨了美国经济—政治系统如何辜负了低收入公民。这两个报道都是数年的调查、繁复的经济数据分析和上百个访谈的结晶。它们的前提都是这个国家抛弃了穷人。

这些作品具有很强的解释性，因此一些新闻工作者谴责它们是辩论文章而不是新闻——暗示作者抛弃了独立观察者的角色，成了活动家。《新闻周刊》的鲍勃·萨缪尔森（Bob Samuelson）把"美国：谁偷走了你的梦想？"称为"垃圾新闻"，因为它"没有对经济政策的长处与不足做出全面而平衡的描述"[15]。

如果把平衡定义为给意见双方同等篇幅的话，批评家是对的，这些作品确实没有做到平衡。巴特利特和斯蒂尔试图揭示经济发展趋势中被其他人忽视和没有被记录之处，以前的记者只记录了美国经济对富裕阶层的影响，这些居于财富阶梯顶端的人是经济繁荣时期的活跃者。即使是对这一工作持赞赏态度的人也认为，第一个系列报道"美国:哪里出了问题?"比第二个系列报道的证据更为充分。对于大众来说,第一个系列报道让他们看到了前所未见的内幕,证据之一就是人们在报社的大厅排队等候加印,在报道发表后一周内报社就接到了九万多个电话。时任《费城询问报》执行总编辑的阿琳·摩根(Arlene Morgan)说:"我们从来没有见过这种场面。"人们对第二个系列报道的批评意见更多,《费城询问报》的总编辑麦克斯韦尔·金把社论版变成了各方观点交锋的公共论坛。虽然第一个系列报道在文献证据的质量上比第二个系列报道表现更好,但是两个系列报道都成功地激起了公众对重大主题的讨论。

回过头来,这些系列报道和对它们的批评提出了关于21世纪新闻业发展的有趣而重要的问题。这些批评指出,进行这个层次的解释性调查性报道的人要为不同的观点提供出口,这一点非常重要。[16]当这些观点出现在主报的评论版的开头,这会被视为打破规范的一次革新,这个革新会提升公众的参与度。今天,网络使得这种层次的公众反应和批评变得更容易做出、更丰富、更典型,甚至在意料之中。更大的问题是哪个新闻机构(如果有的话)有这样的资源或者愿意让两名最优秀的记者用几年的时间来做单个主题的系列报道。回答很可能是没有。巴特利特和斯蒂尔所做的工作在当时也属罕见,但是许多顶尖的新闻机构(《纽约时报》《洛杉矶时报》和哥伦比亚广播公司新闻频道是三个例子)在其影响力达到顶峰的时代会任由其记者花很长时间做一些现在看来令人吃惊的调查报道,只是因为这些新闻十分重要。它们的预期(这是个假设)是这样的:作品会强化新闻机构在公众心目中的"品牌"效应。这种观念今天基本上已经消失了,这是受众的碎片化和新闻供应源的民主化带来的明显损失。

与此同时,很多人仍然在生产美利坚大学(American University)学者马修·奈斯比特(Matthew Nisbet)所说的"知识新闻"

(Knowledge Journalism),这种新闻的深度、专业性和解释力会重塑公众围绕问题展开的争论,就像巴特利特和斯蒂尔或克鲁森之前所做的那样。像《纽约时报》的比尔·麦吉本(Bill McKibben)、安德鲁·列夫金(Andrew Revkin)、马尔科姆·格拉德韦尔(Malcolm Gladwell)和简·梅尔(Jane Mayer)这样的作者把深度报道和重要的专业知识结合在一起,写出了改变公众知识结构的作品。奈斯比特提出,这些知识新闻工作者之所以脱颖而出,不仅因为报道的深度和解释的层次,而且因为这种解释的性质。"知识新闻遵循独特的'专家逻辑',用演绎法分析问题,使用'政治逻辑'批判现状,并且经常追求支持某个政策方案。此外,写作者经常与同行的'媒体逻辑'保持一定的距离,批评新闻工作者把问题用冲突、戏剧和个性加以定义的倾向,错误地搞观点平衡的倾向,或者仅基于少数选择来报道政策选项的倾向。"[17]

这些作品会以纸质书、电子书、杂志作品、在线项目和其他的形式呈现。一般来说,这种作品带有很强的个人色彩。这项工作需要作者有极大的热情以及专业素养和毅力,同时在使用时间和资源完成工作上极富创造性,涉及申请资金、教职或其他工作。麦吉本的作品主要关注环境问题,他在明德学院(Middlebury College)任教,并居住在一个生活成本较低的地方。(麦吉本还参与游说活动,运营一个被称为 350.org 的组织,试图阻止 Keystone 输油管道①的运营,这些行为挑战了负责任的观察者角色的边界。)列夫金在《纽约时报》工作了 15 年后,于 2009 年离开了该报,成为佩斯大学(Pace University)高级研究员并为《纽约时报》言论版撰写博客"点地球"(Dot Earth)。格拉德韦尔罕见地获得为《纽约客》工作的特权。

---

① Keystone 是穿过加拿大和美国至墨西哥湾的石油管道系统。由于该管道被诉污染土地和水资源、加剧气候危机,并阻碍向更清洁能源燃料的过渡,多年来一直遭到环保组织和原住民社区的强烈抵制。

尚难确定的是，建立在社群基础上的新闻机构是否能经常得到，或者是否能够得到必要的资金支持和赞助像五角大楼文件或"美国：哪里出了问题"这样的报道，就像《纽约时报》《华盛顿邮报》和《费城询问报》之前所做的那样。在21世纪成长起来的少数新型新闻机构，如彭博新闻社（Bloomberg News）（对它来说，新闻是锦上添花，对其真正的收益来源、商业领域的金融和政府数据而言影响不大）是否愿意参与这种有深度但投入巨大的新闻报道？还是说监督新闻会逐渐成为对慈善资金越来越依赖的媒体类型，就像ProPublica和气候内幕新闻（InsideClimate News）一样？问题的答案还不清楚，但是目前的趋势显示非营利机构更有可能涉足这一领域。

对调查的报道

第三种调查性报道是对调查的报道。近些年它有所发展，变得越来越常见。它对官方正在进行中的调查所发现的信息或泄露的信息进行报道，有时也对其他机构（通常是政府的代理机构）准备开展的调查进行报道。这种报道是华盛顿新闻工作者的家常便饭，因为在那里政府经常通过媒体向政府工作人员传递信息。当然，对调查的报道不仅出现在华盛顿，只要存在政府调查的地方就存在对调查的报道。在这类工作中政府调查人员积极配合媒体的原因有很多：为了影响预算资金的分配，为了影响潜在的目击者，或者影响公众意见。

大部分关于总统克林顿和莱温斯基的婚外情的报道实际上就是对独立检察官肯尼斯·斯塔尔（Kenneth Starr）办公室所进行的调查的报道，白宫工作人员和那些为在大陪审团面前作证者辩护的律师也会泄露一些相反的信息，推波助澜。关于保安理查德·朱厄尔

1996年在亚特兰大奥运会会场放置炸弹的报道也非常相似，也是基于警察部门和联邦调查局中的匿名信源的泄密，但相关信息后来被证实是错误的。相比之下，关于水门事件的大部分报道，尤其是早期起关键作用的几个月中的报道则是传统的调查性报道，记者不是从调查者那里获得推论，而是直接和知道事情原委的主要信源交谈。

对调查的报道自20世纪70年代开始迅速发展。部分原因是政府调查数量的增加，尤其是国会内部对敌对党派的错误行为展开调查已经成为常态，如果国会的一个议院被不同的党派控制，而不是白宫，调查就尤其多。还有部分原因是水门事件之后，联邦和各州政府通过了新的伦理法案，成立了特别部门监督政府行为。此外，还有一个原因，即很长一段时间以来，新闻工作者都依赖匿名信源，以至于新闻工作者内部和持怀疑态度的公众都对这种做法不太信任。对一些新闻机构来说，依赖政府官员进行调查似乎比培养非官方匿名信源更安全。

美国国家安全局是美国政府搜集电子情报的主要部门。在一篇关于该机构的报道中，《纽约客》记者西摩·赫什（Seymour Hersh）引用了匿名情报官员的话，指责其工作质量越来越差，无法应付老练的恐怖组织和流氓国家制造的威胁。太阳微系统（Sun Microsystems）的密码专家怀特菲尔德·迪菲（Whitfield Diffie）立即发现了赫什所使用的匿名信源的漏洞："令我担心的是，你所说的内容正是该机构想让我们相信的内容——他们过去很强大，但是现在他们无法全面解读报纸内容，互联网对他们来说也太复杂了，信息流量太大，他们无法找到自己想要的东西。这或许有一定道理，但这也是他们多年来一直在'说'的话。美国国家安全局想让目标受众知道自己有麻烦，这对他们自己有好处。虽然这并不意味着他们就没有麻烦，但是我们有理由用怀疑的眼光审视这些紧张不安的内部告密者所说的一切。"[18]

正如迪菲指出的那样，这种报道的风险在于，它的价值在很大程度上取决于记者的严谨程度和怀疑精神。记者给了采访对象一个强大的讲坛，后者可以公开某个指控或提出某种建议而不必承担公共责任。这并不意味着对于调查的报道本身有问题，而是说其中经常充满无法预测的风险。从事这类报道的记者通常只能探听到调查的部分内容，而无法掌握其全部信息。

当《纽约时报》公布了从一份秘密的国会报告中发现的核间谍案时，得到了沉痛的教训。该报选取了报告中警告性的文字，其中说中国在核技术方面正在追上美国，因为中国从一位华裔美国科学家那里得到了制造核弹头的数据。①《纽约时报》在这篇报道中并没有提李文和的名字，但是援引权威部门的判断，把这个事件称为近年来最大的丑闻。这则新闻导致调查人员匆忙对李文和提出指控，并判决他在监狱服刑一年。在对他的 59 项指控中，他只对其中一项认罪：非法收集和保留涉及国家安全的信息。后来，宣判李文和入狱的法官发表了严肃、诚恳的道歉。《纽约时报》也在报纸上发表了篇幅很长的更正信息，对于自己想当然地接受了报告中的很多内容，同时没有说明对李文和有利的怀疑表示歉意。[19]

新闻工作者被调查性报道中的信源操纵的可能性很大。新闻媒

---

① 李文和（1939— ），出生于中国台湾的华裔美国科学家，1974 年加入美国国籍，在美国加利福尼亚大学的洛斯阿拉莫斯（Los Alamos）国家实验室工作。1999 年 12 月，美国联邦大陪审团指控李文和窃取关于美国核武器的机密情报卖给中华人民共和国。但是，后来联邦调查员无法证明这些指控。在调查员收回最初的指控之后，政府进行了一轮新的独立调查，最终只能以不正当处理内部资料的罪名控告李文和。2000 年，李与美国联邦政府达成诉讼协议：他对一项罪名认罪，政府收回其他 58 项指控并将其释放。李文和随后对美国联邦政府和五家媒体（《华盛顿邮报》《洛杉矶时报》《纽约时报》、美国广播公司和美联社）提出民事诉讼，指控它们在案件审判期间向公众泄露其姓名。2006 年 6 月，美国联邦政府和五家媒体与李文和达成庭外和解，宣布它们会一起向李文和支付 160 万美元的赔偿金。联邦大法官詹姆斯·A. 帕克（James A. Parker）就政府的不当行为向李文和道歉。

体不但很难成为权力机构的监督者，反而很容易沦为它们的工具。对调查的报道需要投入大量辛苦的工作。具有讽刺意味的是，新闻媒体经常并不这么认为——它们反而认为自己可以更无拘无束地报道质疑和指控，因为它们只是在引用官方信源而不是自己在进行调查。

哈佛大学约翰·F. 肯尼迪政治学院（John F. Kennedy School of Government）的本杰明·C. 布拉德利教授①汤姆·帕特森（Tom Patterson）通过文献研究发现，评价标准的变化导致这类新型调查性报道的兴起。他告诉我们："我们在研究中发现，到20世纪70年代晚期，谨慎的、深入的调查性报道正在被另一种断言式报道取代，这种报道只呈现新闻的表面，主要是信源的意见，记者没有尽到充分挖掘事实的本分。这个趋势在80年代有所加剧，到了90年代更加严重，两种不同的报道势均力敌的状况发生了变化。不提及姓名或使用匿名信源的报道占多数。"[20]

进行调查性报道的记者兼作家吉姆·赖森（Jim Risen）认为，大多数调查性报道都会同时使用这三种形式。比如，伍德沃德和伯恩斯坦在调查时，会定期与政府调查官员核对调查结果。当然，记者的报道是基于自己的调查的原创性报道，还是解释性报道，或者是对其他人的调查的报道，这三者之间存在差异，并且对其进行区别十分重要，对从事新闻工作的人来说尤其如此。每种报道类型都有独特的责任和风险。可是，新闻工作者常常没有充分注意或仔细分析这些差异。

监督者角色遭到削弱

过去的两个多世纪以来，监督者的角色经历了起伏，目前它正

---

① 西方大学有以本行业知名人士或赞助者姓名命名教授职位的传统。本杰明·C. 布拉德利（Benjamin C. Bradlee）曾任《华盛顿邮报》总编辑。

处在被逐渐稀释和削弱的时刻。伍德沃德和伯恩斯坦一举成名后，接下来是《60分钟》大获成功，该节目的记者迈克·华莱士、莫利·塞弗（Morley Safer）、哈里·里森纳（Harry Reasoner）和埃德·布拉德利（Ed Bradley）成为明星，下一代记者也延续了这种成功。人们打开电视是为了看迈克、莫利、哈里和埃德这周又会抓住谁。调查性记者，尤其是电视节目的调查性记者，既是公共利益的实现者，又是商业收视率的保证。在后来近三十年的时间里，伴随着调查性报道的蓬勃发展，新闻和信息机构也在激增。美国大多数地方新闻台纷纷设立"调查小组"，开办每晚都在黄金时段进行揭露报道的电视新闻杂志节目，以及专门用于曝光乱象的固定的新闻栏目。

这些报道多数打着监督报道的旗号，但是它们经常聚焦于人身安全或消费者的钱包，而不是公民的自由。这些地方电视台的调查团队这些年报道的热门话题有：不诚实的汽车修理工、不称职的游泳池救生员、性奴隶交易团伙、房屋保洁骗局，以及危险的未成年司机。

例如，一项对电视网处于鼎盛时期的20世纪90年代末的黄金时段新闻杂志节目的研究发现，调查性报道忽略了大多数与媒体监督角色有关的典型问题。在这些节目中，只有不到十分之一的报道关注了教育、经济、外交、军事、国家安全、政治、社会福利等涉及公共财政支出的领域。相反，超过半数的报道话题集中于生活方式、行为、消费、健康或名人娱乐等领域。[21]当时担任美国广播公司《20/20》节目执行制片人的维克托·诺伊费尔德（Victor Neufeld）对我们说："我们的职责不是传播新闻。我们的职责是制作好看的节目。"[22]

安全问题常常是批判性监督报道集中关注的重要目标。但是，过多的新型"调查性"报道带着小报记者的视角在日常琐事上小题大做。地方电视新闻经常出动调查小组，报道像"危险之门"这样的话题——内容是开门和关门的危险，或者"洗衣机内幕"——内容是消费者放进洗衣机的衣服有多脏和有多少细菌会沾到衣物上。让我们想象一下，洛杉矶电视台曾专门租了一栋房子，在里面到处布下偷拍机，花了两个月时间拍摄，只为了说明一个问题：花7.95美元不可能真正把家里的所有地毯清洗干净。还有一个在20世纪90年代中期非常受欢迎的系列报道，内容是有一种文胸里的金属丝可能会戳到使用者。

虽然这些报道经常把自己包装得像传统的调查性报道那样，但事实上它们中的大多数并不是。这类报道就像电视新闻记者莉斯·利米（Liz Leamy）所说的那样，只是"兑了水"的调查性报道。这些报道都是由电视新闻顾问策划的，他们为电视台提供脚本、镜头、待采访的专家，甚至是制作好的采访素材。这些节目专门在特殊时期播放，以提高扫除时期（sweeps periods）[①] 电视台的收视率。一些电视新闻节目的制片人把这种揭露性报道称为"特技表演"（stunting），意思是它们只是用一些花招满足观众对调查工作的好奇心理，而不是做报道真正需要的实地调查工作。此外，这些节目揭露的都是人们已经了解的常识，贬低了调查性新闻的价值。新闻媒体成了大喊"狼来了"的小男孩。它们浪费和失去了自己引起公众注意的号召能力，因为它们报道了太多无关紧要的琐事。这些举动把监督变成了一种娱乐。

这一变化的重要性不容低估。电视是传播新闻的主要媒介，电视台黄金时段的新闻杂志节目和调查小组已经成功地取代了纪录片或其他长篇调查性报道。结果是，一些新闻工作者开始质疑调查性新闻的这种扩展形式。科罗拉多州丹佛市（Denver）的另类新闻媒

[①] 这里指这些新闻节目经常像电视剧一样出现在固定的月份，通常是2月、5月、7月和11月。

体《韦斯特沃德》的总编辑帕蒂·卡尔霍恩很担心公众无法区分流言和事实的后果。她评论道:"电台脱口秀节目……随便传播流言,并且直到现在还认为自己在做新型的调查性报道。不幸的是,听众和电台的主持人一样,不知道其实这根本不是调查性报道。"[23]

公众对监督角色的感知比较复杂。数年以来,安德鲁·科胡特(Andrew Kohut)为皮尤中心所做的调查发现,公众对媒体监督角色的支持保持稳定,然而媒体的总体受欢迎程度有所下降。但是,这种支持也并非全无保留。到了1997年,科胡特发现公众反对使用某些报道技巧,比如记者隐藏自己的身份、向告密者买信息、使用偷拍相机或隐形话筒等。[24]过去二十年以来,公众同样更加质疑媒体对军方的批评,认为相关报道会削弱国防力量的公众由1985年的28%上升到2005年的47%。但是,随着政府在伊拉克战争问题上的做法不断受到质疑,支持监督新闻报道政治领导人的公众开始增加。2005年,60%的美国人认为新闻机构阻止了政治领导人做出格的事,比2003年的54%有所增长。[25]简言之,尽管公众对从事新闻工作的人如何完成其报道有非常强烈的怀疑,并且还会质疑新闻报道行为的几乎各个方面,但是他们对新闻监督角色的支持率仍然出奇地高,前提是新闻工作者的工作真的合格。

作为诉讼行为的调查性报道

虽然所有报道都涉及调查,但是调查性报道加入了道德的维度。它吸引公众对被揭露的信息做出判断,同时暗示新闻机构认为这件事十分重要——值得专门花力气来报道。从这个意义上讲,调查性报道除了曝光某件事,还是在提起诉讼,根据观察提出有些事情出了问题。因此,新闻工作者必须小心谨慎,要有足够的证据才能采取行动,因为不少题材既可以写成揭露性调查(exposé),也可以写成普通的新闻报道（news story）。在揭露不良行为时报道得草率、不够严谨，且没有证据支持，这是在滥用职权。在现在这个时代这一点尤其重要，目前，从智库、非营利组织到中立网站中的不同行动者都进入了调查性报道这一领域，而他们并不遵循新闻工作者使用的核实与透明性标准。

调查性报道欲进行检举，需要掌握能满足更高标准的证据，通过考察没有达到这一标准的新闻报道可以更好地看清这一点。克林顿的母亲（她是护士）曾卷入一桩导致死亡的医疗事故案，但是州政府的法医没有对她进行彻底调查，这招致人们的质疑。《洛杉矶时报》把这则新闻写成了揭露性报道。该新闻暗示克林顿作为阿肯色州州长，"几年来一直拒绝解聘该州的法医，此人遭人议论的行为包括帮助过克林顿的母亲……逃避关于病人死亡的调查"。但是，该报道的问题是内容存在自相矛盾之处，并且过于专业。比如，克林顿在竞选连任州长时落选，因此这桩涉及他母亲的事故发生时，克林顿并不在任上。许多《洛杉矶时报》的记者，包括参与报道的记者，认为这篇作品如果不是写成揭露性报道，而是简单地写成一篇与克林顿的历史有关的离奇故事的特稿，就可以避免所有争议。《洛杉矶时报》没有认识到揭露性报道的效果相当于起诉书，它提到的信息一定不能模棱两可；如果不能达到这一标准，就应该用其他形式报道。

这一事件让我们注意到调查性报道模式带来的重要问题，即新闻媒体在报道时采取了一种默认的立场——有坏事正在发生。这也正是调查性报道被称为鼓动性报道（advocacy reporting）或记者莱斯·惠滕（Les Whitten）所说的"带着愤怒感的报道"的原因，以及调查性记者和编辑（Investigative Reporters and Editors）这一职业协会的首字母恰好拼出了 ire（愤怒）这个词的原因。

鲍勃·伍德沃德说，为了履行监督的责任，关键是保持开放的心态。"开始报道某条新闻时,你本想调查本市卫生部门如何管理防疫工作,但是……你发现实际上应该报道的是本市所有管理工作中存在的问题……要尽可能从不同的角度看问题。"为了做到这一点,"我要做的事情之一是做出工作计划表,尽量与每个人交谈并多次采访他们"。

普利策奖得主洛蕾塔·托凡尼(Loretta Tofani)主要通过与可能提供信息的信源面对面交谈,并在他们身上投入大量时间来获得好新闻。她在《华盛顿邮报》工作时,曾写过一篇关于马里兰州一所监狱存在强奸行为的报道,被揭露的罪行就发生在执法人员的眼皮底下——警察和法官都知道存在这种犯罪行为。为了调查该现象,她有好几个月晚上下班后坚持上门走访,为的是说服最不愿接受采访的目击者开口。基于这种努力,她写出了一系列报道,揭露了马里兰州乔治王子拘留中心(Prince George's Detention Center)普遍存在的强奸行为。最终,托凡尼写出了编辑认为不可能完成的报道:一份由引语、人名组成的犯罪记录,采访对象包括犯罪者、受害者以及对此负有责任并且应该阻止这些罪行发生的官员。

正如托凡尼所说,当这些文章发表时,所有需要呈交的文件都"盛在银盘中端给政府……盘子里面什么都有,包括医疗记录、受害者的姓名、强奸犯的姓名"[26]。这些信息的公开迫使政府对允许强奸发生的制度进行改革。最终,政府判决了所有强奸犯。

调查性报道记者苏珊·凯莱赫(Susan Kelleher)也说,在信源同意接受采访之前,她会把所有有关调查性报道的信息向信源和盘托出。她说:"我会告诉他们我如何工作,我会告诉他们,他们说的一切必须被记录下来,我会告诉他们我将来会找其他人打听他们的情况,即使我认为他们是好人,还是会调查他们……我对他们说:'一旦你决定和我交谈,就只能如此。你没有控制权,但是你可以控制参与的程度。如果你不希望我知道,就不要告诉我,你说的话一旦被记录下来就无法更改,因为它们已经被记录在案.'"[27]

对信源的坦诚让凯莱赫能发现不寻常的新闻。其中一则新闻揭露了不孕不育诊所的违法行为:一些医生悄悄地从病人体内摘取非医疗所需的卵细胞,并转卖给其他病人。凯莱赫的报道过程一丝不苟,以医疗记录和有关人员公开提供的信息作为报道的根据。和托凡尼的作品一样,这个报道也获得了普利策奖。

21世纪的技术革命和经济组织方式的革命既创造了新的机会,也在以两种不同的、似乎相反的方式对新闻媒体的独立监督角色构成威胁。一方面,通过新闻本身创收越来越难,新闻编辑部在缩编,为监督报道提供的资源,以及完成高质量的报道所需要的时间,都变得越来越少。过去,一些大型新闻编辑部的负责人因为调查性报道有助于打造新闻品牌而看重花费不菲的长篇调查性作品,但这种编辑部正在消失。那些不能达到不断提高的盈利要求、无法证明自己存在的合理性的作品的生产面临更多困难。

另一方面,数字传播让信息的传递变得更容易、更迅速,造就了全国性的和国际性的大型金融集团,在其中新闻带来的收入只占很小的一部分。通常,这些公司都是上市公司,如迪斯尼(美国广播公司的所有者)或康卡斯特公司(Comcast)(全国广播公司及相关部门),或大型私人报团,如"数字优先"[它由私营对冲投资基金公司奥尔登全球资本(Alden Global Capital)所有,并且由一家拥有77家日报、130多家非日报的公司控制]。

美国的新闻独立观念中很重要但经常被忽略的一个元素是,从历史上看,新闻都是由那些以新闻为主要业务的公司生产的。在公司的资产负债表中或所有者的投资组合中,新闻所占的比例越小,那些要求新闻独立的工作者就越会不可避免地或在一定程度上感觉到工作难以开展。对于美国广播公司的新闻制作者来说,不仅报道迪斯尼会更困难,报道美国广播公司所有者的竞争对手经营的其他网络、电子商务、娱乐产业、有线电视产业或电信公司也会变得更加困难。

我们所知的媒体自由理论认为，应该有一个独立的声音来监督社会中掌握权力的机构的影响力。现在，这一观念正受到质疑。里夫卡·罗森韦恩（Rifka Rosenwein）2000年在一篇考察科技泡沫第一次破灭前的媒体兼并潮的文章中写道："对媒体企业的兼并会带来其他并购案中没有的特殊问题。传统的经济学理论和反托拉斯法认为，在一个领域（比如生产零部件的领域）如果存在五个或六个主导公司，价格和生产就可以实现充分竞争。但是，将生产和分配新闻和思想的权力集中在五个或六个牵涉多种利益的集团那里，各种其他问题就会出现。毕竟，关于生产零部件的经济理论并不能用来解释言论表达的问题，对于后者而言，多样性更有优势，而且优势还不小。"[28]一些最早的兼并案，如美国在线兼并时代华纳，失败了，但是十年后，随着新的所有者追求将扩大规模作为其避难手段，它们又被另一个潮流所取代。

历史向我们承诺，开放社会中的市场经济具有有机地修正自己的错误的能力。人们对美国新闻业独立性的丧失忧心忡忡，有迹象表明，市场对此已经做出反应。2013年，普利策奖评审委员会把人人渴望的国内新闻报道奖颁给了气候内幕新闻，这是一个位于纽约布鲁克林区的由7个人运营的网站，主要依靠基金和个人捐款生存。2013年，皮尤中心开展的一个对非营利新闻组织的调查发现，几乎每个州都有非营利性的新闻编辑部，这些被调查的组织绝大多数希望下一年雇用更多员工，并且相信它们未来五年会沿现在的路继续走下去，在经济上保持偿还能力。[29]

虽然这些新的努力很有意思，但是和主流新闻相比，它们还比较脆弱，仍处于襁褓之中。私人慈善机构的支持虽然来得快，但消失得同样快。这些媒体能否吸引受众还取决于是否能够吸引以营利为导向的主流媒体发布其研究。

新的独立新闻媒体的兴起说明新技术能够重组新闻的生产和传播方式。这暗示如果传统媒体抛弃了严肃的监督角色，其他媒体也可能取而代之。即使是独自在数据库进行翻查的黑客如今也有能力影响甚至主导新闻流，如果该黑客揭露的内容足够重要的话〔如爱德华·斯诺登（Edward Snowden）和美国国家安全局〕。

但是，还有一些实际的经济问题未得到解决。调查性报道和我们在第1章提到的新闻的目击者角色截然不同。它需要特殊的报道技巧、经验和气质。启示经常不是来自单独一份突然发现的文件，而是慢慢积累的发现——获得信源的信任、注意到只言片语、意识到某种可能性、用其他信息片段加以印证、将碎片拼在一起，并且建立足以令律师满意的证据。这项工作通常需要人脉、极大的时间和资源投入、独立于其他利益，并且还要保证不能出现诽谤。所有这些特质加在一起，使得调查性报道更有可能主要是有组织的职业新闻机构的产品，而不是偶然出现的或单个的吹哨人生产的内容。

在这个意义上，有职业新闻工作者参与的数字初创企业，如ProPublica或"气候内幕新闻"，似乎比像维基解密这样的众包模式更像调查性报道的新模式。不过，依赖慈善捐助的ProPublica或"气候内幕新闻"是否能够做到可持续发展，或能够发展到什么程度，还言之尚早。

但是，20世纪60年代现代调查性报道的兴起与印刷和电视新闻机构的经济实力不断增强同时出现，并不是偶然的。电视新闻的衰落让人不禁怀疑调查性报道是否会继续保持我们所熟悉的水准。

一个积极的标志是更多受到启发的传统新闻组织，如《纽约时报》《华盛顿邮报》和《卫报》开始有组织地将公众收编为它们的信息搜集者。克服障碍只是时间问题，经过核实的调查性报道会变得更多元。我们将在下一章进一步讨论这个问题。

在我们描述的这种新的新闻生产方式中，社群起到了重要的助手的作用，而不会取代职业新闻工作者。社群还扮演一个重要的角色，即监督新闻是否完整。然而，为了做到这一点，传统的新闻组织必须学会与全球的受众一道工作，与他们互动，在他们的指引下曝光问题，吸收他们的专业性，提升专业报道的质量。与此同时，媒体需要帮助受众更深入地理解完整的新闻的构成部分。如果新闻机构或参与的受众中有一方将独立的调查性报道与伪装成调查性报道的宣传行为混为一谈，那么新的、深入的公共交流就会不可避免地滑向无尽的争论，事实便不再是公共交流的基础，不再能促进理解，而会被争斗者用来混淆问题、制造不确定性。

第7章 作为公共论坛的新闻

星期二晚上,刚从欧洲回来的科迪·希勒(Cody Shearer)坐下来看电视。这位华盛顿的自由新闻工作者在不同的电视频道中来回搜索,最后停在了一个有线电视新闻频道,看了几分钟克里斯·马修斯主持的脱口秀节目《硬球》(*Hardball*)。

当时是1999年,华盛顿最关注的新闻是对比尔·克林顿总统可能进行的弹劾。弹劾丑闻的核心问题,至少在法律意义上,是克林顿是否在一项调查的证词中对特别检察官肯尼斯·斯塔尔说了谎,这是关于总统是否与一位名叫莫妮卡·莱温斯基的实习生在白宫发生了性关系的调查。

那天晚上,脱口秀节目的嘉宾是凯瑟琳·威利(Kathleen Willey),后者声称克林顿总统曾在白宫猥亵她。他们讨论的是威利的指控:有人企图威胁威利,要她不要声张此事。

在观看的过程中,希勒突然意识到,这个采访的话题既不是总统,也不是威利的指控——而是希勒自己。

马修斯:那件事过去五年之后,在里士满,那个清晨,有个男人走过来和你说话,这个人是谁?我想再问你一遍,因为我认为你知道他是谁。

威利:我知道。我确实知道。

马修斯:为什么你不告诉我他是谁?这是这件事的重要环

节。为什么你愿意抛头露面参加今晚的电视直播节目,却不告诉我们这个人是谁?……那我换一种更谨慎的提问方式。你是否曾经被引导去猜测这个人是谁?是谁引导你进行这种猜测的?他们想让你做出什么样的猜测?

威利:他们曾给我看过一张照片,然后——

马修斯:照片上的人是谁?

威利:我不能告诉你。我不想含糊其词——

马修斯:我能认出照片中这个人是谁吗?

威利:能。

马修斯:他是总统家族的一员或总统的朋友吗?他和斯特罗布·塔尔博特(Strobe Talbott)有关系吗?是希勒家的人吗?

威利:他们要求我不能泄——

马修斯:你被要求不能承认此事吗?

威利:是的,由——

马修斯:OK。

希勒感觉胃里一阵恶心,他知道马修斯的目的是什么。近来华盛顿传言四起,说希勒正是在威利跑步时接近她并威胁她撤销对总统的指控的那个人。这则传言完全是无中生有。它不是事实。这个所谓的威胁事件发生的时候,希勒正在加利福尼亚,但是没人愿意劳神去核实这部分内容。现在他只好眼睁睁地看着马修斯把这则错误的传言公之于世,而且它听上去像真的一样。

马修斯:让我们再回到跑步那段,这是整个故事中最精彩和最令人恐惧的部分。你在出门散步的时候遇到了一个人。当时你睡不着,你脖子疼——这个走到你面前的人你之前没见过——你之前从未见过他。

威利:对,没见过。

马修斯：那么告诉我——他说了些什么，把这个故事接着讲完。

威利：嗯，他提到我小孩的名字。他问他们还好吧，在——在这个时候，我问他他是谁，想干什么。他只是盯着我的眼睛，然后说："你没明白我的意思，是不是？"我转过身，然后——然后逃跑了。我就那么一直跑，大概跑了一百码。我被吓坏了，转过头的时候，他已经不见了。

马修斯：是谁给你看嫌疑人照片的？

威利：杰基·贾德（Jackie Judd）。

马修斯：来自美国广播公司？

威利：是的。

马修斯：你确认了吗？

威利：是的。

马修斯：那么这个人是科迪·希勒吗？

威利：我不能告诉你。

马修斯：OK。但是你确定了照片上的人就是他——那我们再说说其他事，解决遗留的细节问题。[1]

这个节目刚结束几分钟，第一个电话就打进希勒家里。一个匿名的低沉的声音威胁希勒的生命安全。希勒被电话吓着了，但他猜想这一定是某个受了《硬球》刺激的怪人。然而很快，第二个电话打进来了。然后是第三个。希勒越来越担心。

翌日，保守的电台脱口秀节目主持人拉什·林堡就传播了这则传言："她说肯·斯塔尔要求她不要说出那个人的名字，那个人在她为保拉·琼斯（Paula Jones）案出庭作证的两天前威胁过她……现在我们知道他是谁了：他是科迪·希勒，希望的'希'，勒索的'勒'。"[2]

林堡的影响力更大。当天希勒家电话不断，差不多有近百个，要么进行死亡威胁，要么威胁说要对他进行人身伤害。虽然此事明显系子虚乌有，但是在当天晚上的《硬球》节目中，马修斯重播了威利访谈的片段，并为他的嘉宾播出了一段他的"独家新闻"。

希勒离开了华盛顿，试图忘记这件事。他认为华盛顿是个注意力来得快去得也快的城市，一周以后便不会有人再提起此事。

但是，他错了。星期日早晨希勒回到华盛顿，当他洗澡的时候，一个在他家留宿的客人冲进了浴室，说有个持枪的男子站在院子里扬言要进来杀了希勒。希勒起初认为这是个玩笑，直到出门后看到这个人才意识到这是真的。这名男子拿枪指着希勒的另一个朋友，要求希勒出来见他。

突然，这个持枪的人又莫名其妙地跑回汽车，溜之大吉。希勒和朋友抄下此人的车牌号并通知了警察。一个小时之后，警察带来了这个离奇案件更离奇的结局。这个疯狂的持枪者名叫汉克·布坎南（Hank Buchanan），是帕特里克·布坎南的兄弟，后者过去是脱口秀节目主持人，是共和党成员并且是改革党（Reform Party）的总统候选人。汉克·布坎南之前有心理疾病的病史。

最重要的是，希勒对克里斯·马修斯的做法感到震惊。希勒说："如果我犯了那样的错误，会坐下来写封信解释说是因为播出时间紧迫并表示歉意。但是我什么也没看到，甚至连制片人也没有向我道歉……最令人惊讶的是，马修斯什么事也没有。第二天晚上他又回到了直播室。"[3]

节目播出几天后，希勒和马修斯在火车上见过一面，但是这发生在布坎南事件之前。根据希勒的描述，他们发生了激烈的争论，他认为马修斯根本没有歉意。收到希勒律师的信件之后，马修斯在节目中道歉，并宣读了希勒律师的声明：希勒"和威利女士所描述的事件没有任何关系"。

马修斯在他的节目中说："我现在很抱歉，在提及他（希勒）的名字之前，向他说明——没有向他说明情况。在我们开始核实工作之前，我本不应该说出他的名字。"然而，这些话完全不像更正。他也未承认这则新闻是不真实的。

克里斯·马修斯和科迪·希勒的这个例子提醒我们要了解新闻的另一个基本原则。从诞生地希腊的市场到美洲殖民地的酒吧，新闻媒体一直以来就是公共交流的论坛。早在1947年，哈钦斯委员会就把该使命定义为该行业最重要的义务，仅次于说出真相。该委员会写道："伟大的大众传播机构应该将自己视为公共讨论的载体。"[4]

这就是第六个基本原则或自由媒体的义务：

新闻媒体必须成为公共批评和妥协的论坛。

新科技使得这个论坛更有活力，也使新闻报道的话语垄断有所减弱。但是，希勒事件说明，即使在网络的影响刚刚显现的阶段，在事件的传播速度远远落后于今天的情况下，论坛也具有足够的力量歪曲事实、误导大众、压制自由媒体的其他功能。随着社交媒体的扩张，论坛的自我修正能力和错误信息的传播速度之间的冲突也在不断加剧。因为公民参与日益增多，我们的媒体文化不可避免地更加关注谈论新闻，而不是原始报道及对报道的核实。

第2章讨论真实时，我们研究了围绕第一份定期出版物自然形成的论坛以及该论坛与公众意见生成的关系。通过对事件细节的报道、对不法行为的揭露或对发展趋势的描述，新闻让人们产生疑问。现代媒体文化将远距离交流再造成了类似于古希腊广场和古罗马市场那样的面对面交流的论坛，正是在这些地方形成了世界上最早的民主国家。

今天，这种论坛无处不在，它为新闻采访和报道的各个方面提供信息。在英国的《卫报》，记者和编辑在工作的时候被要求开着推特,这样他们可以追踪其他人对每个记者和编辑报道的话题说了些什么。关于新闻及其采集过程的对话同步发生,并且透明、公开。对事件的内涵、意义和发展趋势的讨论在多数公众看到第一个报道之前就已经开始了。在突发新闻事件发生期间,如追捕2013年4月波士顿马拉松赛炸弹安放者这样的事件,美国有线电视新闻网和美联社报道中的错误,或在社交媒体网站红迪网上出现的错误传言,在大部分公众甚至一些新闻编辑部知晓之前就已经在新闻生态系统中被代谢掉了。

在许多方面,那种认为存在一种所谓一般新闻周期(general news cycle)的观念已经变得不再现实。真正的问题不是新闻周期是连续的,而是它是非同步的。我们并非在同一个时间获知新闻。每个人都有自己个人的新闻周期,它与我们的行为、我们的朋友圈、我们关注的社会网络以及其他一些随机元素有关,每天都会发生变化。现在数字媒体文化的发展速度和变化之快,意味着我们永远无法跟上,当然这个说法未必一直准确。全面评估并判断哪些事实是有证据的、确定的和经过审查的,这些工作过于复杂,以至于似乎过时了。一切都在变动,因为每个人知道的事都来自不同的个性化空间和不同的时间。任何评估必然是个人的和个性化的。非同步变成了常态。

对于游说团体和政党来说,上述一切都不是坏事,它们企图从这种新的政治罗生门中获得好处。每年有数百万美元被专门用来改变公众意见,经常通过半真半假的信息或纯粹的谎言来达到这一目的。这就使得新闻媒体在刊载公共讨论时,扮演诚实的信息中介和裁判的角色显得至关重要。在新的媒体时代,揭穿被商业机构操纵的观点、游说和政治宣传中的信息操纵与谎言更是向往服务公共利益、提供负责任的新闻的那些人要承担的义务。他们对真相进行审核和全面评估,而不是简单地煽动对立或蹭那些有争议的热点以吸引乌合之众。报纸的社论版、评论专栏作家、脱口秀节目、观点杂志的文章、博客、我们中任何一个社交媒体的使用者以及其他人都有发表意见的权利。但是，如果这些信息的作者把自己的作品称作新闻的话，他们就必须顺理成章地恪守不得歪曲事实的原则——必须坚持最高的真实标准并且忠于公共利益。

因此，新闻必须为公共评论提供论坛，并且在新时代，这种公共讨论必须建立在其他新闻工作也必须遵循的原则之上，即以真实、事实和核实（truthfulness, facts and verification）为前提。这些原则的重要性不仅没有减弱，反而变得更强。公共论坛无视事实，就无法提供有用的信息。陷入偏见和猜测的争论只会演变成激烈的意气之争。

同样重要的是，论坛要对社群的所有成员开放，而不能只属于那些能说会道因而在社交媒体上最有存在感的人，或是在人口统计学意义上对那些出售商品和服务的人最具有吸引力的群体。

最后，关于新闻创造的公共论坛，还有一个需要深入理解的问题：论点过于极端的讨论对公众无益，相反还会把大多数公民排除在外。虽然我们的新闻媒体和公共对话必须反映多元的社会，给各种不同的意见提供发表的机会，但是我们也不能忘掉一个事实，那就是民主最终还是建立在妥协的基础上。公共论坛中必须包括范围广泛的同意，这样它才能成为公众安身立命和找到社会问题解决方案的地方。

有些人可能会认为对媒体组织加以管理的观念过时了，他们认为这种带有明显精英主义色彩的观念是少数几家新闻媒体控制信息渠道的时代的思想残余。传统的做法是马修斯让威利发言，然后再让希勒回应威利。在拥有新的传播科技的新世纪，这么做就够了吗？为什么不能让新闻工作者停止充当中介，让讨论在真正的公共广场上展开，而不是在由美国全国广播公司或哥伦比亚广播公司指定的那个虚假的广场上展开？网络是一个能够自我清洁的烤箱。你无须担心。上述看法正是技术和新闻之争在哲学观念上存在分歧的最明显的表现。

确实，和过去相比，我们更有可能展开更开放的讨论。这不禁让人认为，技术会帮我们完成事实核查，我们可以信任更大的事实与观点的市场，而不是新闻工作者，来帮我们发现真相。现在，我们每个人都可以传播我们听到的一切而不必对其进行核实。如果哪里出错了，在某个环节总会有人发现。社交媒体向我们做出了承诺，而它可以帮助我们迅速地从许多来源获得知识的非凡能力，似乎让这个承诺更加可信。少数不称职的把关人的局限性、群体思维（group think）①、固有的偏见、文化造成的盲点以及虚假的共识等问题现在都被（或看上去应该被）数学的进步解决了。

然而，这种自动化的事实核实的观念存在问题。这是一种推卸责任的模式。它增加了人们被误导的可能性，即使信息后来被更正了。而且它建立在对网络的理论层面的期望之上。

然而，错误会在一个开放的论坛中被迅速发现并修正的希望是否免除了信息发布者传递错误信息的责任？如果每个人都觉得不必承担核查事实的责任，媒体系统又怎么可能自我修正？例如，究竟是什么标准，允许公共广播（Public Broadcasting）的《新闻时间》（*NewsHour*）节目的主持人格温·艾菲尔（Gwen Ifill）在直播采访一个信口开河的受访者时不用承担核实的责任？这一观念看上去似乎具有解放性——如果技术可以帮忙，为什么还要做艰苦的工作，尤其是在新闻编辑部的资源减少，而我又没有足够的时间去报道的

---

① 群体思维是美国社会心理学家欧文·贾尼斯（Irving Janis）提出的概念，指的是当群体成员保持一致的愿望强于理性地评估所有可能的行动计划的愿望时所采取的谨慎的思维方式。这样的群体的成员背景往往相似，有较强的身份优越感和道德优越感，又追求表面团结，在进行决策时容易做出错误判断。

情况下？但是，在真实世界的传播和政治文化市场中，这是无法实现的。信息在社交网络中如何被分享？社会科学研究明确地提出，仍然存在意见领袖，他们拥有更多的粉丝和更大的影响力，而且这种影响经常是带有意识形态色彩的。他们使用的信息有的经过了仔细的审核，有的根本没有。我们发现，传统的寡头离场后，新崛起的寡头代替了他们的位置。

危险在于，如果我们假设技术可以取代责任，我们将创造出一个越来越不关注事实、公平和责任的公共广场。宣传将取代核实。公正问题变成了谁拥有最大权力、能量或最多修辞技巧的问题。

由于电视与广播媒体把直播采访视作传递新闻的主要方法，这些媒体上的公共论坛已经抛弃了核实的责任。直播采访的形式把权力完全交给了被采访者，新闻制造者也愉快地承认了这一点。嘉宾控制谈话的内容，他们拥有广泛的权力，可以误导主持人，凌驾于主持人之上，甚至说谎。而新闻节目主持人，不管怀有什么意图和目的，都只具备非常有限的检验或订正的能力，最多只能发现少数非常明显的欺骗性内容。节目设计上的缺陷导致事实很容易被嘉宾在节目中贩卖的观点所取代，但是电视媒体的新闻工作者可能还没有意识到这一点。

最早的社交媒体

公共对话是美国新闻事业的核心，事实上它们的出现甚至早于美国新闻业。正如我们提到过的，在印刷报刊出现以前，"新闻"就是人们在小酒馆里用来交换一扎啤酒的东西。新闻叙述并不仅限于静态的印刷文字，它们不是抽象的，而是日常谈话的一部分。虽然谈话也涉及信息交换，但主要交换的是观念和意见。

印刷媒体诞生后,这一传统并未消失,而是被发扬光大,体现在早期报纸上刊登的文章中。诺厄·韦伯斯特(Noah Webster)(他编写的字典里第一次给"社论"一词下了定义)在《美洲密涅瓦》(*American Minerva*)的创刊号(1793年12月9日)上发表的《对公众的演讲》("ADDRESS to the PUBLIC")中,描述了这一功能:"报纸不仅是所谓新闻的载体,还是社会交流的公器,广大的共和国的公民通过它能持续不断地就公众关心的话题进行交流和辩论。"[5]

在接下来的时代,新闻业一直实践着让媒体成为开放的公共论坛这个理念。当报纸开始雇用报道者并传递更多真正的"新闻"时,社论版就成了社群进行讨论的地方,主要方式是刊登读者信件,不久又有了社论的对页,即言论版,通常上面刊登读者所写的内容。出版人还通过一些更基本的方法使论坛保持活力。1840年,《休斯敦星报》(*Houston Star*)成为率先改造报社大厅的报纸,报社大厅不仅是进入编辑部的通道,还是开放的公共沙龙举办地。报社不仅鼓励居民到这里来,而且提供"好喝的饮料、有趣的报纸和令人愉悦的雪茄"。在许多城市,把报社的大厅用作公共阅览室和沙龙举办地的传统延续了一百多年。报纸不仅是社区的一部分,而且实实在在地成为社区公众聚集和交谈的场所。[6]

可以说,在权力和责任感达到巅峰时,产业化的新闻媒体的发展显得过于缩手缩脚。20世纪后半期,报纸的社论版一般是个随意的空间,主要以一本正经而不是充满激情著称。20世纪80年代到90年代,保守的《华尔街日报》的社论版脱颖而出,因为在大多数社论版枯燥乏味时,它们却忠实可靠。

汤姆·温希普(Tom Winship)是20世纪60年代到80年代《波士顿环球报》的总编辑,他认为有一段时间,他混淆了克制与负责。1975年,《波士顿环球报》因为报道该地的校车危机①而获得普利策优秀公共服务奖。后来温希普总结说,他在校车危机期间犯了个关键性的错误:由于害怕形势激化,他要求专栏作者在校车计划实施的两周内不要讨论这个有争议的事件。他总结说,回想起来,《波士顿环球报》的专栏作者本来有机会对校车计划的实施细节提出建设性意见。他反问道:"为什么我们不能积极地对校车计划的细节提出更多问题?我认为我们过于关注街头的抗议示威和报纸上反对派的攻击……我一直为审查并禁止刊登专栏专者的稿件而内疚。"[7]温希普解释说,最让他难受的是当时他没有把专栏作者看成突破限制的工具,通过他们的努力,报纸本可以帮助公民解决面临的问题。

当然,在那以后围绕新闻形成的公共论坛变得更加有活力。早期不断增多的争议也带来了其他教训。

到20世纪90年代,在媒体的影响下,形成了语言学家兼作家德博拉·坦嫩(Deborah Tannen)所说的"争论文化"(Argument Culture)。这种文化是由美国有线电视新闻网的电视节目《交锋》(*Crossfire*)、商业电视台的《麦克劳克林小组》(*The McLaughlin Group*)和广播脱口秀节目引领的,反映了发生在文化和政治中更深层的变化。

到2000年,在一个平常的24小时内,电视一共播出了178个小时的新闻和公共事务节目。其中40%的时间贡献给了脱口秀节目,它们中的很大一部分是表演性的争论。[8]

当时的学术性实验证实,同一个观点,可以通过激烈的争论传达,也可以通过更文明的和不动感情的方式讨论,而观众更喜欢戏

---

① 校车危机也称校车事件,是美国废除种族歧视运动中的著名事件。1974年,美国联邦法院要求波士顿地区实行黑人和白人学生同校的政策引发争议,接送不同学区学童上下学的校车首当其冲,成为该政策施行后种族冲突易发的场所。

剧性的争论。

但是，争论文化并非建立在社会科学研究的基础上。它能够兴起主要是因为脱口秀节目的制作成本十分低廉。和建立一套用来报道新闻的基础设施以及转播新闻所需要的成本相比，脱口秀节目的制作成本只是前者的一小部分。

在争论文化中占主导地位的是讨论的特性本身。媒体对脱口秀节目的嗜好逐渐发展成为对极端化和危言耸听的嗜好，这与新闻的启蒙任务背道而驰。其理论假设是人人都喜欢大打出手，所有的问题都没有解决的可能。妥协不被表现为一个合理的选择。

早在1993年，小说家迈克尔·克赖顿（Michael Crichton）就这样解构争论文化的话语特征："如今，我们都被看成持极端观点的人。要么赞成堕胎，要么反对堕胎；要么支持自由贸易，要么支持贸易保护主义；要么支持私营部门，要么支持大政府；要么是女性主义者，要么是沙文主义者。但是，在现实世界里，很少有人会持极端观点。相反，存在着一系列中间观点。"[9]

尽管争论文化极具吸引力，但它并没有拓宽公共讨论的视野。相反，它把它变得更狭隘。争论文化倾向于把自己限制在可以发生激烈争斗的题目上。随着网络开始取代有线新闻成为突发新闻的传播场所，有线电视脱口秀节目便将其关注范围进一步缩窄，越来越关注单一的主题：政治。关于碎片化的悖论是造成上述现象的原因。随着公共论坛的发展，我们的目标却变得愈加专门化。

碎片化的社会后果显而易见。我们花在这些细分化的论坛上的时间越多，公共空间就越会萎缩。这就是数字"过滤泡"（filter bubble）的概念，它的意思是我们的选择越多样化，我们就越容易沉溺于我们喜欢的渠道，我们的学习范围就会越小。电视网不愿意转播政治集会这样的重要的公共生活事件，而把它们交给有线电视去转播，这只是其中的一个表现。结果是，大众媒体无法再帮助公众识别那些应该共同关注的问题。美国文化最独特的一个地方就是国家有能力号召全社会应对重大挑战,就像在面对法西斯主义或大萧条时所做的那样。现在,这个特征正在变得充满不确定性。政府的功能障碍,例如 2013 年美国联邦政府关闭,变得更加寻常,甚至被接受,因为反正大多数人也只是偶尔关注它。

新型的数量更多的公众具有如下特征:几乎不做核实,活在过滤泡中,强调过度简化,进行极化的争论。这些特征产生了一个具有讽刺性的效果,即它们会阻止新闻实现其最重要的目标:向人民提供他们所需要的用来自治的信息。

"民主建立在多数派与少数派妥协的基础上,"加利福尼亚大学伯克利分校(University of California at Berkeley)前校长罗伯特·伯达尔(Robert Berdahl)在争论文化时代的巅峰期评论道。[10] "然而,如果把每件事都上升到道德义务层面,"或者"用一种制造耸人听闻的效果的框架呈现它,妥协便无法达成。"而这正是媒体的典型作为。

"我从不认为媒体和报纸是社会中愤世嫉俗的风气的唯一源头,"伯达尔补充道,"但是一股愤世嫉俗的潮流正向我们涌来,这对市民社会体制极具破坏性……这种腐蚀性的愤世嫉俗之风导致缺乏同情和漠不关心。它会导致倒退。它会导致过于关注个人而忽略更大的共同体……我认为,愤世嫉俗正在腐蚀美国公民对话的质量,并对民主制度的根基造成威胁。"

到 2006 年,争论文化又被另一种更新的文化所取代。传统媒体的论坛上的内容由表演性的极端化的争论,转向确定的让人安心的内容,以获得可预测的忠实的受众。在争论文化中,脱口秀节目邀请持对立观点的双方进行辩论。如今,争论文化已经让位给应答文化(Answer Culture),主持人追求的是向意识形态倾向更加统一的受众提供让其确信的答案。

在这个转变过程中，存在着一个可察觉的关键转折点。它出现在2004年10月15日。这一天，喜剧明星乔恩·斯图尔特（Jon Stewart）出现在了美国有线电视新闻网的《交锋》节目中。《交锋》作为争论文化的标志，当时已经播出了十多年。

斯图尔特是喜剧中心频道（Comedy Central）《每日秀》（*The Daily Show*）节目的主持人，该节目非常流行，尤其受到青年观众的喜爱。斯图尔特之前批评过《交锋》节目和该节目攻击政治人物的方式，尤其是该节目对民主党总统候选人约翰·克里（John Kerry）的攻击让斯图尔特看不顺眼。因此，斯图尔特被《交锋》的两位主持人请到节目中。这两位主持人，一个是保罗·贝加拉，代表左派；另一个是塔克·卡尔森（Tucker Carlson），代表右派。[11]

"好，我们请来了在假新闻（fake news）①界最受信任的人。"卡尔森带着灿烂的笑容说。这暗示他渴望与斯图尔特对话，以了解斯图尔特"对政治、媒体和美国的独特见解"。但是，人们很快就发现斯图尔特此行显然不是来和主持人讲笑话的。

斯图尔特：为什么你们俩要争论？我讨厌看别人争论。

卡尔森：我们喜欢争论。

斯图尔特：让我问你们一个问题。

卡尔森：还是让我先问你一个问题吧。

斯图尔特：好吧。

卡尔森：约翰·克里——约翰·克里真的是最优秀的吗？我是说，约翰·克里是……

斯图尔特：他是最优秀的吗？我认为林肯（Lincoln）不错。

卡尔森：他是民主党人中最好的吗？

---

① 假新闻也指一种娱乐节目的样式，就是模仿新闻的形式搞笑或者针对新闻进行调侃。这种形式易引发争议。有人认为它混淆了新闻与娱乐，将严肃的新闻娱乐化；也有人认为其内核是严肃的，继承了报纸产生初期那种讽刺文化的传统。

斯图尔特：他是民主党人中最好的吗？

卡尔森：对，就今年所有方面而言。

斯图尔特：我一直这么认为，民主制——我再说一遍，我也不知道，因为我只在这个国家生活过——是讲程序的。他们把这叫初选。

卡尔森：对。

斯图尔特：他们并不总是选最优秀的，但是谁赢了他们就选谁。因此，他是最优秀的吗？根据程序，是。

卡尔森：好。但是有九个人在角逐，你认为谁最优秀？你认为他是最好的吗？他是给人印象最深的吗？

斯图尔特：给人印象最深？

卡尔森：是的。

斯图尔特：我认为阿尔·沙普顿给人印象最深。我欣赏他说话的方式。我认为，通常情况下，那些意识到自己无法获胜的人说话才最自由。如果他们知道自己能获胜却仍然大胆发言，就会受到像《交锋》这类节目的……

贝加拉：《交锋》。

斯图尔特：或是《硬球》，或是"我想揍你一顿"（"I'm Going to Kick Your Ass"）这类节目，或是……都会拼命打压他。怎么看都很有意思。今天我勉为其难上这个节目，是因为私底下我对我的朋友提到过，我认为这个节目实在太差了。我也偶尔在报纸上和其他电视节目里说过这话。

贝加拉：我们注意到了。

斯图尔特：我想……我认为那对你们不公平，我应该来这儿告诉你们：我不喜欢你们的节目——节目差还在其次，重要的是它伤害了美国。但是今天我想在这里说……不要，不要，不要，不要再伤害美国了。

卡尔森感觉到他失去了对谈话的控制权，于是试图通过批评斯图尔特在《每日秀》中采访约翰·克里的方式来夺回控制权。

卡尔森：难道你不认为……你终于有机会采访这个人了吗？为什么不问真正的问题，而是拍他马屁？

斯图尔特：我问了。"最近怎么样？"这确实是个拍马屁的问题。事实上，我在采访中问了他不少不好回答的问题。

卡尔森：听上去像那么回事。确实是这样。

斯图尔特：要知道，听你谈论我的责任问题是件很可笑的事。

卡尔森：我感觉你们之间有默契。

斯图尔特：我还真没意识到……没准儿这能解释为什么你们要这么问。

卡尔森：你当然没有。你有机会……

斯图尔特：……难道新闻机构指望从喜剧中心频道找到它们是否正直的线索吗……因此我想说的是，当你谈论自己如何在采访中给政客施加压力时，我觉得这太虚伪了。我认为你们……

（互相插话）

斯图尔特：我想说的是，如果你们想要攻击我没有问出有力道的问题，哥们儿，别怪我翻脸了。

在七嘴八舌的混乱发言之后，斯图尔特变得非常严肃。

斯图尔特：我觉得最有趣的是，你们本应该对公共言论负责，但遗憾的是你们没有做到。

卡尔森：我觉得你可以在新闻学院谋个差事。

斯图尔特：你需要去新闻学院进修。我想说的是，如果你们只问采访对象像膝跳反射一样容易回答的问题……

卡尔森：且慢。我原以为你会很好玩儿。算了吧，放松些，说点好玩儿的。

斯图尔特：不，不，我不会扮猴子让你耍的。

贝加拉：继续，继续。

斯图尔特：我每天都看你们的节目，但是它要了我的命。

卡尔森：看得出来你喜欢我们的节目。

斯图尔特：它太……噢，看这个节目太让人痛苦了。你知道，因为我们需要你们。这是一个多么好的机会，你们可以剥下政客们用营销手段和诡计做成的面具。

卡尔森：你真的是斯图尔特吗？怎么回事？

斯图尔特：是的，我是收看你们的节目但无法继续忍受的普通人。我真的忍无可忍了。

卡尔森：我实在想象不出和你一块儿吃饭会是什么样。你肯定一直在训人。你是不是喜欢这样对着别人说教，还是你喜欢到别人家之后一坐下来就对人家说教，说他们做得不对、没有抓住机会、逃避责任？

斯图尔特：如果我觉得他们错了，当然会这么做。

卡尔森：老兄，我肯定不愿意和你一块儿吃饭。那太可怕了。

斯图尔特：我知道。你不愿意……为什么我们不能心平气和地交谈……拜托。

卡尔斯：我觉得你是看《交锋》看多了。接下来我们休息片刻。

斯图尔特：不，不，不。拜托。

卡尔森：不，不，等一下。我们要进广告了。

斯图尔特：求求你们，请别进广告。

2005年1月，美国有线电视新闻网总裁乔纳森·克莱因（Jonathan Klein）宣布取消这个节目。在宣布该节目寿终正寝的同时，他对媒体说："我自己会坚决地站在乔恩·斯图尔特一边。"[12]

当时持这种看法的绝非仅有克莱因一人。像拉什·林堡这样的广播脱口秀节目主持人，或比尔·奥雷利、雷切尔·马多这样的有线电视脱口秀节目主持人，像右翼的自由共和国（Free Republic）或左翼的论点备忘录（Talking Points Memo）这样的网站都只是在为忠实的追随者提供争论的军火，而不是描述公民辩论中不变的事实。

实际上，应答文化中含有一种关于新闻该对公共论坛担负何种责任的新观点。没必要把囊括所有的观点作为努力的目标。现在的网络允许聚合网站提供几乎无限的信息源，就像"赫芬顿邮报"、谷歌阅读器（Google Reader）所做的那样，Bloglines 可能做得更好。

事实上，网络已经成为新型争论文化的舞台。（2013 年，美国有线电视新闻网为了提高收视率而苦苦挣扎，想复活《交锋》节目，但是在那个时候，争论似乎已经无处不在。）

如果说争论文化通过诉诸极端观点缩小了公共对话的空间，那么应答文化则通过把目标设定为设置无限多的专门化的频道进一步将这一空间碎片化，因为每个频道都有细分的诉求。

在许多情况下，这么做是出于商业化的动机，而不是求知的动机。不过，我们先把这一事实放在一边暂且不论。另一个问题是，这种只想让受众愉悦的新闻体制并没有为更广大的公众服务，满足他们对妥协与理解的需求。它在一味迎合受众。

杰克·富勒做过记者、社论版主编、总编辑、社长，最后做到论坛出版公司（Tribune Company）报纸分部的总裁，他有力地解释了为什么这种新闻机构的迎合行为让他们自己精疲力尽。虽然他在讨论印刷媒体，但是其观念也适用于其他媒体。富勒告诉我们："这是一对矛盾。不能深刻反映社群的报纸不会成功，但是不能挑战社群的价值观和既有观念的报纸也会失去人们的尊重，因为它没有承担报纸应该承担的直言不讳和领导公众的责任。"[13]

既要做社群的推动者又要做社群的激励者，这极具挑战性，但这正是新闻工作者一直追求的目标。要成功应对该挑战，必须既要向社群成员提供其所需的知识和见解，又要为他们提供参与建立社群的论坛。

事实上，未履行上述义务也是汤姆·温希普40年前在《波士顿环球报》所犯错误的变种，他没有为了社群的自身利益而发起挑战。

说到底，如果没有公民对话的空间，没有共同的立场，我们对事件的理解就会因人而异。虽然网络媒体文化催生的新论坛上的信息内容丰富且具有多样性，但是对新闻的激情并不能替代确证式新闻所提供的事实与语境。如果那些搜集信息、传递新闻的人不再花时间和金钱去报道、核实和综合——如果他们认为做判断只是精英该干的事情，或者科技已把自己从传统的审核负担中、从鉴定那些定义公共利益的共识是否合理的负担中解放出来——那么留给我们的就只有被无所不在的网络放大后的观点了。

到那个时候，谁来对公共对话中的内容孰真孰假做出裁决？谁来调查不同集团的背景和动机？又是谁来回答那些需要回答的问题？

将来我们可能更加依赖公民之间的相互监督，让他们对自己内部的观点交换和讨论过程发挥监督的作用。毫无疑问，这将扩大公共论坛的范围，让更多声音加入其中。但是，该论坛必须建立在事实和大量背景信息的基础之上，否则，公民只能提出一些没有实际意义的问题。这些争论将不再具有教育作用，只是在强化先入为主的判断。公众将无法参与问题的解决过程。公共对话将无法为我们提供有价值的信息。它最终将消失在噪声之中，无法让大多数公众听到。

因此，新闻论坛首先应该遵守新闻的其他所有原则，其次，要注意麦迪逊提出的民主社会中妥协的重要作用与论坛的关系。但是，要计论坛发挥启发而不是煽动的功能，新闻工作者应该如何吸引受众参与？这正是下面要谈的另一个新闻的基本原则。

第 8 章　引人入胜且息息相关

大多数人会认为是拉腊·塞特拉基安（Lara Setrakian）成就了一切。她是美国广播公司和布隆伯格电视台（Bloomberg Television）驻迪拜的一位年轻的海外通讯员，她要报道的是一生中难得遇上的大新闻——中东正在发生的"阿拉伯之春"。

她热爱自己的工作。但是 2012 年，她的大部分时间花在报道叙利亚形势不断变化的内战上，她越来越为自己的能力担心，觉得不能准确地报道相关新闻。

叙利亚内战"极其不透明……而且本质上很复杂"，她后来写道。[1]外国记者在这里的行为受到严格限制。历史上多次出现的逆流，长达几个世纪的冲突，几十年的政党政治，这个故事具有不同的侧面；许多叙利亚人对叛军报以同情，但是也害怕他们——这些微妙之处让人难以描述。传统的电视新闻节目受到播出时间的限制。传统的新闻文本，即使是在线新闻，也无法容纳非常简短的信息和背景描述，更不用说如此丰富的信息流。新闻工作者无法以最有效的方式完全共享他们所知道的一切。许多人们熟悉的主流新闻报道，都要求普通人掌握"背景、历史或有深入了解"。

她开始思考有没有更好的表达方式。她开始在报道用的笔记本上勾勒一种新的网络体验，就好像在画地图。她想象的网站是一个进入单一主题的门户网站，借助设计的力量实现讲故事的想法。它由不同类型的内容模块构成，集合了原创报道、数据新闻、社交媒体、地图、图片、视频以及其他形式的优势。她将这个网站命名为"深入叙利亚"（"Syria Deeply"）。

塞特拉基安说："我想从根本上重新规划用户的新闻体验。"她与一个由设计者和开发者组成的团队合作，表示"我们在一起创造能让人加深理解的数字新闻"，把各种内容、设计、标题、外观和感觉混合在一起，"帮助我们的受众理解一则复杂的新闻"。

用户可以选择自己想看的内容，以及想以什么方式了解——从推特上的目击者对话到最新的突发新闻、传统的新闻叙事，或该国历史的时间线。这里有不同系列的照片、叙利亚政府和反对派主要成员的概况，以及普通人的故事等。页面顶端不断更新的旗帜栏让人得以了解事件的最新进展。另一个模块是由工作人员主持的与专家和记者的讨论区，这个模块让新闻工作者的工作更加透明，塞特拉基安说他们可以和受众"分享采访笔记"。[2]

在某种意义上，在"深入叙利亚"网站上，新闻的单位不是最新的文章，而是叙利亚新闻本身。

该网站只有大概四分之一的内容是原创报道。其余部分是策展性的、自动生成的或背景性的材料，其中许多材料是静态的——主要是传统报道中不必每日重复的知识——这就成为精心设计的历史材料和背景，而不是被压缩、碾碎后放入叙述的简短的标准文本。

在很大程度上，"深入叙利亚"解决了受众因为没有从一开始就关注新闻发展而被劝退的问题。之前多数受众不知从何处进入相关新闻，而这个网站让他们可以从多个点任意进入并到达目的地。塞特拉基安设计"深入叙利亚"的初衷也可以被理解为新闻的第七个基本原则：

新闻工作者必须让重要的事变得有趣并且与受众息息相关。

当人们谈论如何才能使新闻既引人入胜又与受众息息相关时，讨论总会徒劳无益地走向二分法——将吸引受众和相关性对立起来。我们是应该强调有趣、有吸引力、能激发人的感情的新闻，还是应该坚持只报道最重要的新闻？新闻工作者应该给人们他们所需要的，还是满足他们的要求？这个所谓的两难困境在数字时代被放大了成千上万倍——当每则新闻带来的流量可以实时统计，猫咪的可爱照片和"小鲜肉"明星的吸引力自然会胜过具有公民价值的新闻。

信息对故事，需要对欲求——这种对吸引力问题的经典表达方式完全歪曲了这个问题。现实中的新闻实践根本不是这样的。同样，我们也相信这不是人们接触新闻的方式。有证据证明，大多数人两样都想要：既阅读体育版也看商业版，既看《纽约客》的长篇报道也看其卡通漫画，既看书评也做填字游戏。《纽约时报》有二十多个海外分社，有华盛顿分社，该报既报道市议会的会议，也有时尚、生活方式、美食专版。新闻聚合网站 BuzzFeed 借助科学方法，可以预测短腿猎犬奔跑的照片具有多大的病毒式传播潜力，它还发现政治报道、独家突发新闻，甚至在 BuzzReads 上很受欢迎的长文能够增加它的吸引力。

讲故事和提供信息，这二者并不矛盾。最好把它们看成传播光谱上的两个点。光谱的一端可能是你编出来讲给自己小孩听的睡前故事，它可能没有什么意义，只是为了让你们共度亲密而舒适的时光。另一端是原始数据——数据库、关于体育比赛的统计数据、社区公告板或股票行情表——这里面没有任何故事。和多数被传播的内容一样，新闻大多居于两端之间的某个点。写作教师罗伊·彼得·克拉克和奇普·斯坎伦（Chip Scanlan）说，有效的新闻写作必须做到既清晰明了地提供公民必需的新闻，同时还要文字优美。

相比写写新闻，然后加上些花里胡哨的内容，这是一个更高的要求。这是一种全新的叙事方式，它认识到其他形式的内容的优势，具体包括：用户可以自由操控的令人惊讶的数据可视化作品，它们可以揭示经济预测的影响；像拼图一样的互动游戏，用户可以尝试平衡各州的财政预算；展示出来的关于叙利亚局势的推特对话，它们让人感觉是在参加一场不可思议的晚宴。

照此来看，最优秀的作品——那些超越其主题的作品——会以受众意想不到的方式把新闻向传播光谱的中间地带推送。它们通过优秀的报道、思考、叙述、设计、数据呈现方式，帮助读者理解世界上正在发生的事情。简言之，质量与话题的严肃性关系不大，而是取决于如何处理一个话题。就像好莱坞的影片介绍会说电影中蕴含着深刻的意义一样，调查性报道披露的内容会揭示人类的境况，对人口统计学数据的整理也能把某个社区生动地呈现在受众面前。从事新闻工作的人的任务是想方设法使每则新闻中的重要之处变得生动有趣，不论他们是以此为生的专业新闻人，还是试图解释如何在灾难中求生的社群成员。对于那些想要完整地记录一天活动的人来说，他们还要能以恰当的比例把严肃的成分与家长里短的轻松成分混合在一起。

或许这样表述更好理解：从事新闻工作就是有目的地讲故事。这个目的就是向人们提供理解世界所需的信息。要做到这一点，第一个挑战是寻找人们生活所需的信息，第二则是使这些信息具有意义、和人们息息相关并且引人入胜。

应该把让新闻引人入胜也看成新闻工作者对公民承担的义务的一部分。正如多年前一位记者在接受我们的学术研究合作者的采访时说的那样："如果你发现了一些东西之后还不满足，还想找到最好的方式讲给别人听，那么你就是新闻工作者。"[3]

新闻工作者的职责不仅是提供信息，还要用人们愿意聆听的方式提供信息。数字呈现的一个独特之处就是新闻工作者不再被传统的新闻写作，甚至新闻叙述的套路限制。

但是，这一职责也意味着要选择、决定孰为重要、孰为不重要，应强调哪些内容、忽略哪些内容，理解把哪些工具交给公民可以帮助他们独立发现新闻中的线索。换句话说，讲故事不仅仅是摆弄文字。无论新闻以什么方式呈现，其主要目的都是提升公民的批判性分析能力，使他们弄清楚正在思考的问题。

作者、批评家、教师以及网络杂志《热线》(*HotWired*)的前执行总编辑霍华德·莱因戈德（Howard Rheingold）说："在光谱的一端是最重要的事情——战争还是和平？税率上升了还是下降了？在光谱的另一端是纯粹让人感兴趣的事情……许多新闻是这两者的混合体。"[4]

但是，为什么让新闻具有吸引力的问题会被如此歪曲，好像没有办法平衡信息的吸引力和重要性之间的矛盾？既然人们所需要的信息不是非此即彼的两极，为什么新闻不能总是做到两者兼顾呢？

要让新闻具有吸引力，必须解决许多问题：习惯、时间限制、无知、懒惰、公式化、偏见、文化盲点、对话题的肤浅理解、缺乏技巧等。要把新闻写好，就要避免使用现成的模板，如印刷媒体的倒金字塔结构，电视新闻的"导语—同期采访—连线—同期采访—总结"公式，或者用静态的条状图呈现数据，这需要花费大量的时间。总之，写作要讲究策略，仅仅把大量事实塞进简短的陈述句、编写代码或者简单提取 Excel 表上的数据是远远不够的。

遗憾的是，除了新闻以外，这个时代的公众还拥有更多能令其兴奋和感兴趣的选择，而且他们对新闻越来越不信任。此外，管理者削减对传统新闻编辑部的投入导致新闻工作者在时间和资源上面临的压力越来越大。一些新闻机构也坚信受众注意力的保持时间在缩短，因此要求制作篇幅短小的新闻，这进一步挑战了新闻工作者全面理解他们所报道的事件的能力。

增加吸引力也要求新闻工作者理解全新的、更深层次的结构性现实。在传统的生活秩序里,受众必须调整自己的行为以适应新闻媒体的节奏。他们必须6:30起床看新闻节目播报,或者为了跟上别人阅读的新闻而必须阅读晨报。但是现在,新闻媒体必须适应新技术创造的社群的行为与好奇心。例如,2013年,德勤(Deloitte)在英国做了一个对美联社受众的调查,发现在手持设备出现后,被调查者中有89%经常阅读在线新闻,其中一半人会看视频新闻,因为这样可以增强对新闻的理解。三分之一的被调查者说,如果没有视频就会去其他网站。既然受众可以轻松地换地方,空间限制已经不是问题,他们就会对新闻工作者提出更高的要求,要求他们在提供多少新闻、提供哪类新闻、不提供哪类新闻方面做出最佳选择。时间成为唯一的稀缺资源。所有这些都要求新闻工作者研究并理解他们所服务的人的真正需求与习惯,过去他们只靠猜测判断这些需求与习惯。

之所以需要认真思考这个问题,部分是因为某些关于注意力持续时间缩短的传统观点是具有误导性的,它不但对新闻业无益,而且已经伤害到新闻业。例如,我们在卓越新闻项目中设计的一项对地方电视新闻的多年研究发现:电视台播放的短新闻(时长不到45秒)越多,观众越容易流失;相反,电视台播放长度超过两分钟的新闻越多,收视率越高。[5]

与之类似,许多关于互联网的早期研究表明,人们不会在数字屏幕上阅读长篇材料。波因特研究院的一项眼动研究发现,人们浏览网页所花的时间平均不超过30秒。智能手机,以及后来的平板电脑和电子阅读器的出现打破了这一现状。(人们不仅阅读电子书,而且61%的移动新闻消费者在智能手机上阅读长文章,73%的消费者在平板电脑上阅读长文章。)[6] 在早期研究中,人们使用台式电脑,并且通常在办公室使用。相比之下,他们在电脑屏幕上的注意力持续时间较短,这与屏幕的内在属性没有什么关联。

好消息是,在21世纪之初摧毁了商业新闻经济基础的技术同样为意义深远的新闻创新的潮流扫清了障碍。相关工具包括使用数据、图表和技术等新方式,吸引社群参与的方式等。这种实验恐怕百年未遇,令许多经验丰富者眼花缭乱,也提供了新的可能性,使新闻比过去更有吸引力,更有针对性和解放性。

在无数例子中,创新者都对关于受众需求的传统常识不屑一顾。不信看看年轻人,举个例子,他们从不在报纸上阅读关于在土耳其发生的"占领加济公园"的抗议活动的报道。他们看见朋友在推特上提到这件事,然后用谷歌搜索,再进入BuzzFeed的聚合报道,这对他们来说比看《纽约时报》上的文字更方便。艾拉·格拉斯主持的广播节目《美国生活》(*This American Life*)专门播出"像电影大片一样的广播新闻"。他说,在60分钟的节目中,听众的平均收听时间是48分钟。每周共有170万名听众收听《美国生活》,节目每次播报3则新闻,体裁有深度报道、评论、有声读物等多种形式。[7]这是与传统常识相矛盾的一个例子,传统常识认为在越来越拥挤的媒介环境中,受众注意力持续的时间有限。

《美国生活》的成功是否能够在整个行业被广泛复制,尚有不确定性。但是,许多传统新闻机构缺乏足够的决心、资源和战略眼光来拥抱技术具有的叙事潜力,而有能力使用这些工具的技术公司大多对生产新闻缺乏兴趣。许多关注非传统环境下的工作的先锋机构,规模不够大或缺乏影响力,其观念被社会接纳的速度也比较慢。

不愿意变革并不仅仅是由于缺乏充满活力的盈利模式。阻碍变革的深层原因是新闻革新者与不安的传统技能捍卫者之间的文化分歧。前者热情地接受否定一切旧事物的新工具,而后者中的很多人过去曾为捍卫新闻质量与商业主义作斗争,现在则努力适应环境。

对于革新者来说，最理想的结果是找到最佳结合点。技术被视为满足公共利益的方式，而满足公共利益也一直是理想的新闻报道的动力。

大量新闻工作者把这种创造性思维运用到报道中，从一些具有创新性的个体，如塞特拉基安及其同事，到那些新闻机构中的工作者的开创性努力，如美国全国公共广播电台、《纽约时报》和《西雅图时报》。正是这种与新闻所要求的公民价值相结合的探索，引领我们从事这项工作。

然而，这种新的数字煽情主义也面临风险：就像早些年的电视人所做的一样，人们对评价网络媒体的新标准做出反应，可能放弃质量能够打造忠实与深度参与的受众这一信仰。这是一条追求廉价的网页访问量、猫咪视频以及名人照片秀的路子。

娱信和煽情的诱惑

在科技革命爆发的最初二十年，有线电视开始引诱受众离开地面波电视，24 小时有线电视新闻让受众离开传统的电视网晚间和早间新闻节目，其中一个措施就是让新闻更像娱乐。这就迎来了娱信（infotainment）的时代，小报煽情主义的 20 世纪晚期版。这一现象在 20 世纪 90 年代末发展至顶峰，正好在美国及其媒体于 2001 年被恐怖袭击震惊之前（娱信在社交媒体平台上找到了新的形式）。在制作成本低廉的真人秀节目的时代到来之前，电视节目专注于报道名人和真实犯罪的黄金时段新闻杂志。像美国儿童选美皇后琼贝妮特·拉姆齐被谋杀的新闻不仅占据了花哨俗气的超市小报的头版，而且还成为新闻网晚间新闻节目的精选头条。

在 2001 年 9 月 11 日恐怖袭击发生之前的那个夏天，美国首都最受关注的新闻不是情报界日益不安的情绪,因为情报人员监测的海外通信表明美国自身面对的威胁越来越大,也不是科技泡沫破裂后经济疲软的影响,虽然没能吸取教训将在几年后极大地影响国家的经济状况。那时最受关注的新闻是华盛顿一个名叫钱德拉·利维(Chandra Levy)的女实习生的失踪案。利维与议员加里·康迪特(Gary Condit)有染,后者帮她获得了联邦监狱局(Federal Bureau of Prisons)的实习机会。虽然没有什么证据,只有猜想的动机以及利维失踪的事实,但媒体的推测指向康迪特,认为他为了掩盖他们的恋情而谋杀了利维。

这是一条相当劲爆的新闻。唯一的问题是上述猜测没有根据。利维确实被谋杀了。次年,她的遗体才在华盛顿岩溪公园(Rock Creek Park)被发现。但是事实证明,利维是在一起随机袭击和抢劫事件中遇害的。

娱信时代的新闻具有一些共同的特征。

《为名而狂》(The Frenzy of Renown)的作者利奥·布劳迪(Leo Braudy)指出,娱信新闻的关键特征是"用某种方式把新闻包装成秘密。你必须是了解隐情的报道者,然后与受众分享这些秘密。但是不幸的是,随着时间的推移人们会发现,这些秘密多为丑闻或淫秽的内容"。反过来,这又使"受众认为自己也是知情者之一"——他们需要再来点儿淫秽的内容才能满足。[8]

随着隐藏的秘密被揭露出来,人们意识到这一过程还涉及其他元素,包括用不允许发表的,乃至性暴力的内容挑逗受众,展示无辜者被肆无忌惮的掠夺者或强大的操纵者诱惑,或者名人的悲剧、身败名裂,或者获得救赎。康迪特的新闻就包含上述诸多要素。此前两年发生的华盛顿丑闻的鼻祖,克林顿—莱温斯基丑闻也是如此。类似的新闻永远不会消失。关于众议员安东尼·韦纳(Anthony

Weiner）的色情短信的传言①，或对 2013 年英国王室产子事件的关注，都提醒我们，娱信、名人新闻和丑闻一直是吸引受众注意力的最有效的内容。

但是，在很大程度上，主导 20 世纪末期媒体文化的娱信时代似乎已经衰落。潮流的转换肯定与数字技术有一些关系：公民的选择推动了大部分公共对话，他们正以不同的交流方式共享信息；还有其他类型的内容，从幻灯片展示到互动问答，都可以吸引受众参与，它们都比操纵信源或材料以产生戏剧性效果更有效。历史告诉我们，表达基调的变化也同文化和经济变迁有一定关联——美国正面临战争、经济衰退、恐怖袭击、政治极化和国际地位下降等麻烦。

我们之前已经见识过小报兴衰周期的更迭，还有该周期背后的经济繁荣、文化转型和政治危机。到了 20 世纪，随着 19 世纪 90 年代进入美国的移民开始向中产阶级流动，黄色新闻的煽情主义让位于《纽约时报》严肃、清醒的报道风格。随着狂乱的"咆哮的 20 年代"（Roaring Twenties）被严峻的大萧条时代所取代，小报的名流新闻时代与八卦新闻贩卖者，如名人广播和报纸专栏作家沃尔特·温切尔（Walter Winchell）也让位给新的严肃新闻，后者贯穿整个冷战时代。20 世纪 60 年代的大报之战，催生了一城一报的格局，幸存者不是大量发行的小报，而是每个城市的严肃报纸——《华盛顿邮报》《纽约时报》《洛杉矶时报》《费城询问报》《波士顿环球报》等。电视也一样。电视网新闻领域居于主导地位的机构总是那些分社最多并专注于制作严肃新闻节目的机构，不论是 60 年代的《亨特利—布林克利报道》（*Huntley-Brinkley Re-*

---

① 众议员安东尼·韦纳多次被曝给女性，甚至女学生发色情短信及图片。2016 年，他因给未成年女性发送淫秽图片而被判入狱 21 个月。他的妻子是国务卿希拉里关系最亲密的助理胡玛·阿贝丁（Huma Abedin），因此很多人认为对韦纳性丑闻的调查，让希拉里的"邮件门"事件重新回到人们的视野中，导致选情急转直下。

port），70 年代沃尔特·克朗凯特（Walter Cronkite）主持的《CBS 晚间新闻》(*CBS Evening News*)，从 80 年代中期一直到 90 年代中期由彼得·詹宁斯（Peter Jennings）主持的《晚间世界新闻》(*World News Tonight*)，还是从 20 世纪 90 年代晚期一直延续到新世纪的美国全国广播公司新闻的多平台策略，无一例外。[9]

一些网站，如 TMZ，或者 BuzzFeed（它也在新闻领域做了很多大胆的革新）上一些更变化多端的病毒式内容提醒我们，在数字时代，娱信并没有远去。事实上，网络展现了新型娱信或煽情内容的潜力。总有一种诱惑，会吸引网络编辑人员犯下电视时代为了追求收视率所犯的同样的错误：以为获得最大数量观众的途径就是用人们愿意与朋友分享的流行娱乐内容塞满所有空间。（我们会在下一章更深入地讨论这个问题。）毕竟，要想做出高质量的报道，成本高昂，况且新闻编辑部还在萎缩。

但是，历史提供了三个理由让我们相信仅仅靠提供娱乐内容来吸引受众并不是一个具有可持续性的战略。

首先，仅仅提供琐事和娱乐信息，会败坏一些人对所有信息的胃口和期待。对于那些由于兴趣、时间和所掌握的资料等因素而无法寻找替代性信息的人来说尤其如此。对于很多地方电视新闻来说，这是目前面对的两难选择。加利福尼亚州一家居于领先地位的电视观众调查公司——英塞特调查（Insite Research）十多年前宣称："在被调查的收看本地新闻的人中，有一半不再在乎他们看的是什么频道。"[10]由于播出的娱信未能转化为有用的在线新闻，本地电视新闻节目观众流失的问题在之后那些年里进一步加剧。

其次，娱信战略损害了新闻机构传播严肃新闻的权威性，赶走了那些想看严肃新闻的受众。这种现象也可以在地方电视新闻中见到。例如，印第安纳大学（Indiana University）的非营利性研究团体新闻实验室（NewsLab）的研究者在一项调查中发现，在人们列举次数最多的七个不再收看本地台电视新闻的原因中，有五个都用不同的方式表示它缺乏实质内容（另外两个原因是不在家或太忙）。[11]这项调查不仅引起了许多地方新闻工作者的共鸣，也得到了其他调查机构的证实。英塞特调查公司在另一项调查中表示，"不收看本地新闻的状况在过去十年间增长了一倍"。其中一个原因是："半数以上的被调查者认为大多数电视台花大量时间重复报道同一事件。"[12]

最后，娱信战略作为一个商业计划也存在缺陷，因为当新闻媒体将新闻变成娱乐之时，就是在以己之短攻其他媒体之长。新闻机构如何能够用娱乐的方式和娱乐机构抗衡？为什么它要这么做？新闻的价值和吸引力就在于其与众不同。新闻的基础是它与公众密切相关。娱信战略从短期来看可以吸引受众，并且制作成本低廉，因为它重形式而不重实质内容，可以吸引一些浅薄的受众。这些受众只是为了无休止地追求刺激，他们的注意力很快会转到下一件"最刺激"的事情上。

这些挑战，就像注意力分散的公众，并没有使新闻做不下去，只是让做新闻变得更困难而已。这些挑战也将成功的新闻和懒惰的新闻、好新闻和坏新闻、全面的新闻和过度煽情的新闻区别开来。

或许更重要的是，通过更精彩的故事形式重新争取受众十分困难。这需要想象力，大胆实验，而且对受众充满信心。

当网络开始从印刷媒体抢走受众时，后者的产品质量却基本上在网上消失了。正因为如此，新闻工作者最初倾向于认为网络是个略逊一筹的平台，以印刷报纸的优点为荣，并希望受众与他们有同样的怀旧情怀，而不是转向更方便的网络。

新闻工作者将互联网当作一个发布印刷媒介和电视上的相同内容的地方，而没有把它当成一个拥有独特潜力的平台。在那个时代，《纽约时报》的出版人亚瑟·舒尔兹伯格（Arthur Sulzberger

Jr.）这样的新闻界领袖断言他们是"平台不可知论者"[13]。

不可知论这个提法反映了矛盾和不确定性。然而，数字时代的创新者却不是平台不可知论者。他们是"平台正统主义者"（platform orthodox）。他们相信，并且想充分利用网络的独特潜力，用新的方式讲故事，并且吸引社群的受众参与他们的新闻搜集工作。

在21世纪的第二个十年里，情况开始改观。对新闻业寄予厚望的组织，无论是传统媒体还是网络媒体，都开始以网络革新者的身份出现，从《纽约时报》到ProPublica，再到一举成名的"深入叙利亚"这样的媒体。它们都成功地摆脱了数字煽情主义的诱惑，开始探索呈现新的叙事方式与增强吸引力的可能。在数字工具的助力下，这意味着不再把新闻看作静态的产品，即受众接收的东西，而是将其看作可以帮助人们过上更美好生活的服务。这一服务和想象力有关，这种想象力能够用更新、更好的方式实现我们描述过的新闻的不同功能，从追求真相、解释意义到赋能。

在这里，我们无法装腔作势，提供一本关于如何做到这一切的百科全书。那要另写一本书才能说得清楚。但是，我们将讨论一些观念性的问题，帮助公民、公民新闻工作者和职业新闻工作者从不同的角度思考问题。

我们要理解在一些传统新闻写作中经常被忽略的东西。像新闻报道的倒金字塔结构这样的形式已经成了一成不变的套路，虽然使用这些模式的新闻里包含事实和细节，但是无法吸引读者。大多数这种新闻作品会采用故事的形式，但是无法像优秀叙事那样生动、活泼。新闻中经常采用的倒金字塔结构及其他形式存在一些共同的缺陷：

（1）缺少人物——信源是模式化的人，而不是真实的人。
（2）时间凝固，动态性不强。每件事都发生在昨天或今晚。
（3）信息只适合某类受众，没有覆盖全部受众。

（4）新闻写得像内部人士在交谈。

（5）没有说明新闻的重大意义。

（6）没有把全球问题本地化或把本地问题全球化。

（7）叙事方式千篇一律，一看开头就知道结尾。

（8）互联网被作为新的平台使用，但是其内容仍然来自传统平台，并未充分利用具有全新可能性的技术。

一些新方法

如果新闻行业能充分发掘最有才能的成员，仔细研究其想法，搜索所有媒体中的独特观念，是可以发现一些与内容有关的引人注目的新点子的。下面的一些观念，有一些与讲故事有关，但是许多都适用于各种类型的内容，从策展性内容到照片、图片、视频等。

精彩的叙事并不是从坐下来开始编辑视频、开始写脚本，或在电脑屏幕上打开一个空白页面写新闻初稿时才正式开始。它始于你出去采访之前。它包括以与众不同的方式报道、选择不同的信源、提出新颖的问题等。

1. 受众是谁以及他们需要知道什么？

记者在报道伊始，通常会查找到目前为止已经报道了什么，然后报道最新进展。然而，这种报道最新进展的增量报道会使新闻具有局限性。

一些最有创造性的新闻工作者提倡一种完全不同的报道方法。接到一个任务，或思考如何操作一个题目时，记者首先应该问以下几个问题（受众也能发现这些问题）：

（1）这则新闻讲的究竟是什么？（到现在为止我们知道的事实，或者看到的数据，意味着什么？）

（2）这则新闻或这些事实会影响谁，如何影响？这些被影响的人需要知道哪些信息才能对这个主题做出判断？

（3）谁掌握信息？谁能把信息放到语境中？

（4）叙述这则新闻的最佳方式是什么？它是一种叙事吗？是否还有其他更好的讲述方式？

这些简单的问题会对报道产生巨大的影响。它们引导报道贴近公民——受众第一，利益群体、内部人士和其他直接参与者其次。这些问题还会指引记者找到之前的报道中不曾出现过的新信源。过去惯用的报道方式可能限制而不是扩大了受众的视野，而这些问题将使新闻报道摆脱陈规。

2. 利益相关者之轮

普利策奖得主、作家雅基·巴纳辛斯基（Jacqui Banaszynski）在讲授如何让新闻报道更有吸引力时要求人们围绕"利益相关者"进行思考，即那些参与事件或受事件影响的人。

为了做到这一点，她让学生在纸上画一个圈，在圈里写上事件或问题。然后，学生从中心画出放射状的"辐条"，每条代表一个与事件利益攸关的群体，甚至一个特定的人。这些个体可能是参与者、有利益关系者、受影响者，甚至就是对该事件或主题感到好奇的人。一开始进行练习的人只能画出几根辐条。接下来，巴纳辛斯基会让他们打开思路。

以教育这个主题为例，在学习的第一天，人们通常会提到下面这几个群体：

（1）学生

（2）家长

（3）教师

接下来，巴纳辛斯基告诉学生要把思路打开。之后，他们又在列表中加上了新的利益相关者，比如校车司机、交通管理员、食堂工作人员、学校管理人员、门卫、校医务室护士、辅导员，甚至逃学训导员（truant officers）。

巴纳辛斯基仍然建议学生的思路再发散一些。不久，这些辐条就指向了表亲堂亲、祖父母、教师工会、立法者、校董事会、通勤人员、日托和课后托管机构人员、销售学校用品的零售商、生产和销售儿童衣物的公司、有孩子的雇员、大学、研究者、为学校纳税者、有特殊需求的孩子的父母、想成为教师的年轻人……并不是每一则新闻或每一类内容都与所有这些人有关。每根辐条都提出了一系列问题，会催生优秀的报道，或改变讲故事的方式、影响故事中包含的内容模块。换句话说，无论作者采取什么叙述方法，故事的焦点突然集中在受众和社群上了。

3. 关于何人、何事、何时、何地、为何以及如何的新定义

新闻工作者应该重新思考新闻的基本要素——何人、何事、何时、何地、为何以及如何。佛罗里达州圣彼得堡波因特研究院的写作教授罗伊·彼得·克拉克正是这么做的。他把5W和1H变成了一个关于通过讲故事创作新闻的记忆方法。多年以前，克拉克就非常欣赏西雅图的作家和编辑里克·扎尔勒（Rick Zahler）的观点：目前的新闻写作把充满活力的动态事件变得僵化无比。时间只有昨天。地点只是电头地点。扎尔勒想为新闻"解冻"，让事件恢复活力。在扎尔勒的观点的基础上，克拉克现在经常谈及的是如何实现上述目标。

克拉克说："何人（Who）就是人物。何事（What）就是情节。何地（Where）就是故事发生的环境。何时（When）就是事件的时间表。为何（Why）就是动机或原因。"最后，"如何（How）就

是叙事",或者是把所有元素组合在一起的方法。[14]克拉克经常说,莎士比亚在《罗密欧与朱丽叶》(Romeo and Juliet)这首十四行诗的前八行里就道出了包括结局在内的所有故事情节,还有什么可以告诉受众?他解释说,在两个小时的戏里要补充的只是缺失的细节。"我们通常已经告诉了你新闻是什么,但是你还是想知道它是如何发生的。叙事就是回答'那是如何发生的'。"克拉克说。

如果我们把**何人**看成人物、**何时**看成时间表、**何地**看成环境、**如何**看成叙事的话,我们就可以把信息和故事融为一体。引语成为对话。新闻不再只是信息,还有了意义。如果不是偶尔为之,而是坚持这么做,就必须进行更多的采访,保持强烈的好奇心。《俄勒冈人报》的写作指导杰克·哈特(Jack Hart)说,如果写叙事性报道,每天完成15英寸到30英寸的长度是合理的进度。主要思路就是追踪某个角色,看他遇到了什么困难并且如何解决。可以通过一种所谓的五段叙事法来完成上述任务。第一段是展示说明(exposition),在这一部分介绍角色及其遇到的困难。第二段是上升行为(rising action),这是新闻的主体,展示角色在解决困难的过程中碰到的各种障碍。第三段是领悟(insight),或者展示角色获得了某种启示。第四段是解决问题(resolution)。第五段是结束(denouement),趁机让松散的结尾变得紧凑。[15]

4. 不仅关注受众看到什么,还要对他们理解的内容负责

《华盛顿邮报》的埃兹拉·克莱因(Ezra Klein)是一名新类型的记者。虽然一些读者对他的作品跨越了专栏作家与记者之间的界限感到困惑,但是克莱因对经济和公共政策的睿智的分析是严肃和扎实的,并且引起了读者的共鸣。他既是政策分析师,又是研究者,既是博主,又是记者,还是解释性新闻工作者。

克莱因的工作特色之一是他与受众沟通的方式。他说,太多传

统的新闻工作者是在给公众提供信息,但是很少承担起让他们理解的任务——关注读者实际上知道什么和思考什么。[16]

他说,他竭尽全力让读者有一种"钥匙在锁里转动的感觉",制造一种新知识正在被揭示的感觉。

克莱因指出,为了做到这一点,首先必须真正理解自己想要传达的实质内容。他说这意味着坐下来阅读学术成果和研究报告。接下来,带领读者把同一路程再走一遍,但是要避开那些走不通的歧路。

他还试图消除"读者的认知焦虑",即感觉事情枯燥无聊,或者跟不上。(换句话说,要让重要的内容变得有趣。)要做到这一点,方式之一就是想办法把不易理解的数据转化成表与图,把数据融入视觉元素与叙事。另一个方式是利用容易理解的对话形式,比如有项目符号的列表或问答体。无论采用什么形式,你首先应该关心的是你讲故事的方法是否会引导读者更好地理解你正在讨论的问题。

5. 尝试新的叙事技巧

新闻中一直使用的最一般的叙事结构——倒金字塔结构具有明显的缺陷。在这种结构中,每个新闻事件都被作为叙事加以讲述,被认为最重要的事实被放在故事的开头。随着新闻变得越来越复杂,题材范围越来越广,许多最优秀的新闻工作者愈发感觉到传统结构无法满足需要。"从 A 开始按部就班地到 Z,有时并不是最好的方式,"哥伦比亚广播公司的威廉·惠特克(William Whitaker)十多年前对我们的研究合作者说,"有时可以把 L、M、N、O、P 从中间抽出来放在开头,因为这是最有意义的部分,也是人们最容易理解的部分。"[17]

"数字优先"的执行总编辑吉姆·布雷迪(Jim Brady)指出,

对于许多人们想立即阅读的突发新闻来说，把最新的新闻放在开头的连续报道（running account）可能更容易理解，因为大多数读者已经听到过一些内容，他们想知道最新进展。幽默周刊《洋葱新闻》（Onion）① 的首席撰稿人托德·汉森（Todd Hanson）在接受《网络新闻评论》（Online Journalism Review）的采访时说，《洋葱新闻》的幽默来自《纽约时报》或《华盛顿邮报》这类报纸过时的报道风格。该杂志经常制作"国会批准 40 亿美元预算购买面包"以及"由于女孩更想当医生和律师，马戏团明星和仙女的地位日渐下降"之类的新闻。[18] 如果看一下 2013 年的《洋葱新闻》，你会发现他们不仅戏仿新闻报道，还恶搞社交媒体上的对话、图表，以及似乎无穷无尽的新式叙事元素。

6. 条条大路通故事

提出了"利益相关者之轮"的雅基·巴纳辛斯基也提到，任何一则新闻，不论是关于事件、思想、问题、发布会新闻稿、日程安排表，还是社会动态、晚餐谈话、单曲排行榜、教堂公告，都有可能超越明显的或传统的形式，成为新的吸引人的形式。这种可能性表现在两个维度上：

（1）追求讲述什么样的故事
（2）如何用最好的方式讲述这些故事（使用什么平台）

巴纳辛斯基谈到决定如何报道一则新闻时需要考虑的七个要点。我们又补充了两个：

（1）问题或趋势（Issues or trend）。要询问是否还有一个范围更大的图景有待探索。这个事件是否与更大的背景联系在

---

① 《洋葱新闻》是美国著名的"假新闻"媒体，以刊登模仿新闻的幽默讽刺文章著称，内容虽然荒诞，但不乏睿智的评论。

一起？它是如何发展的？它是否会成为机会窗口，让我们能够重新审视公众需要知道的更重要的问题，或者揭示该问题如何以特定的方式发挥作用？

（2）解释（Explanatory piece）。该新闻是否让我们有机会进一步挖掘和解释为什么会发生这件事或它是如何发生的？除了发现问题或趋势外，这一做法解释了事情是如何演变的，并揭示了世界是如何运转的。

（3）小传（A profile）。在事件或问题的中心是否存在相关角色，或者受到了影响的角色？是否能找到一个"导游"帮助你的受众看到或理解问题？小传未必一定是关于某个人的，也不一定是叙事。它们也可以关于某个地点，甚至是一个建筑物。但是，巴纳辛斯基说，它们必须与某个角色相关。

（4）声音（Voices）。是否有人能对事件或问题发表看法，说明它是如何影响人们的？这可以是讲故事者的视频，它可能影响故事的结构方式。这也可能是流媒体上的内容，或者是用户在 Storify① 上的聚合操作。它能把内容以强有力的方式传达给受众。

（5）描写（Descriptive）。给故事提供一个生动的舞台。重新创造所感、所见和所嗅，就像读者置身于事件或问题的现场。

（6）调查（Investigative）。调查不法行为，"追踪资金链"，分析权力斗争，利用能够获得的文件。

（7）叙事（Narrative）。故事是否完整，有开头、主体和结局？是否围绕主角展开情节、行动，展示行动、张力、冲突和问题的解决办法？

---

① Storify 是一款聚合、筛选社交媒体信息并将其"新闻化"的工具。

（8）视觉元素（Visual）。在不使用过多文字的情况下，使用照片、图表和图示是否可以更好地讲述这个故事？

（9）数据（Data）。故事的核心内容是用数字表达的吗？数据可视化与数据新闻仍然是讲故事。省略的内容与呈现的内容一样重要。

上述每一个要点，以及你基于自己的写作方法提出的其他方面的要点，都是你应该牢记的工具。当你搜集信息、开始组织信息时就要考虑这些要点，然后再判断采用哪种讲故事的方式能更有效地吸引和告知最终的信息消费者。这里最关键的一点是，你采取的叙事形式，会决定你需要搜集什么信息才能最好地契合这个形式。例如，你准备的小传是否用视觉的方式能得到更好的表达？如果是这样，什么视觉元素最适合描述这个人？是否通过叙述特定事件或行动能够更好地表现这个人？为了让形象从关于事件或行为的强大细节中浮现，你就需要精确的细节。

7. 沙漏体

20世纪90年代初，罗伊·彼得·克拉克注意到一种被他称为"沙漏体"的新闻结构。"它既不是纯粹的叙事结构，也不仅是倒金字塔结构。……这种形式以新闻体开头，告诉人们发生了什么，接下来金字塔中断，开始了一段叙事，通常按时间顺序展开，例如'此事始于……'"在这个意义上，报道摆脱了倒金字塔结构，以更具戏剧性并且通常更真实的语言进行叙述。

8. 问答体

纽约大学新闻学教授杰伊·罗森很长时间以来一直在思考如何让新闻更贴近公民的兴趣，而不是只满足新闻工作的传统形式的要求。有些方法看似简单，其实不然。罗森认为问答体（Q&A story）

（在网上被称作FAQ，即经常被问到的问题）是一种强大的但是未被充分利用的方法。这种形式要求新闻工作者以公民可能提出的问题为中心组织和架构材料。它也使受众能迅速通览新闻，各取所需，不必从头到尾阅读全文。

9. 布奇·沃德的餐桌

波因特研究院的布奇·沃德（Butch Ward）有一个办法能让生产新闻的人在构思、想象如何传递新闻时像公民一样思考。他告诉人们他们不再是新闻工作者，而是一群周六晚上一起围坐在一起吃饭的街坊邻居。某人抛出一个问题（关于医保、公共安全、儿童等），在座的每个人畅所欲言。每个"邻居"必须分享一次最近发生的与该话题相关的（真实的）个人经历。上次你和医保制度打交道是什么时候？和政府打交道呢？发生了什么？用20分钟重述一遍每个人的故事。然后花10分钟把这些故事列出来，使之成为你的新闻。如果沃德给记者30分钟，让他们坐下来列一个新闻清单，效果就比较一般，但是先把他们转变成讲故事者，效果会非常显著。

10. 体验式新闻

迈克尔·赫尔（Michael Herr）的《战报》（*Dispatches*）一书被视为关于越战的最佳作品，他给战争报道增加了全新的维度，把盖伊·塔利斯（Gay Talese）所说的"墙上的苍蝇"[①]这一技巧又向前推进了一步。赫尔不仅收集了一般战地报道所需要的大量细节，还让战士自己发言。他挑选的材料不仅讲述战士的故事，而且捕捉到他们的心理状态和思想状态。正如艾尔弗雷德·卡津（Alfred Kazin）在《绅士》（*Esquire*）上发表的书评中所写的那样："赫尔

[①] 指不引起被报道者注意、不干扰被报道者正常活动的采访。

比其他人更准确地捕捉到了战士身上绝望的信号,他们过得不错但同时毫无希望。"[19]

11. 显而易见

已故的道格·马利特(Doug Marlette)是一位曾经获得普利策奖的社论漫画家,他说大多数新闻乏味的原因是它们不够惊人。

"当感觉乏味时,你会停止学习,沟通也会失败。"[20]最主要的原因是"你不再感到新奇"。在戏剧里,有一个词专门形容这种乏味,即"显而易见"(being on the nose),意思是"你在说别人已经知道的东西"。

马利特说,在新闻里,"它表现为述说而不是呈现;做报告似的说教,好为人师。在电视新闻里,它表现为记者告诉观众他们已经看到的东西"。在报纸新闻里则表现为针对某一点做冗长的分析,而不是向前推进。

我们应该如何防止新闻"显而易见"?

12. 脑海中的图像

防止"显而易见"的一个方法是帮助人们在脑海中构建自己的图画,而不是替他们绘制图画。安妮·朗(Annie Lang)在印第安纳大学讲授电信传播并且管理传播研究所(Institute for Communications Research)。她指出,学术研究已经明确地承认了包括隐喻在内的心理图像的力量。"什么也比不上对某人说'你身后有条蛇'更令其恐惧。那甚至比拿一条真蛇给他们看更让他们害怕。"[21]

13. 揭示:将故事与深层主题相连

前美国全国广播公司新闻记者约翰·拉尔森(John Larson)提出,讲故事的关键在于出人意料。然而,他又补充说:"但是出人意料要有意义，它不是使人惊愕或震惊。"[22]一些电视人把这称为"揭示"。在拉尔森的心目中，最好的揭示是新闻触及某些人们预料不到的深层主题。那是新闻"在某些最基本的层面打动我们的东西。它们可能谈及母亲对子女的爱、丈夫对自己国家的自豪感，也可能关于野心和贪婪。在优秀的新闻中，总有一些以简单的方式呈现但十分重要的东西"。

这些主题不是由新闻工作者说出，而是通过新闻工作者使用新闻素材的方式被表现出来或揭示出来——使用恰到好处的引语、关键的电视镜头，或者描述两个人默默地四目相对时的样子。拉尔森说："优秀的故事把你引向真相，但不会告诉你真相。"

美国国家图书奖（National Book Award）获得者罗伯特·卡罗写过林登·约翰逊总统和纽约权力掮客罗伯特·摩西（Robert Moses）的传记。他说这一观念指导了他一生的工作。当他为摩西这个改变了纽约市却不为人知的权力掮客作传时，卡罗不愿只是简单地揭露。"我曾是名记者并且一直在报道政治，在为报纸工作时也试图解释政治权力是如何运作的，但我总感觉并没有真正解释清楚。原来有许多事情要追溯到罗伯特·摩西这个人身上，许多事情是我以前并不了解的。现在，这个人就在我面前，他从未担任过任何公职，但是我逐渐意识到，他的权力比任何州长或市长的还大。"[23]

14. 新闻中的角色和细节

另一些新闻工作者认为角色是故事吸引受众的关键。高明的角色塑造通常借助对细节的描写，细节会使角色更加人性化，更加真实。古巴男孩伊连·冈萨雷斯（Elián Gonzalez）遭遇了轮船沉没事故。2000年，他的父亲从古巴来到美国想把儿子接回家。在对移民局工作人员的采访中，最让KARE电视台的记者博亚德·赫珀特（Boyd Huppert）感动的一个细节是，"这位父亲知道儿子所穿鞋子的尺码"。对于赫珀特而言,这个细节"让人们对这个男人有了全新的认识",揭示出父子之间的关系、他的感情投入和他的性格。[24]

但是,许多新闻工作者没能以这种方式塑造角色。他们笔下的人物不过是道具,是被套进记者的模板的姓名和面孔——负责调查的警官、反堕胎者、愤怒的少数族裔发言人、悲痛的母亲。造成该现象的一个主要原因是新闻工作者没有让报道对象像在现实生活中一样说话。新闻中的引语大多数时候被当作工具,而不是报道对象和受众进行深入交谈的途径。电视中拍摄报道对象的方式是导致深度不够的另一个主要原因。通常,拍摄对象坐在人造背景前,身上打着完美的灯光,或者站在某建筑物前,前面是一圈话筒,他们看上去一点儿也不像真实的人。他们只存在于虚假世界——新闻所营造的世界——之中,像夸张的漫画人物,而不是真正的角色。

把某人称为"负责调查的警官"是在描述信源。但是,"刘易斯警探,重案组警察世家的一员,他父亲二十年前经办过类似的案子"就是角色。第一种描述方式把重案组调查员刘易斯放进僵化的固定模板,虽然就新闻的目的来说差强人意,但是缺乏深度,把他变成了和其他调查员没有任何区别的稻草人。

"众议院筹款委员会的共和党二号人物"就是模式化的写法。"有三十年议员经历的众议员,他反对几乎所有减税法案,但在成为一名残障儿童的祖父后,唯独不反对与心理健康有关的减税法案",这种描述更吸引人。但是,要将信源变成真实的人,必须提前围绕人物进行思考。这包括要向警官提出更多问题,寻找更多的图像资料,掌握更多关于个人习惯的线索,把他当成潜在的角色而不仅仅是信源,好奇地探索。这或许要花更多时间,但是也没有想象的那么多。你可以问问:"你以前是否办过这样的案子?你有什么特别的调查方式或方法吗?"最重要的是,把这个警官当成真实的人交往，而不是为了获得引语或事实而与其接触，而且永远不要忘记，从任何一个人那里，你都可以了解到一些你过去不知道的事。

对电视新闻来说，深入地刻画角色还意味着重新思考故事和片段的拍摄方式。同时担任自己作品的摄像师、记者、撰稿人和编辑的制作人戴维·图雷卡摩（David Turecamo）总是尽量把采访对象拍得像在真实生活中一样——站在柜台后面的店主、开着车的销售员、走向会议室的商务人士，一般都使用长镜头。他的作品专注于研究小角色。受众对相关问题的看法发生了变化，因为他们突然看到了真实的人、在各行各业工作的人，而不是"倡导者"或"游说者"。

15. 寻找故事中的隐喻或隐性结构

在美国的广播电视新闻工作者中，或许没有人能像罗伯特·克鲁维奇（Robert Krulwich）那样把重大题材变得生动有趣。他在职业生涯中，为全国公共广播电台报道过经济新闻，为美国广播公司报道过科学新闻，还用不枯燥的方式报道过其他一些公认的枯燥的话题。克鲁维奇总是努力寻找每个故事后面能使其变得难忘和真诚的隐性素材。这意味着避免公式化，把每个故事看成独一无二的，让素材来决定结构。"我做了许多关于抽象问题的报道，你必须找到人们容易记住的隐喻。这些隐喻就像挂大衣的钩子把人们钩住。如果你找到了这个钩子，那么，'嗯，这个故事讲的是会打鸣的小鸡仔的故事，是这样吗？这是什么意思？哦，原来是货币贬值啊'。"

克鲁维奇的隐喻常常让人觉得意外。为了强调日本经济增长变缓，他放慢了视频的播放速度。为了强调人们不会拼写**千禧年（millennium）**这个词，他加入了一个严肃的小学老师缓慢拼写这个词的片段。

16. 释放互联网的威力

在激发讲故事的新方法方面，网络可能比多年以来的写作训练的贡献更大。

印刷媒体、电视和广播基本上是建立在叙事的基础上，各有其不同的倾向或长处（电视更情绪化；印刷媒体信息量更大；广播是前两者的混合，和听众的关系更密切）。但是，上述每一种媒介都存在局限性。我们注意到，印刷媒体在处理事件时，一般只使用七个关键元素：叙事、标题、照片、插图、图形、表格，以及引语等。对于在线新闻而言，叙事工具和元素的列表则大大拉长，从数据、超链接到互动图表。正如"深入叙利亚"网站所表现的那样，这些元素被组合在一起后，叙事成为自我引导的过程，增加吸引力的潜力大为增加。

我们可以总结出六十余个类似的可以组合的元素（这对于一个正在进行中的新闻事件来说更容易，比如叙利亚危机，而对于没有联系的多个新闻事件来说就不是这样）。这个工具单每个月都在变长。PolitiFact的创始人比尔·阿代尔（Bill Adair）说："是时候重新思考新闻应该以什么为单位的问题了。"它不再需要采纳叙述性的故事这一形式。但是，对于一则具体的新闻而言，使用什么形式或元素应该服务于有助于理解、培养公众的洞察力这一目标，而不是为了创新而创新。

下面是达到上述目的的一些概念性的方法。

（1）作为结构化数据的新闻

网络催生了丰富的新型数据财富，这种财富可被用于突破关于数据的叙事（传统的"数据报道"），甚至超越对数字的视觉再现（"数据可视化"）。其中一种方法就是将信息调整为新的可以讲故事的结构化的数据要点。这种数据不再是原始数据，而是经过了组织和分析的有意义的要点。

以《坦帕时报》（*Tampa Times*）运营的网站 PolitiFact 为例，它重点关注的是政治意义上的"事实核查"。这个网站不写新闻报道，而是给政治人物的言论的真实性打分，从真实到完全虚假。事实上，每一个评分都是一个数据点（data point）。经过一段时间后，这些数据点就可以被组合在一起讲另一个故事，比如绘制巴拉克·奥巴马所有发言的整体真实性图表，并与其他官员进行对比。

类似的还有"凶案观察"（Homicide Watch），这是一个追踪城市犯罪的网站，具体到街道这一层级。信息被登记为数据点，而不是故事。随着时间的推移，这些数据能以易于理解的方式被存储、做成地图、筛选和分析。

数据点的观念和棒球赛的原始数据比较接近，比如安打和上垒的百分比，它们可以被分解成新的数据单位，比如攻击指数（OPS），或者一个球员的整体表现和在这个位置的其他人的比较（替换值）。

其中蕴含的潜力可能远比大多数新闻机构意识到的要大。当印刷媒体走向数字化，每则新闻必然会从页面上的文字转化成内容管理系统（Content Management System，CMS）数据库中的数据记录。然而，一般来说，这些新闻很少被当成彼此相关并且可用程序分析的数据加以处理。举例来说，当报纸把印刷版上报道的关于房地产交易的信息发到网上，关于地段、价格和买家的数据点就会进入不同的数据域，比如学区、税务评估、公共交通便利性等。如果是这样，理解和分析这些数据的可能性就会以指数级别增长。报纸将不再只是新闻的档案。它关于社区的知识有所增加，而这些知识又会被用于其他地方。

把新闻变成数据开启了多层次的新的可能性，可以创造知情程度和参与程度更高的受众。甚至资源有限的新闻机构也可以通过分析数据做出更深刻、更高效的新闻报道。数据还可以做得便于分类和具有交互性，以利于用户操作。新闻机构还可以开发利用这些数据的新闻应用程序或者手机应用程序，被编码和作为数据使用的新闻能够带来新的收入。例如，PolitiFact和"凶案观察"均通过把自己的技术平台授权给其他新闻机构使用而获得收益。

把新闻机构收集的信息转化成可分类的数据而不只是叙事的观念是思维方式的转换。"我们在生产新闻时所做的大量工作是计算……现在技术可以帮我们做这些事情。"阿代尔说。[25]事实上，技术在简单计算方面比我们做得更好。

（2）让多媒体成为真正的多—媒体

基于网络的讲故事形式将视频、音频、图像、文本、动画和互动图表混合在一起，形成一个浑然一体的叙事，并在越来越多的地方进行着尝试。在某种程度上，这种形式与"深入叙利亚"的模板化方法有所不同，后者是将许多内容类型用于一则持续报道的新闻。

在这种新的叙事形式中，所有内容都涉及多媒体。它不是一则嵌入视频的文本新闻，或者有文字说明的幻灯片。相反，它是无法用其构成要素加以清晰定义，甚至不能用文字描述的新型叙事。

以Zeega.com为例，它使任何人都可以方便地把网上的GIF动图、音频、图像、文本和视频组合在一起。Cowbird是另一个有类似功能的网站。浏览这个网站，你会发现关于太空竞赛的视频，由宇航员弗兰克·博曼（Frank Borman）解说。用户可以通过点击，将带着说明文字的图像拼贴在一起，还能制作带视频解说的动图。这里没有固定的规则，大多数访问者会觉得一些故事新奇、刺激，另一些则平淡无奇。无论这些作品是由像《大西洋月刊》（*Atlantic*）的亚历克斯·马迪格里尔（Alex Madigral）这样的专业作家创作的，还是由不同年龄的业余作者创作的，Cowbird都坚持唯一的标准：创意。

2013年，《纽约时报》在报道华盛顿州喀斯喀特山脉隧道溪（Tunnel Creek in Washington State's Cascade Mountain range）的雪崩事故时将不同的元素融为一体，获得了广泛好评。对这一导致许多经验丰富的滑雪者受困和死亡的事故的内容全面且质量很高的报道展示了这种新的多媒体报道的发展前景，而这不是唯一的例子。《监狱谷》（"Prison Valley"）是一个交互式网络报道，报道对象是科罗拉多州中部的一个有1.3万人的小城，但是这里有13座监狱。这个报道几乎就是电视纪录片与电子游戏的结合。美国全国公共广播电台的"图片秀"（Picture Show）栏目每日将网络上的照片集中在一起展示，制作了一期名为"失物寻回"（Lost and Found）的特别报道，把业余摄影师查尔斯·库什曼（Charles Cushman）在1938年拍摄的稀有彩色照片与音频解说结合起来，讲述了这些丢失的照片是如何被发现的。

（3）为真实服务的叙事

最后是一个提醒。叙事性新闻写作有时被一些编辑视为"有态度的写作"。使用这种写作方式的新闻工作者就像舞台上对观众念台词的演员一样把自己的感想和观点插进新闻，这在自我指涉的段落里表现得十分明显，如"当候选人开始讲话时，记者中响起了明显的抱怨声……"

在一些情况下，某种态度会发酵，并在不同的新闻里和不同的记者身上反复出现，甚至出现在不同的出版物上——成为新闻工作者共享的元叙事（meta-narrative）。比如，政客只会追逐权力；纽特·金里奇（Newt Gingrich）有点儿疯狂；乔治·W. 布什是副总统迪克·切尼（Dick Cheney）的傀儡；一个失落的儿子去伊拉克参战的动机是弗洛伊德心理学意义上的胜过父亲；巴拉克·奥巴马是个学究式的书呆子，虽然两次当选总统，但是并不懂政治。新闻中的元叙事已经奄奄一息，不过因为它包含了少许真相，所以它可以变得非常强大，以至于可以通过过度简化真相来遮蔽真相。

在讨论技巧的同时，要记住重要的一点：形式永远不能决定内容。技巧绝对不能改变事实——新闻工作者对叙事模式的使用必须服从前面提到的准确、真实的原则。不论表现形式如何，必须牢记，最具吸引力的是真实的故事。

我们在这里重点强调的是对公共事务的报道，趣味性和相关性原则对其他题材同样适用。在许多方面，帮助受众理解比尔·盖茨（Bill Gates）的营销战略会对他们的生活产生何种影响和讨论总统候选人的互联网政策同样重要。一篇旨在说明好莱坞的电影摄制方式的人物专访也可以成为展示美国文化的大作——当然，它也可能成为公关人员的促销手段。这完全取决于记者的处理方式，而不是报道主题。因此，公民可以使用关于引人入胜和息息相关的原则来判断自己接触到的任何一则报道是否有价值。

接下来的一个原则将把趣味性与相关性放到更广阔的背景中加以讨论：如何决定优先报道什么新闻？

第9章　全面、均衡

瓦莱丽·克兰（Valerie Crane）在管理佛罗里达州的调查传播有限公司（Research Communications Limited）时，很喜欢讲一个故事，以告诫大家不能这样研究受众。这个故事的主角是一家大型有线电视网的市场调查部门负责人，他被要求在一轮针对年轻观众的焦点小组访谈中加入一个问题："你认为年轻人中的下一个大流行趋势是什么？"

研究人员认为，可以使用抽样调查、消费心理学统计和焦点小组等工具观察人们如何对事物做出反应，还可以借此了解受众如何生活以及如何使用媒介。但是，这些工具不能，或者至少不应该，代替专业判断。

可是，老板想问这个问题，于是研究者郁闷地通过单面镜看着讨论的组织者把问题抛给一群围圆桌而坐的年轻人："你们认为下一个潮流会是什么？"令组织者高兴的是，他们立刻做出反应："这是什么意思，下一个潮流是什么？我们还指望你们告诉我们下一个潮流是什么呢。"[1]

如果说引人入胜和息息相关原则有助于说明新闻工作者该如何有效地报道新闻，那么下面这个原则涉及的则是应该报道什么新闻。

什么是新闻？由于时间、空间和资源有限，必须判断哪些重要哪些不重要，应该留下什么抛弃什么。在信息无限的互联网时代，谁来做这个决定？这些问题引出了公众对新闻媒体提出的另一个要求，即第八个基本原则：

新闻工作者应该使新闻全面、均衡。

然而，如何才能做到这一点？在人类探索世界的时代，绘制地图是一门科学，也是一门艺术。坐在羊皮纸前的画家绘制着范围不断扩大的已知世界。在描画欧洲甚至附近的海洋时，他们的作品还算准确。但是当转向西边描画新世界时，对这片令人浮想联翩的地区，他们主要依靠猜想。那里有什么？金子？不老泉？地球的尽头？鬼怪？根据他们对顾客喜好的判断，那片遥远大陆的面积时大时小。在描画遥远的太平洋时，他们在未知区域绘上海怪、恶龙或巨鲸。图上的怪兽越怪异越吓人，金矿和印第安人越奇异，地图就卖得越好，绘图家的名气就越大。流行的地图总是十分煽情，但是它们对探险或认识世界没有多大用处。

新闻工作就是当代的地图绘制工作。它为公民画出用于探索社会的地图。那也正是它的用处和存在的经济理由。绘制地图的观念有助于说明什么才是新闻应该负责报道的问题。就像地图那样，新闻的价值取决于是否全面和均衡。那些投入过多时间和空间报道一场轰动的审判或名人丑闻的新闻工作者——尽管知道不应该给予这些内容如此多的关注，但还是这么做了，因为他们觉得这样的新闻更畅销——和那些为了迎合市场喜好而把英格兰或西班牙画得和格陵兰岛一样大的地图绘制者没什么两样。地图绘制者这么做或许会带来短期的经济效益，但是它误导了旅行者，最终毁掉了自己的名声。那些没有事先进行核实就写下"自以为真实"的内容的新闻工作者，和在遥远的新世界的角落画上海怪的艺术家没什么不同。而漏报了太多新闻的新闻工作者,则好比那些没有告诉旅行者前方还有其他道路的地图绘制者。

把新闻工作看成绘制地图,有助于我们认识到均衡和全面是做到准确的关键要素。这超越了孤立地评判某一篇报道。那些好笑、有趣但是缺乏重要性的头版报道、网页和新闻节目也是一种歪曲。与此同时,某一天的报道如果都是严肃的重大事件,没有任何轻松的内容,也有失衡之虞。这一隐喻也适用于分众媒体或那些聚焦于单一主题的媒体。在一定范围内,均衡与全面的概念对于任何一个主题都适用。

显然,时间和资源的限制意味着没有任何机构的新闻编辑部(更不必说小型社群网站了)能报道每件事。过去十年来,商业新闻面临的最大挑战就是资源的减少。所谓面面俱到已经变得越来越困难。有远见的新闻编辑部必须决定哪些报道领域最重要,哪些领域只需稍加关注即可。

但是,作为公民,我们仍然可以提出下列问题:我们在报道中能否看到整个社区?我们能否看到自己?大多数人认为有趣或重要的事情在报道中是否以恰当的比例混合在一起?

目标人口统计谬误

地图绘制者的概念还有助于我们更好地理解新闻多样性的观念。如果把新闻看成社会地图,那么这张地图应该包括所有社群,而不仅限于对广告主具有吸引力的群体。

遗憾的是,事实证明,这个原则很难坚持下去。我们在第3章提到,在20世纪下半叶,新闻机构把注意力更多地转向其目标受众,如报纸更关注富裕的读者,电视新闻更关注女性观众,因为这能更好地满足广告主的需求。新闻机构实行这个策略,有以下两个原因。第一个原因是，25年以来，报纸的受众和广告主不断流向电视和其他媒体。因此，报纸行业认为，在电视时代要对报纸发行做一些结构性限制，报纸应该成为服务于受教育程度较高者的小众媒体。第二个原因与成本有关。报纸每卖出一份，就会亏损一份的钱。25美分甚至1美元的报费只能抵消平摊到每份报纸上的报道、印刷和运输费用的一小部分。其余部分（大概占75%）要靠广告收入来补偿。所以，如果卖给读者的报纸不能吸引广告商，每卖出一份报纸就会倒贴一份的钱。广告行业也认为报纸是到达上层人士的主要媒介。其他媒介，尤其是广播和电视，被剩下来服务蓝领受众。报纸产业的策划人员理性且及时地意识到，把目标受众定位在富裕阶层不仅有必要，而且有好处。打着经济效益的旗号，对每份报纸的成本和每个订户的收入的核算，使放弃整个社区的行为具有了合理性。把某些群体从读者中排除出去也就意味着没必要投入大量资源对他们进行报道。

要挑战经济学的结论，或者在报纸的媒体领导地位被电视取代的环境下证明流失的低收入读者会回归报纸，几乎是不可能的。要改变这一趋势则意味着要相信长期战略能够奏效，虽然华尔街和许多传统观念并不认同长期战略。问题的关键在于，人们对新闻业的效能和收益的信心不断减少，使得在网络突然使受众增长不仅成为可能并且成为持续经营的当务之急时，新闻媒体处于防守状态，以经济收益为导向，并对革新充满敌意，缺乏准备。换句话说，虽然从短期来看放弃新闻的责任充满吸引力，但是从长期来看，这被证明是一个糟糕的商业战略。

电视也及时地开始思考聚焦特定目标观众的问题，电视台更关注还未建立品牌忠诚度的青年观众和被认为能做出购买决策的女性观众，尤其当越来越多的电视台开始报道新闻之后，每个台的份额都在缩小。由于电视网和华尔街已经习惯了从地方电视台的新闻中获得超高的利润（利润率通常超过40%），电视新闻的压力逐渐增大。为了保持利润，电视台只保留很少的记者员工，并且要求大多数人每天必须完成一则报道。[2]在这种情况下，根本不可能对整个社区进行报道。于是，新闻把目标瞄准了最理想的细分群体——年轻女性。

随着时间的流逝，我们能够更清楚地看到用人口统计学特征来定义目标受众的经济逻辑存在的严重问题。其中之一就是忽视了从20世纪70年代末开始不断增加的移民社群，这些群体不断改变着美国的城市构成，也正是一百多年前美国新闻业获得成功所依赖的主要人口。普利策、斯克里普斯以及其他便士报巨头都把移民视为核心受众。他们的报纸的用词都比较简单，以便移民能看懂。他们在社论版上教移民如何做合格的公民。这些新来的美国人下了班，聚在一起，聊聊报纸上的内容，或读报给别人听，然后讨论当天的重大事件。

随着19世纪80年代到90年代进入美国的这批移民逐渐美国化，报纸也随着他们改变，更加贴近中产阶级，更有文化气息。1910年的《纽约世界报》比二十年前严肃、清醒得多。八十年后，着迷于经济效益的新闻业却没有像一个世纪以前那样，投入同样的资源与新加入美国的公民建立紧密的关系。

新闻业在把目标受众定位于最具盈利潜力的群体的同时，也没有在年轻的美国人身上投入太多资源。新闻写得冗长、高深，多数时候只有具有大学以上学历的人才能看得懂。布鲁金斯学会（Brookings Institution）的斯蒂芬·赫斯（Stephen Hess）这样的批评家指出，记者是在为信源写作。[3]由于强调犯罪和刺激性，电视新闻已经从家庭成员愿意聚在一起观看的节目，变为家长为保护孩子而禁止其观看的节目。[4]在效益和边际利润的名义下，我们没有为培养新一代对新闻的兴趣做任何事情。今天，来自互联网的受众数据显示，年轻人对新闻感兴趣,但是这里所说的新闻不是以任何传统技术形式呈现的新闻。[5]虽然不能把所有过错都推给新闻的商业化,但是这些商业战略实际上帮助缔造了一代不消费新闻的人。

还会有别的结果吗?新闻是否能够避免脱离更广大的受众,成功抵达更多样和更年轻的人群?对于这个问题,很难找到一个确切的回答。但是,因为新闻公司只盯着精英群体和成本效率,从总体上看,整个产业并没有在这方面做出尝试。或者,等到他们开始尝试时,产业已经病入膏肓。如果借助地图绘制者的概念来看这个问题,那些观念的错误就会更加明显。我们只把一部分地区画进了地图,其他地区则付之阙如。那些无法找到自己社区的人会放弃这张地图。

新闻节目和报纸忽略整个社群的行为也会给它们所服务的那部分群体带来问题。因为大量信息被遗漏,这部分受众得不到完整的信息,无法对当前的形势和自己的需求做出正确的判断。最终,这种市场战略还会威胁到新闻机构自身的生存,因为新闻机构是最需要被全部公民关注的。用华尔街分析家约翰·莫顿(John Morton)的一句名言来说,我们这是"涸泽而渔"(eat our seed corn)。[6]

反过来,把某些社群整体排除在外还会造成一个问题,那就是对为之服务的那部分群体报道得过细。虽然新闻报道的对象范围变得越来越窄,但是新闻变得更长,内容也更丰富。有时候一份报纸有上百页,要花上一整天才能读完。电视节目的目标群体策略也产生了同样的效果。例如,现在地方电视台每天播出的健康节目几乎对每一项新的医疗研究都进行报道,不论它们多么不成熟也照报不误,而公民非但没有得到清晰的信息,反而更加困惑。

亡羊补牢,未为迟也。网络使得吸引受众参与达到一个新的层次,这是我们在新闻仅由传统平台生产的时代想象不到的。即使网络革命带有破坏性,但它还是使新闻的受众更加年轻,并且增加了人们的新闻消费量。且看几个数字。2013年印刷版报纸读者的平均年龄是54岁。移动设备上报纸内容消费者的平均年龄是37岁。有1/4的人说由于数字技术，他们现在消费的新闻比以前多，只有10%的人说现在比过去少。在使用移动设备的人中间，32%的人说他们比过去消费得多，8%的人说更少。[7]

一个挑战是公共空间的问题。创造一个可独立存在的能够发现社群问题解决方案的公共空间，不仅是新闻工作者的职责，可能也是解决经济问题的途径。因此，对社群新闻感兴趣的人必须迅速行动，想方设法为多元的人群服务——但是，首先要把他们当成整个社群的有机组成部分。有证据表明公民也赞成这种做法。卓越新闻项目花了数年时间，想发现哪种地方电视新闻能提高收视率。一个由地方电视新闻领域的专业人士组成的调查设计小组认为，报道整个社群是电视新闻台最重要的义务。有数据显示，观众也同意这种看法。和报道范围狭窄的电视台相比，报道范围更大的电视台更容易吸引或保持观众。[8]

隐喻的局限

就像所有隐喻一样，绘制地图的说法也有局限。绘制地图是一门科学，但新闻工作不是。你可以标出一条路在地图上的精确位置，测量一个国家甚至一片海洋的面积，但是新闻中的比例是另一码事。一些人认为重要的新闻在另一些人看来则有可能无足轻重。

新闻的均衡和全面是一种主观感受。然而，这种不确定性并不意味着和地图上更客观的道路和河流的特征相比，新闻的均衡和全面就没有什么意义。相反，力求全面、均衡是确保新闻受欢迎以及财务健康的关键。虽然全面、均衡具有主观性，但是它们在实践中是可以实现的，而绝不是抽象的理论。正直的人对新闻重要性的判断可能不同,但是他们和新闻工作者一样,能看出什么新闻被过度炒作了。他们对一则新闻的哪些细节已经越线的判断可能有分歧,但是当新闻到达某一点,他们就能看出它已经越过了底线。在一个争夺人们注意力的时代,越过这条底线的新闻越来越多。

随着我们越来越多地从聚合网站、RSS 订阅获得信息,或在推特这样的二手信息平台把不同来源的信息组合成我们自己的新闻,新闻变得原子化,做到平衡与全面的责任从新闻提供者转向个人。我们现在越来越依赖这些定制风格的系统,不再依赖把关人,我们既是新闻的消费者,也是自己新闻的编辑者,更有甚者,还成为自己公民意识的管理者。问题不再是"我应该知道什么?",而是"为了让自己知情,我是否检查过所有需要检查的地方?"

一些人认为,如果有值得知晓的事情,总会有人告诉我们。我们可以通过信息渗透知道一切。但实际上,我们无法做到。我们会被甩在后面,越来越远。如果长时间不用的话,公民意识会悄悄地离开我们,就像我们的身材如果不锻炼就会慢慢走形一样。

被迫夸大

在新闻媒体的文化经历断裂的时刻,这些媒体会面临更大的进行夸张和煽情的报道的压力。你可以把这个规律称为"裸体和吉他"原理。

如果你想吸引受众,可以到街角表演脱衣舞,脱到一丝不挂。在短时间内,或许你会吸引一群看客。但问题是,如何才能让他们持续观看?一旦他们看过了你的裸体,为什么还要留下?如何避免观众转移注意力?还有另一种方法。假设你回到同一个街角表演吉他。第一天听的人很少,但是第二天可能会增加一些,这取决于你的吉他弹奏水平和曲目的丰富性。如果你弹得好,曲目多种多样,你就用不着去费劲地保持观众数量,总有新观众被不断地吸引进来,替代那些听厌了的老观众。

实际上,当新技术让信息渠道的数量不断增加,每个新闻机构眼睁睁地看着受众减少时,新闻媒体就会面临这样的选择。当未来充满不确定性,除非你能够短平快地获得新受众,否则你甚至不清楚自己在这个行业还能待多长时间。这时你会选择哪种招徕受众的方式?在某种程度上,既然过去的经验未必适用于未来,新闻机构至少应该依据某种信仰或哲学采取行动。使这一复杂局面更难解的是又增加了实时的指标,即显示某种内容如何能迅速获得人气。

某些新闻机构,甚至是那些比较严肃的传统媒体,也转向了裸体这条路。比如,报纸网站在其主页的显著位置滚动播放明星的照片。部分原因是它们受到了"新闻已经成为供过于求的商品"这一观念的影响。华尔街分析师、培基证券(Prudential Securities)的小詹姆斯·M.马什(James M. Marsh Jr.)在我们与他的一次关于电视节目的交谈中说:"目前的新闻节目过多,供远大于求。"[9]另一个事实也部分影响了这一选择,那就是生产大量原创报道的花费不菲,需要记者网络、摄影师团队和遍布全世界不同地区的分社的合作。

我们在前文提到,当有线电视打破电视网新闻的垄断时,后者会使用各种技术引诱受众。早间新闻节目把大量注意力转向了名人、娱乐、生活方式甚至产品的关联促销。有一段时间,晚间新闻节目也减少了对公共机构的报道,转向娱乐和名人等更具有吸引力的内容,直到2001年9月11日的恐怖袭击事件之后这一现象才有了明显的改观。[10](到2012年为止,三大电视网都形成了相当有区分度的特点。哥伦比亚广播公司的新闻节目对政府和外交事务等报道得比较多,也就是硬新闻较多;美国广播公司的新闻节目更偏向对生活方式的报道;全国广播公司介于二者之间。[11])

电视新闻节目主持人的另一个技巧是通过表达自己对新闻的感受来拉近与观众的距离。为了做到这一点，他们会在新闻中加入情感暗语，比如"令人吃惊的"（stunning）、"可怕的"（horrifying）、"恐怖的"（horrific），以及"每个家长都应该收听的严肃警告"之类的短语。例如，随机选择一个早晨，三大电视网的节目在解说前5条新闻时就使用了30次类似的词语，有时是主播在导语或结语中使用，有时是同期声里的采访对象使用。[12]

对于个别新闻工作者而言，表露自己的感情，甚至愤怒会推动事业的发展、建立和受众的联系并且展现他们的人道主义精神。在帕迪·查耶夫斯基（Paddy Chayefsky）担任编剧的电影《电视台风云》（Network）中，主持人霍华德·比尔（Howard Beale）的表现就是这样，他在直播中宣布"我快气疯了，老子不忍了"之后，反而更红了。这种情绪爆发起初可能是真诚的，但是这种做法也会被利用。有线电视新闻网主持人安德森·库珀（Anderson Cooper）在宣泄了自己的强烈愤慨以及对2005年卡特里娜飓风中的受害者表示同情之后，被提拔为黄金时间节目的主播，他带着个人情感播报新闻的场景也被放入有线电视新闻网的一个宣传片。

各方评论家对第四等级身上新出现的激情赞誉有加，甚至一些人猜测这有可能标志着新的进取精神。但是，并非所有人都赞扬库珀的行为，许多人对其加以质疑——一百年来新闻报道所坚持的冷静报道事实的原则是否正面临威胁？

这个问题触及了一个核心问题：成为新闻工作者意味着什么？在一个承诺压抑个人喜好以确保公信力的职业里，煽情主义和愤怒是否恰当？当然，在目击人类痛苦的时候，很难说新闻工作者的任何感情都不合适。因此，如果说有时掺入个人感情是恰当的而另一些时候不恰当，那么二者的分界线在哪儿？

第一个应该赞同的合理原则是，当其他反应都违反人性，而表达感情是唯一自然的反应时，可以表达个人感情。1963年肯尼迪总统遇刺后，主播沃尔特·克朗凯特拭去脸上的泪水的场景，还有几年后"阿波罗"飞船登月时他表现出的极度激动，不仅打动了美国人，也是恰当的。

第二个原则是在发现了问题，接下来要把信息放入更大的语境进行研究的这段时间内，不宜加入感情。新闻工作者对自己见到的事件做出了本能反应之后，应该冷静下来并努力寻找答案，这要求具有怀疑精神、认真敬业的精神和思想独立的品质。人的情感是决定一件事能否成为新闻的核心要素，但是一旦你企图制造某种情感或者利用某种情感以引起世人对你的关注，你就越过了底线，把新闻变成了已经泛滥成灾的东西——真人秀娱乐节目。在这个时刻，情感就不再是本真的、有益的反应，而变成了某种噱头。

对评估标准的分析

网络为我们引入了一个新的维度，而这个维度并不像新闻人所认为的那样是前所未有的。理论上，网络可以让新闻媒体知道有多少人阅读或观看了某一特定内容、他们浏览了某个页面的哪个位置，以及他们停留了多长时间。

在使用数据评估媒体工作时，有两个评估标准方面的问题会起到负面作用。第一是评估标准本身是混乱的。应该评估什么才对？是评估独立访问用户（代表观众的整体规模）吗？一些学者，如乔治·华盛顿大学（George Washington University）的马修·欣德曼（Matthew Hindman）等指出，测量独立访问用户的不准确之处在于同一个人用不同设备访问某网站时会被重复计算。那么，评估参与度更好的指标是在网站停留的时间，或访问时间？页面浏览量是合适的评估指标吗？所有这些问题都因为一个事实而让人头痛，即根本不存在标准的评估方法。康姆斯科（comScore）提供的数据可能与尼尔森（Nielsen）、奥姆尼切尔（Omniture）和谷歌分析（Google Analytics）提供的数据存在很大差异。新的数据还显示，大量页面浏览可能根本不是来自真人，而是来自机器的自动点击，这种机器被设计出来用于增加浏览量。比如，在某月，康姆斯科给出的《华盛顿邮报》的访问用户数是1700万，而尼尔森给出的数字只有1000万，或者两个公司计算出的雅虎在某个月的独立访问用户数相差3400万，这一数字和加拿大的人口差不多。[13]媒体从这些事实中能得出什么结论？

使用网络评估标准的第二个问题是，新闻工作者传统上抗拒根据数据做编辑决策。即使数据是可靠的，在传统平台上依靠深度和质量建立起声誉的新闻机构，是否应该通过追逐页面浏览量，以期出售更多廉价的横幅广告，来启动自己的在线业务？这些标准只是重复了一个人们熟悉的可预测的经验：关于贾斯汀·比伯（Justin Bieber）的专线报道总能轻易击败一篇关于密西西比州政治家黑利·巴伯（Haley Barbour）的企业政策报道。像《旧金山纪事报》这样的报纸网页顶端的名人照片展示可以带来流量，但是它们也给报纸贴上了只能依靠噱头生存的标签。

电视业多年来都有实时收视数据做参考，如果这一事实可资借鉴，我们就有理由担心新闻业会在解读数据的真正意义方面痛苦地纠结。

使用以分钟为单位的数据计量，电视新闻管理者可以准确了解人们在哪条新闻的哪个时点转了台。因此，媒体开始调整新闻节目，以保证每则新闻都有最高的收视率。但是，这一策略对预防观众的流失没有什么效果，反而可能加剧了观众的流失。

"新闻机构这是搬起石头砸了自己的脚，"曾为全国广播公司和其他媒体客户服务的受众研究员约翰·凯里（John Carey）解释道。[14]

"他们一直对这些收视数据言听计从，亦步亦趋，制作了越来越多能带来高收视率的新闻，而他们也被困在了那些套路中。"结果，黄金时间的新闻杂志"只拥有更年长的观众，他们多愁善感，也更追求刺激和煽情"，而大部分观众流失了。"在某种程度上，电视网的人知道这个问题，但是他们不知道如何才能解决这个问题。"凯里在黄金时段电视杂志最火的时候这样说。他不幸言中了。[15]

与此同时，地方电视新闻的管理者倾向于借助一系列有助于提升收视率的传统观念进行管理，这些观念把观众想象得很愚蠢，需要被人操纵。在这些神话中，有一种观念认为，刺激性的视觉效果会吸引观众，大幅提升收视率，并让他们持续观看。另一个相关的观念是，使用了这类视觉效果的犯罪和公共安全类的新闻收视率会很高，而那些关于公共事务的新闻，或关于政策与政府的信息密集的新闻会把观众吓跑。

管理人员在解释这些收视数据时，常常发现这些先入为主之见得到了证实，他们在电视业咨询师设计的廉价市场调查中也可以看到这一点，这些咨询师不知不觉地强化了传统的行业常识。

如果我们进行更多严谨的研究，大多数传统成见就会被推翻。最细致的研究可能是由卓越新闻计划进行了数年的项目，它的合作者包括哈佛大学肖伦斯坦中心（Shorenstein Center）[①]的学者和夏威夷大学（University of Hawaii）的学者。他们的研究分成几个步骤。和简单通过主题来研究每则新闻不同，他们的研究把每则新闻按照报道的层次和质量进行分解。他们不是观察每分钟的收视数据，而是观察长时段的收视数据，以揭示更深层的趋势。他们不是看受众对一家电视台如何反应，而是研究多家电视台的内容与长期

[①] 全称为 The Shorenstein Center on Media, Politics and Public Policy，是哈佛大学肯尼迪政治学院下属的研究中心，其目标是理解人们如何接触、处理与创造信息，尤其是与新闻和社会问题相关的信息，以及解决我们的信息生态系统面临的问题。

收视率之间的关系,提供了一个更可靠的样本。

这个研究分析了33 000条新闻,它们来自150个电视台5年来播出的2419个新闻节目。他们研究了新闻采集和报道中的各个元素,包括数字、平衡性、信源的专业性、是否与受众相关、对社群的重要性、新闻是否完整等,最后发现新闻的采集和报道方式在决定收视率方面,其重要性是新闻题材的2倍。[16]

这个发现在数字时代尤其重要,因为和新闻节目相比,新闻越来越成为消费者主动寻找的核心单位。

该研究揭示了一些基本的但又经常被忽略的东西。电视台发现观众对关于公共事务的报道不感兴趣,但是误解了这一点。人们并未表达对公共事务毫不关心。他们之所以反应消极,是因为大多数公共事务报道做得不够好,而做得不好又是因为节目制作者认为观众不感兴趣。

研究者预料到这个结果,并微妙地强化了这个印象。我们与皮尤中心的研究者一起做了一个实验,对比了流行的电视市场调查机构在抽样调查提问时所使用的措辞和另一种皮尤中心的研究者认为更客观的措辞,然后发现了这个自我实现的预言。这些问题测量的是公众对关于政府的新闻的态度。电视市场调查机构只是简单地询问了人们是否想看更多关于本州和本地政府的新闻。只有29%的人说他们对这种报道非常感兴趣。当皮尤中心把政府与它正在集中力量解决的问题联系在一起时,调查数据发生了戏剧性的变化。当人们被问起对关于"政府该如何改善当地学校的状况"的新闻是否感兴趣时,"非常感兴趣"的百分比跃升到了59%。而当受访者被问到是否对关于"政府可以做什么才能保证公共场所不受恐怖主义威胁"的新闻感兴趣时,"非常感兴趣"的百分比提升得更明显,达到67%。[17]这类百分比在降低医保成本的新闻上也呈现类似的提升。所有这些话题,从学校、医保到公共安全,无不与政治和政府密切相关。

如何使用数据创造更好的新闻而不是用数据证实关于受众的最糟糕的预期,是电视新闻曾经面临的挑战。当新出现的网络评价标准困扰着媒体时,它们面临同样的挑战。

市场营销挑战市场营销

当新闻业进入一个更依赖数据的时代,我们应该从过去的调查(尤其是关于电视的调查)中吸取教训,以避免被自我实现的预言误导,避免简单使用吸引注意力的噱头,因为这种做法在长远来看是一种自我毁灭。

从事新闻报道工作的人不能自我孤立并忽视这样一个事实,即数据可以帮助他们生产出更丰富、更具回报性的内容。相反,在一个受众可以控制自己的媒体消费的时代,为公众服务的新闻要继续生存,就必须依靠新的对公众更深入和更成熟的理解。正如我们在其他地方说过的,公民不再改变自己的行为以适应新闻媒体的传播模式。从现在开始,媒体必须改变自己的行为,以适应受众的需求。

一些人认为新闻行业应该找到一套评估标准,明确说明哪些新闻值得报道。我们不同意这个说法。这也许有助于为广告或电子商务定价,但是新闻业的评估标准也必须反映公民和编辑的判断,例如,对显著性、相关性和质量的评估。正如我们此前提到的,集中报道热门事件并不一定能吸引最多的受众。只有更好地理解你的社群并且提供多样化的新闻,满足每个人的需求,你才能吸引最多的受众。多年以来电视业就具有统一的评估标准,虽然这有助于广告主在如何花钱的问题上达成共识,但是无法创造更具价值和更有吸引力的新闻。

如何进一步吸引受众？问题的答案可以在一种新型受众调查和一种不同的评估网络流量的标准中找到。

这一切必须从摆脱其他行业使用的市场调查方法开始，因为那些调查方法并没有考虑到新闻行业的实际情况。传统的市场调查让消费者在规定的选项中做出选择。你喜欢橙色的球鞋还是蓝色的？你喜欢用按压瓶装的牙膏还是管装牙膏？你觉得牙膏是糊状好还是凝胶状好？"（消费者）只能从有限的选项中做出选择。你已经规定了他们可以选择的范围，"多年来一直在普林斯顿调查研究协会（Princeton Survey Research Associates）做媒体分析的李·安·布雷迪（Lee Ann Brady）向我们解释说，"因此他们不是在表达自己喜欢什么，他们只是对你规定的选择做出反应，然后给你一个排序。"[18]

我们不妨设想一个典型的抽样调查，长度约20分钟，有20—25个问题。通常只有两个问题允许受访者用自己的话自由填答，其余的问题不是多项选择就是回答是否赞成调查中提到的某个观点。

但是，新闻业的发展日新月异，它无法使用大多数传统的市场调查方法，因为后者只使用静态的、统一的选项进行测试。新闻是尚未发生的事情，而人们很难事先知道他们想看哪种类型的报道。

当传统的市场调查方法被应用于新闻业时，相关调查还会倾向于关注人们更需要哪种类型的新闻，不想看哪种类型的新闻。这种提问方式让公民错误地扮演了编辑或执行制片人的角色，而他们从未真正认真思考过这一角色，因此不适合扮演它。在这种情况下，调查人员获得的答案只是猜测。受访者会思考自己应该说什么，而且他们通常什么都想要，包括一些无法做到的事情。对于任何调查结果而言，如果它是人们对无法深入感知的事情的回答，那它一定是有缺陷的。

焦点小组访谈是市场调查中花费最少和最常用的形式之一，它会提出更多开放式问题。这种方法之所以流行，是因为客户能够观察到受众如何谈论他们的产品。布雷迪说："你偶尔能从焦点小组里得到某个你从未想到过的意见或想法。因此，如果你之前对某个问题的看法是白板一块的话，焦点小组会对你很有帮助。"[19]

然而，任何监看过焦点小组讨论的人都会发现，在研究与新闻有关的问题时，该方法存在局限。一方面，焦点小组的抽样并不科学，样本不符合总体人口分布特征。焦点小组很难具有充分的代表性，或者说很难让两个焦点小组的答案互相印证——这是客观性的基本含义。一两个人就可以改变讨论的结果，主持人无意中也会引导焦点小组得出事先确定的答案。

另一方面，也许更重要的是，大多数调查者并不使用焦点小组这个方法探索开放性的问题，相反，该方法经常被错误地用来检验新闻机构正在考虑的假设或选择。已故媒体调查人员利奥·博加特（Leo Bogart）曾说："焦点小组刚出现时，是作为一种激发想法的方法被使用的。调查者使用恰当的开放式抽样方法，把在焦点小组中获得的想法放在更大的人群中进行检验。"他是将严格的数据分析引入媒体的先驱之一。"我们并不期待任何一个人能从几个人的话中就得出结论或做出预测。"但是在当下的媒体使用中，"这种方法被严重误用了，"博加特在去世前这样总结道。[20]

为什么我们不重新回到"连锁公众"的理念，回到 A. M. 罗森塔尔在当《纽约时报》执行总编辑时所说的"新闻和信息的自助餐"的新闻报道理念？或者报纸编辑戴夫·伯金在谈到应该如何编辑报纸版面时常说的一句话：如果没有一条新闻能够吸引15%的读者，那么一定要保证版面上的新闻丰富到每个人都可以找到一条想读的新闻。如果这样选择内容，新闻机构就可以保证新闻的代表性和均衡性。

或者我们还可以回到地图绘制者的比喻。如果新闻只提供人们事先表示过想知道的信息，那么我们只是在告知他们在社区中已经了解的那部分信息。

新闻工作者的新型市场调查

那么，究竟什么样的受众调查和评估标准才更有价值，并且能够带来更全面的新闻报道呢？

它们应该被设计用于帮助新闻工作者做判断，而不是消除他们做判断的需求。它们不是要求人们去代替编辑和制片人思考问题，更好的调查方法把被调查者看成公民，让其说出更多有关他们生活的事。你如何分配时间？请带我们进入你每天的生活。你花多长时间上下班？你担心些什么？你对小孩的期望和担忧是什么？这类问题之所以有用，是因为它们调查的是范围宽泛的偏好趋势——这些问题能让新闻工作者更好地理解公民，然后创作出全面、均衡地代表社群及其需要的新闻。

这正是调查传播有限公司的瓦莱丽·克兰所进行的调查。克兰的调查使用两种基本方法，它们都不是严格意义上的传统方法。第一种方法首先对受众进行深度访谈，接下来通过更大的随机样本，弄清楚人们阅读的新闻究竟满足了哪些基本生活需求——通过量化的方法重新研究新闻的功能。克兰说："对某些人来说，新闻的功能是和社群建立联系；对另一些人来说，是为了生活得更美好（更健康、更安全、更舒适）；还有一些人使用新闻帮助自己做决策；也有一些人是为了赢得社会的认可。"她列出了一系列基本需求，这些需求会随媒体的类型、媒体对新闻的分类方式和所研究的受众的不同而有所变化。[21]克兰并没有直接询问人们对什么话题感兴趣，而是通过量化方式帮助新闻公司调查了人们使用新闻的目的。

她谈起自己的客户时说:"(新闻公司里)很少有人关心公民的需求是什么。"

克兰使用的第二种方法被一些人称为生活方式和趋势研究方法,它研究某个社群的成员如何生活。这种调查方法根据态度和行为把人们分成不同的群体,而不仅仅是依据人口统计学数据。她研究了15个不同的领域,包括健康、宗教、工作、消费、家庭关系、教育等,并找出每个领域最受关注的问题和趋势。综合在一起,她有关人们为什么使用新闻的研究,以及对人们生活中的深层关注和趋势的调查,增强了新闻工作者的洞察力,有助于他们做出自己的职业判断。但是,她认为,这项研究应该用于帮助记者做判断而不是代替其做判断。

曾担任新闻编辑部主任的阿尔·汤普金斯(Al Tompkins)目前在波因特研究院教授广播电视学相关课程,他认为克兰的调查让新闻工作者了解了"不同的社群如何生活,他们的效忠对象在哪里,受众为什么在看而不是他们在看什么"[22]。汤普金斯说,克兰的工作"为新闻报道提供了方向,但是没有替报道者决定应该报道什么"。汤普金斯举例说,虽然大量研究认为人们不喜欢警察,但是"克兰的研究告诉我们,人们非常关心自己的社区,却不信任政治机构……他们厌恶的不是这个题材,而是对这个题材的报道方式"。

玄武石传播公司(Greystone Communication)的调查员约翰·凯里采用了民族志调查方法。民族志方法来自人类学研究,通过直接的现场观察完成工作。凯里坐在人们家里,观察他们如何与媒体和技术打交道。在吃饭的时间,他一直坐在人们家里,从早饭到晚饭,从清晨到深夜。

凯里的发现颠覆了许多关于电视的传统观念。例如,虽然大量社会科学研究认为电视画面比声音更重要,即一些学者所称的"视觉至上",但是凯里的研究发现,"人们经常不是在看,而是在听电视新闻。事实上，许多人一边看报纸一边让客厅的电视播着新闻。当他们认为听到的新闻可能会展示重要画面时，会转而看电视"。凯里的研究说明，只关注电视新闻的视觉表现，而忽略吸引人的文字内容是错误的。

凯里的研究同时暗示，预热广告的概念可能是无效的。所谓预热广告，就是吸引人们为了即将播出的重要节目而停留的广告。"认为人们会看很长时间的想法大错特错。预热广告是一个巨大的误会。人们不会等待。"一些广告会说："明天是否会下雨？嗯，今晚会比较冷，七分钟后吉姆会回来带给您完整的天气预报"——这些话只会让人们迅速换台。事实上，凯里的观察显示，只要播出广告，大部分观众会立即换台。[23]凯里认为，更好的做法是不断地向人们提供像天气这样的重要信息，把这些信息与所有的新闻节目打包在一起，甚至在播广告时也继续在屏幕上滚动播出这些信息。"你能通过持续不断播出的信息抓住观众。"

已故的卡萝尔·尼兰（Carole Kneeland）在20世纪90年代末曾任得克萨斯州奥斯汀某家新闻机构的新闻编辑部主任，以挑战传统常识著称。她就采取了上述方法。她在新闻播出过程中不断重复天气预报，这样做是基于如下假设：人们不会在同一个节目上停留半个小时以上，但是如果能迅速地把信息传递给更多人，日积月累，你就会拥有最高的忠诚度和最多的观众。"我认为将来我们一定会摆脱30分钟和60分钟这样的长度束缚。"凯里说。"你可以把节目长度缩短至5分钟，然后在播出较长的节目时通过定时插播的方式循环播放短节目。"就像广播节目中每隔8分钟或12分钟就重复播报新闻和天气预报一样，也可以像全国公共广播电台那样，在播报更长的新闻节目的过程中（在整点）不断重复新闻摘要。

凯里的想法如今更有说服力，因为公民对自己的新闻消费有更大的控制权，做出选择只需点击一下鼠标。他的想法就是让新闻适应公民的需求，而不是为了广告主去操纵公民的注意力。最终，这会使新闻更有价值且更受欢迎。这会让我们向着实现数字时代的承诺这一方向前进。所谓数字时代的承诺是新闻要为公众服务，帮助人民改善生活，而不是为另一个时代设计的静态的产品。这种从产品到服务的心态转变，正是本书的基本观念之一。

这些概念目前已经超越了传统的市场调查的范畴，甚至超越了传统的收视率和发行量数据的范畴，它们要求新闻工作者重新确定调查的本质和新闻的形式。

真正的网络评估指标

为了让新闻在数字时代发挥潜能，在调查与数据方面还要完成两个重要的步骤。在了解了公民如何生活之后，下一步要做的是更好地分析网络评估指标。新闻工作者必须开始分析网络评估指标，其目的是保持，而非压制新闻的价值。这意味着更深入地挖掘这些指标的意义，而不是抛弃它们或者只基于表面价值解读它们。

传统的对于指标的理解是把它们看成用于发现哪些新闻或内容最受欢迎的方法。正如我们提到过的，对于哪些指标最重要，存在着争议。是网页浏览量、新闻的阅读时间，还是访问者的数量最重要？一些媒体使用的调查公司会将一天的不同时段和网站上新闻报道的位置进行匹配（但是，不同设备的不断增长的使用量使这种匹配变得更加复杂）。所有这类信息虽然没有什么问题，但是它们对于解开某些新闻（以及某些话题）比其他新闻更受欢迎的谜团并没有什么帮助，虽然这种受欢迎通常是可以预测的。

曾任哈佛商学院（Harvard Business School）教授的克拉克·吉尔伯特（Clark Gilbert）领导的公司——犹他传媒（Deseret Media），试图通过对比同一类新闻来解决这个问题。比如，他的公司对比了重点稿件（公司投入最多精力制作的新闻）和其他稿件的表现，重点体育新闻和其他体育新闻的表现。这就使管理者可以确保价值很难量化的特定类型的新闻能得到公平的评估。这样，那些非常重要但未必受欢迎的长篇系列报道就不会被拿来和几乎人人都会阅读的大学橄榄球冠军赛的新闻做对比。

犹他传媒在这里触及了一个重要的问题：并不是每样重要的东西都能评估，也不是每样能评估的东西都重要。为了避免评估错误的东西或错过重要的东西，媒体应该围绕自己的新闻价值观来建立其评估方法。前文提及的在线新闻也可以基于新闻的价值得到评估。新闻（或任何内容）都可以根据其投入程度、质量、对公众的重要程度或影响力被打分、评级。

这需要把两种科学结合在一起。一是对内容的审核，或者说创造变量、用不同的价值评估每则新闻的科学。二是用新的方式使用指标，使这些价值相互关联，并与流量相互关联。这是一个新兴的领域，与我们在卓越新闻项目中对地方电视台做的详细调查比较接近，这些调查解开了何种新闻真正与公众有关系的疑问，超越了那种对新闻的肤浅理解，而正是这种理解导致管理者依赖爆炸性的内容。

显然，这种调查首先依赖对社群的理解。如果新闻机构的价值观与社群的价值观产生了共鸣，那么经过一段时间后，这一点就会在数据中显示出来，虽然不一定会立即显示。如果思路正确，执行措施得当，为公众提供多样的内容，将精力投入重要的话题和问题，那么在一段时间之后，新闻机构就会收获更多的受众。

最近，围绕着"影响力"（impact）的概念，或者新闻的社会善（social good of stories）的概念，开始了一场运动。虽然这场运动很有希望进一步发展，但是我们认为它的局限性太强了。社会善没有包含新闻的全部目标。新闻的目标应该包括发现新的和不寻常的事物，这些事物现在可能让人生疑，但是从长远来看十分重要。但是，超越内容去想象内容的特征这种想法本身是正确的。

新型新闻消费者

更好地、更有效地理解受众和评估指标的第三个步骤，也是最后一步，是了解受众是如何开始以新的方式消费新闻的。这和针对某个市场询问人们的生活方式（更好地理解受众的第一步）略有不同。它也与更好地使用网络评估指标不同。要想了解新型的新闻消费者，就要在全国范围内调查人们如何获取新闻，因为他们现在不再调整自己的行为去适应新闻媒体的传播节奏了。这涉及了解在一天的不同时段，人们与新闻互动的方式有何不同，以及人们会怎样选择接收设备。这涉及了解环境如何影响新闻消费行为，如在办公室、居家还是通勤中，周末还是工作日。它还涉及我们所谓的"个人新闻节奏"，或者是知晓新闻的途径这一新问题。人们不再主要依赖从一个媒介那里获得新闻。他们更倾向于首先从别人口中或者电视里听到新闻，然后去另一个信源（常常是不同的平台）获取更多信息。他们会根据新闻的类型和自己的疑问，选择不同的媒介。现在，媒体不再局限于特定的格式、设备或内容的风格，了解这些差异对于制作为公民服务的新闻至关重要。

《纽约时报》在许多批评家的质疑声中率先对在线内容收费，他们在使用数据理解其受众方面做了最细致的调查工作。到2013年，该公司在订阅系统工作的有200多人，其中25人参与受众调查以及内容、定价和市场策略的测试工作。《纽约时报》非常重视和依赖读者对新设计、新内容与新的营销活动做出的反馈。从新内容到新促销方式，几乎每个想法都要经过A—B测试，即要试验两种不同的创新方式，并测量受众的反应。

不懈的经验调查帮助该报成功地建立起付费墙，而那时几乎没有消费者习惯为在线内容付费，也没有成功的模式可以效仿。人很难不犯错误，几乎所有的局外人都认为《纽约时报》这次会失败。事实上，即使该报成功后，仍有许多人对此不屑一顾，认为它只能证明《纽约时报》作为一家服务精英的全国性报纸，独一无二，无法复制。实际上，真正独一无二的是该报在建立新的定价模型时，研究过受众，倾听过受众的意见。

蒂姆·格里格斯（Tim Griggs）认为该报的经验就是："测试、测试，再测试，即使你认为理所当然的东西也要测试。"[24]和几年前相比，这是个巨大的转变。比如，该报认识到，不能再提高印刷版的订阅费，因为这是在压榨最忠实的读者，而不是回报他们。他们还认识到，当开始新计划时，需要向读者解释收费标准，而不是不断地推销，打扰他们。因此，当读者快达到免费阅读文章量的上限时，他们在屏幕底下看到的是一个计数器，而不是广告或促销文案。《纽约时报》的经验可能为我们提供了我们所知的最有代表性的例子：高端的新闻组织在进行明智的和革新性的决策时，积极利用调查而不是抛开它，不仅影响了它对受众的理解，也影响了编辑做决策时获取信息的过程。《纽约时报》开始把经验证据和调查看成理解受众的真正工具，而不是扭曲编辑价值和迎合市场的东西。

随着媒体日益接受评估指标的指挥，出现了一个新的领域。这对未来至关重要。

对于那些追求为了公共利益生产新闻的人来说，利用数据来提高新闻质量是一个重要的转变。过去新闻编辑部对调查的抗拒经常基于保护新闻独立的冲动，或者更具体地说，是避免让广告部门和销售部门介入新闻决策，因为相关调查一般由市场营销和销售部门控制。大部分情况下，对于印刷媒体组织而言，这些调查的目的都是满足广告主的信息需求。

"这就是我所说的完美直觉的神话。"克兰这样告诉我们。这种想法总是弄巧成拙，虽然它是一种合情合理的对低质量数据的反应。它使新闻工作者就像对世界失去好奇心的无知者，拒绝学习或改变。现在看起来这种想法甚至更像自杀。它像是成功与失败之间的差异。那些不善于研究和理解新型新闻的受众的人几乎肯定会输给那些善于这样做的人。具有讽刺性的是，新闻工作者拥有更多的技能对人们的生活方式进行调查，这件事可能最适合新闻业来做。然而，新闻工作者却没有从事这项工作的传统，甚至几乎没有尝试过。

如果说新闻迷失了方向，那么最主要的原因是在人们的生活中它失去了意义，不仅对传统受众如此，对下一代也是如此。我们已经说明了造成这一后果的主要原因，那就是新闻工作者失去了努力使新闻做到全面、均衡的信心。就像古代的地图给世界的大部分地区留白一样，当代受众看到的新闻也在非目标群体和很难报道的地方留下了类似的空白。

网络的互动性给新闻工作者提供了进行重大革新的好机会，如果他们足够灵活和有创新精神，就能够解决因短视地使用市场调查手段和人口统计数据而产生的问题。他们可以使用这些新工具，创造真正能满足社群需要的新闻，建立起公众和新闻工作者之间的相互理解，让公众自己不断补充媒体在报道他们时遗漏的内容，让他们提供独特的知识，这些知识来自他们的特殊经历，以及这种经历赋予他们的独特视角。

我们的解决方案不是回到新闻工作者纯粹依靠直觉工作的时代。我们希望人们能看到还有这么一群新一代的地图绘制者，他们发明了新的工具描绘今天人们的生活方式以及这些生活方式创造的对新闻的需求。他们为新闻组织提供了最重要的工具，让后者生产出更全面和均衡的新闻，吸引而不是赶走受众。现在就等新闻工作者一试身手了。

除了本章讨论的这个原则之外，还有一个把之前提到的原则融会贯通的原则。它与新闻编辑部自己的内部运作方式有关。

第10章　对个人良知负责

2002年10月，连续三周以来，华盛顿一直被恐惧的阴云笼罩。有人在这一地区以及马里兰州和弗吉尼亚州郊区神不知鬼不觉地跟踪过13个人。此人狡诈、凶狠，作案手法娴熟，开枪打死9人，重伤4人。受害者有男有女，其中还有一名12岁的男孩，他在上学的路上被枪杀。

一场全国范围的搜捕行动展开了，犯罪分子在谋杀现场留下字条，嘲笑各级地方和联邦执法人员，其中一张字条警告说："你们的孩子在任何时间和地点都不安全。"这些可怕的谋杀案就像拉开了一轮恐怖游击战的序幕。目标并不明确的"反恐战争"是乔治·W. 布什总统在"9·11"恐怖袭击发生了13个月之后宣布开启的。在这起事件中，被劫持的飞机成为自杀性炸弹，撞毁了纽约世贸中心大厦，并破坏了华盛顿五角大楼的一部分，导致数千人死亡。媒体对这一系列谋杀案的报道把其他新闻挤出头版，其中也包括美军在阿富汗作战的新闻，就好像全世界都把注意力集中到了笼罩美国首都地区的恐惧上一样。

对《纽约时报》的执行总编辑豪厄尔·雷恩斯（Howell Raines）而言，这个发生在华盛顿的新闻事件给了他一个向下属传递信息的机会。在雷恩斯的领导下，该报的策略是通过报道重大事件占领阵地，超过其他竞争者。雷恩斯是在2001年"9·11"恐怖袭击事件发生前几周才被提拔到这个显要位置的。他动员下属对这一历史性事件进行了出色的报道，为该报一次性赢得了创纪录的五项普利策奖。报道在华盛顿发生的这个新闻事件是在《华盛顿邮报》的家门口打败宿敌、一雪前耻的绝佳机会。三十年前，在报道水门事件时，《华盛顿邮报》胜过了《纽约时报》，这件事让很多《纽约时报》的员工耿耿于怀。

虽然《纽约时报》的华盛顿分社是该报分社中最大的一个，拥有六七名该报最优秀的调查记者，但雷恩斯还是一直坐镇纽约，指挥报道。在他派往华盛顿的人员中就有杰森·布莱尔，一名27岁的前实习生，正式成为记者才21个月。不到几天，人们就发现，把布莱尔调入华盛顿确实是一步好棋。这个新人写的头版报道满是引人入胜的细节，令其他在华盛顿报道的记者自叹弗如。

然而，没过多久，华盛顿一些有经验的记者开始对"这个叫布莱尔的家伙"表示怀疑，因为此人的名字虽然出现在报纸上，但是没有人在分社或采访现场见过他。《纽约时报》跑司法部的记者埃里克·利希特布劳（Eric Lichtblau）开始对布莱尔产生怀疑，因为布莱尔写的报道经常受到他较为信任的司法部官员的质疑。一个恼怒的信源告诉利希特布劳，他"虽然不知道这个叫布莱尔的家伙的匿名信源是谁，但是他写的大部分内容并不属实"。听闻此言，利希特布劳向分社总编辑里克·伯克（Rick Berke）做了汇报。伯克将他的意见报告给纽约，但是得到的回答是自己"多虑了"，这些投诉是出于妒忌。后来伯克被告知，雷恩斯"已经断定布莱尔是个腿脚勤快的好记者"[1]。

华盛顿分社的工作人员不知道的是，就在布莱尔被派往华盛顿之前，对其工作的投诉已经像传染病一样在纽约总部的编辑部中流传了几个月。但是，不知怎么回事，当布莱尔从一个指导编辑手下转到另一个指导编辑手下时，第二个编辑对他的报道质量问题居然一无所知，就好像编辑之间的距离不是同处一室的几码或不同地区的几英里，而是远隔重洋。

就在华盛顿的记者考虑要向纽约进行有组织的正式投诉时，警方抓住了两个犯罪嫌疑人，并指控他们与狙击案有关。关于此事的报道开始减少，随着布莱尔被派去报道其他事件，由他引起的紧张和怀疑情绪也有所缓和。新闻电头显示，他的报道范围不再限于华盛顿，他开始从马里兰州、西弗吉尼亚州、俄亥俄州，甚至得克萨斯州发回报道。得克萨斯州《圣安东尼奥快讯》（*San Antonio Express-News*）的总编辑罗伯特·里瓦德（Robert Rivard）在布莱尔的新闻中看出了蹊跷之处。他觉得事关重大，于是给雷恩斯和《纽约时报》负责经营的总编辑杰拉尔德·博伊德（Gerald Boyd）发了封电子邮件，说他发现布莱尔的文章与自己的报纸八天前发表过的一篇文章有"令人不安的相似"。

来自另一家报纸的外部投诉不容忽视，于是，雷恩斯和博伊德找来布莱尔对质。这名年轻记者试图为自己开脱，但是很快，报道中的自相矛盾之处不断地暴露出来。两天之后，事情真相大白：他根本没有采访过他笔下的得克萨斯家庭，"亲眼所见"的细节仅仅来自《纽约时报》图片库的图片，其余的信息来自其他记者的报道。2003年5月1日，布莱尔辞职。这一消息打破了《纽约时报》编辑部同人内部的隔绝状态，员工们纷纷意识到自己并不是唯一对布莱尔的行为和报道产生过怀疑的人。

对布莱尔报道的全面调查呈现出许多员工一直在怀疑的事情：他不是一个进取的、敬业的记者，而是一个问题重重的年轻人，他靠欺骗、剽窃、虚构和牺牲周围人的利益换取前程。报社的员工开始表达对这份报纸的长期被压抑的怨恨，甚至认为自己遭到了背叛，过去他们一直认为只有自己才有这种感觉。接下来的几周，雷恩斯和博伊德接待了编辑部的个人和群体，并试图向他们保证该报的价值观不会改变。在这些会面中,他们听到记者和基层编辑说,这种对标准和价值的最根本的亵渎,影响了他们自己和报纸的信誉。

结果,报社员工不仅没有得到安抚,不满反而变得更加强烈。社长小阿瑟·苏兹贝格宣布,他和雷恩斯、博伊德将与编辑部的员工一起召开一个"镇民会议",专门讨论各种问题和大家的担忧。该会议在报社附近的一个剧院召开,不对其他新闻工作者开放。在会上,对报社高层管理人员强烈的不信任和愤怒后来被形容为"不同寻常的毫不掩饰的表达""情绪激动的""坦率的"。一些与会者不仅向其他新闻机构的记者描述了会上的冲突,而且向 Romenesko 等新闻监督网站发送了电子邮件,邮件被贴出后所有的人都能看到。这些信息让公众逐渐了解到反对雷恩斯和博伊德的细节。

这些信息给人的印象是新闻编辑部内部的信息沟通机制几乎瘫痪,以至于五年以来对布莱尔报道的质量和可信性的警告一直被置若罔闻,而布莱尔反倒被派去报道越来越重大的新闻,他的名字不仅出现在涉及国家利益的新闻中,甚至出现在涉及国际利益的新闻中。在布莱尔事件结束之前,雷恩斯和博伊德被迫辞职[2],新闻编辑部二十多名员工参与了一项重整新闻编辑部标准、结构和运作方式的长期项目。

到了 6 月,对布莱尔的内部调查形成了文字。调查报告指出,他"经常进行新闻欺诈……大量造假和抄袭,其行为既是对信任的严重背叛,也成为本报 152 年历史中最耻辱的事件"。随着更多信息浮出水面,员工们越来越清晰地意识到:只有外部的声音才能打破由内部沟通障碍筑成的壁垒。

新闻编辑部管理层的倒台主要归因于互联网,因为《纽约时报》的员工将之前一直被忽视的投诉贴到了网上。《纽约时报》的员工利用了新媒体的开放结构,使之成为检查内部行为的"外部声音"。和其他人一样，他们意识到互联网在开放新的信息传递渠道方面扮演着重要角色，通过新的渠道，对新闻伦理寄予厚望的共同体可以对新闻中的价值和标准进行质疑和判断。

最终，做新闻是人的行为。美国没有新闻法、新闻管理条例、新闻从业执照和行业内正式的自我管理措施，因为新闻在本质上容易被其他力量利用。这样，重担就落在了新闻采集者个人及发布这些作品的组织的道德和判断上。在一个个人可以发布新闻的时代，上述情况更加真实。

对任何职业而言，这都是个充满困难的挑战。然而，对于新闻业来说，还存在着另一对矛盾，那就是新闻工作者为公众服务的使命（新闻工作的这个特点将其入侵性合理化）和为这一工作提供经济支持的商业功能之间的矛盾。今天，比以往更严重的是，越来越多的新闻出现在智库、利益团体、捐款机构、政治组织和其他将新闻看成新的助力行为的组织之中，或者由上述群体和组织背书。

与此同时，网络的兴起及内容生产的民主化给了公民发声的机会，他们监督政府、社会和新闻媒体，形成了一个新的范围广泛的媒体专家和批评家群体。其中一些人独立行动；另一些人在更正式的空间表达自己的观点，像左派的"媒体至关重要"（Media Matters）或右派的"新闻终结者"（NewsBusters）。他们构成了一个前所未有的监督媒体的网络。今天，如果新闻编辑部内部出现了麻烦，相关信息几乎一定会被曝出来。如果某些组织逃避责任，就会有人指出来。因为担心组织内部事务被外人议论，一些编辑已经不再发送备忘录或把决策诉诸文字。

这些新的监督者不仅提高了新闻编辑部内部对透明度的要求，有些还协助揭露了《纽约时报》等新闻机构的权力等级结构造成的伦理缺陷和过失，就像杰森·布莱尔事件那样。不可否认，新型的、范围扩大了的数字公共对话对于媒体的讨论大部分仍未超越对媒体意识形态的指责，不是批评它们过于保守，就是批评它们过于自由。然而，一旦人们这么做了，一旦这些批评确实严肃地指出了新闻编辑部存在的问题，新闻产品的可信性就将受到严重冲击。尽管存在这些刻薄的批评，我们还是相信公众对于媒体的讨论会让生产新闻的人考虑得更加周全，更具反思性，并针对其工作做更多的调查。经历了十年的混乱状态，批评以及划时代的经济崩溃已经迫使新闻工作者必须改善自己的工作。

把这一后果铭记在心非常重要，因为无论我们是否能意识到其重要程度，归根结底，当我们下载某个应用、在社交平台上关注某个媒体、点击打开数字杂志、选择某个电视新闻节目，或阅读一份报纸或是其网站时，我们选择的是生产这些内容的新闻工作者的权威性、诚实与判断能力。此外，无论新闻工作者在什么环境下工作，建立透明和开放的文化，使批评家没有机会对报道的可信性提出疑问，也是新闻工作者的责任的一部分。

因此，从事新闻工作的人还应该了解一个基本原则。我们作为公民，在选择媒体时也应该意识到这一原则。这是一个最容易被忽略的原则，但是该原则把其他九个原则联系在一起：

新闻工作者有责任按个人良知行事。

每个新闻工作者，从偶尔扮演哨兵的公民或为新闻编辑部供稿的自由撰稿人，到能进入董事会的管理者，都应该有道德感和责任感，即道德边界。此外，他们还有责任大声表达自己的良知，并且允许周围的其他人也这么做。

尤其对于在机构中工作的新闻工作者而言，按个人良知行事就要求管理者和所有者必须创造一个开放的新闻编辑部，这种环境对于落实本书提到的诸原则至关重要。

数不清的障碍让新闻工作者很难制作出准确、公平、均衡、关注公众、体现独立思想和充满勇气的新闻报道。如果没有一个公开透明的氛围，让人们可以质疑彼此的假设、感知和偏见，新闻工作者的努力就会被扼杀在襁褓之中。要让新闻工作者感到可以自由地（甚至受到鼓励）说出自己的真实想法，比如"我觉得这则新闻带有严重的种族歧视色彩"，或者"你的决定是错误的"，或者"我觉得网站上有些内容有问题"。只有在一个所有人都能畅所欲言提出不同看法的新闻环境中，新闻才有机会准确地预测和反映美国文化中越来越多元的观点和需求。

简言之，新闻机构的工作人员必须意识到，为了做到公平和准确，他们有义务向编辑、所有者、捐赠人、广告主，甚至公民和权威机构表达不同看法，乃至质疑这些人的看法。这种参与必须具有建设性，而不能孤芳自赏，以自我为中心，或者只是为了制造热点。

反过来，大型机构也好，小型网络实验机构也好，那些拥有和管理新闻机构的人也要鼓励和允许员工履行个人义务。在媒体的未来充满不确定性的时代，那种认为只要新闻工作者保持忠诚就万事大吉的看法显然过于天真。许多新闻工作者担心自己会被下一波裁员潮扫地出门，以至于连想都不敢想去挑战权威以及有缺陷的组织文化。因此，新闻机构需要建立起培养个人责任感的文化。接下来，管理者必须愿意倾听，而不是仅仅把问题和担忧当作麻烦来对待。

本书没有专辟一章讨论伦理问题。那是因为，这一道德维度，以及判断力、风格、品位和人格的优劣，隐含在我们选择某本杂志、某个电视节目或某个网站而不是其竞争对手的原因中。伦理问题渗透在新闻工作坚持的每个原则以及新闻工作者做的每个重要决策之中。作为与媒体打交道的公民，我们对伦理问题比新闻工作者更敏感，他们有时反而会把伦理问题与其他问题割裂开来。

大约 16 年前，我们创办热心新闻工作者委员会时，芝加哥的新闻播报员卡罗尔·马林告诉我们："我认为新闻工作者就是坚持那些本可放弃的信仰的人。"[3]

1993 年，美国全国广播公司的《日线》栏目策划了一则名为《等待爆炸？》（"Waiting to Explode？"）的报道，宣称通用汽车某型号的卡车的油箱在撞车时容易破裂并起火。虽然记者米歇尔·吉伦（Michele Gillen）找到了真实事故的录像，在那次事故中司机因被困在车中而受伤，但是她心里清楚，美国全国广播公司做的撞车测试并没有得到同样的结果，虽然出现了火情，但是火焰只持续了 15 秒钟就自然熄灭了。因此，当得知电视网为了让效果更明显，打算安装引爆装置进行新实验时，吉伦做了一件自加入该节目组 7 个月以来从没做过的事。她在家里给上司杰夫·戴蒙德（Jeff Diamond）打了一个电话表示担心，希望停止新测试。

戴蒙德告诉她，他认为这段视频会吸引观众，要加到节目中去。两人在这个问题上来来回回争论了几天。最终，在制片人保证在节目最后会就吉伦所关心的问题加以说明后，戴蒙德才说服吉伦给新的撞车实验配音。实验的画面会标上"非科学实验"的字样，并把结论留给专家。

然而，最终播出的新闻并没有明确说明吉伦提到的所有问题。它没有提到火势持续了多久，也没有提到它是自行熄灭的。无论如何，最终吉伦违背自己的本意，同意给节目配音，原因正如她后来所说的，"在某种程度上你必须信任执行制片人，如果他说一切没问题，那就意味着他能最大限度地对我以及节目的利益负责，所以我必须相信他"[4]。但是，吉伦错了，这起令人尴尬的人为引爆事件成为美国全国广播公司历史上最大的丑闻。

这一事件说明道德边界的问题是多么复杂。良知的底线是不能随便跨越的，就像在《日线》事件里那样。良知是应该被尊重的。保护良知的重担不能全部落在个人身上，保护良知的声音也不能被压制，就像吉伦的反对意见。如果吉伦的反对意见得到了重视，美国全国广播公司就能避免这起最终导致新闻部门负责人迈克尔·加特纳（Michael Gartner）辞职的尴尬丑闻。

美国全国广播公司今天还会犯同样的错误吗？这当然是可能的。互联网并没有消除新闻中的伦理错误。然而，社会的反应会有所不同，观众和通用汽车车主的反应也会不同。互联网上的新型媒体批评和评论会支持吉伦，并更加迅速且激烈地攻击美国全国广播公司。

如今，对新闻的公开批评被新闻决策的速度抵消了。2013年年初，福克斯新闻频道直播了一段汽车追逐的画面，最后的结果是犯罪嫌疑人弃车，并朝自己的头部开枪自杀。主持人谢泼德·史密斯（Shepard Smith）在直播结束后马上向观众道歉。他说电视台的直播延迟本应及时介入，阻止这段内容播出。然而，几分钟后，BuzzFeed 就在优兔和推特贴出了这段福克斯刚才为之道歉的视频片段。这激起了批评，但是 BuzzFeed 为自己的行为辩护说，汽车追逐和自杀构成了一个新闻事件，它有分享的价值。

凭良知办事绝非易事

在新闻工作中引入对良知的要求会催生另一个矛盾。毫无疑问，新闻编辑部是不讲民主的——在这样一个充斥着失业、收购以及大量使用低薪酬和免费作者的时代，这种现象尤甚。和以往相比，在这种环境下生产新闻的员工影响力更小。不可避免的是，新闻机构也倾向于实行不受约束的独裁体制。处于权力链条顶端的人必须做出最终决策——是否发表，是否支持某部分内容，保留某段可恶的引语还是删掉它，拿掉某条有争议的新闻还是力挺它发表。即使在一个发表内容时没有多少前期监督的环境中，也有终极的命令与控制。

当收入变少，商业部门不断地尝试赞助性内容（实际上就是看上去像新闻的广告）之类的新点子时，之前看上去坚硬的伦理土地就变成了柔软的沙地。这对于新闻业要面对的未来而言是非常重要的问题，必须仔细考量和妥善处理。鲍勃·伍德沃德还是个年轻记者时报道了水门事件，当时他承受了很大压力。他说："最好的新闻经常是在不服管的条件下完成的。"[5]

在新闻面临的外部危机主要是财务问题的时代，要意识到新闻的良知也处于危机之中，这很重要。允许每个人说出自己的担忧可能会使报纸更难管理，但是这会使新闻的质量变得更好。最终，良知的问题才是真正的生存危机，其他的都是战术问题。

许多从事新闻工作的人（如果不是大多数的话）都对这一道德良知的观念深信不疑。资深电视新闻记者比尔·柯蒂斯（Bill Kurtis）十年前对我们说："每个记者都必须建立属于自己的规则和标准，规划和规范自己的事业。"[6]这句话现在听上去更正确，因为每个把自己想象成新闻工作者的人都更容易成为自己的事业的开拓者，并在不同的地方做新闻工作。

刚开始写媒介批评时，作家乔恩·卡茨（Jon Katz）就意识到做新闻工作需要道德良知，并且做新闻批评工作对道德良知的要求更高。他觉得必须坐下来写下自己的伦理准则。他对我们的研究合作者说："我认为如果你想让自己的工作有意义，就必须把它放在道德语境之中理解。无论做什么，做事的方式都应在道德上使你心安理得。"[7]

大多数新闻工作者远没有卡茨这么正式。他们只是感觉到新闻工作和道德密切相关，而且知道自己的背景和价值观会指导自己的决策。汤姆·布罗考对我们的研究合作者说:"我的直觉和成长环境……我的感情经历和教育经历让我多年来相当坚决地坚持某种信念,我时时注意到它们对我的影响。"[8]

很多新闻工作者因为这个行业的基本原则而投身其中,它们包括呼吁人们注意社会系统中的不公平、把人们联系在一起、创造共同体等。在我们和皮尤中心一起进行的新闻工作者调查中,上述几个选项以超过其他选项一倍的票数成为他们认为的新闻最突出的特征。[9]简言之,对于该行业的从业者来说,这门技艺有道德要求。

这些新闻工作者之所以能够强烈地感受到自己职业的道德维度,其中一个原因是如果缺乏道德,他们将在伦理决策的灰色地带孤立无助。正如卡罗尔·马林告诉我们的,因为"新闻无定则……所以你做什么不做什么,最终由你自己的道德边界决定"[10]。

作为受众,我们被新闻工作者的决策引导,即他们决定报道什么、如何报道。同时,我们也被自己的选择引导,我们在日常生活中选择哪些媒体是由一系列微妙的理由决定的,道德判断是众多理由中的一个。我们在寻找需要的信息的同时,还在寻找权威性和诚实,以及一种新闻工作者把我们的利益放在心上的感觉。

我们不妨思考一下马林自己在芝加哥的经历。1997年年初的时候,她是WMAQ电视台的主播,美国全国广播公司拥有并运营该电视台。管理该台新闻部门的乔尔·奇特伍德(Joel Cheatwood)为了提高境况不佳的晚间6点档新闻节目的收视率,想出了一个点子。奇特伍德的所谓名声来自他在迈阿密的业绩,当时他使用"所有时间、所有内容都与犯罪有关"的策略,把福克斯的一家附属电视台打造成了当地收视率排名第一的电视台。这一次,他打算加大在芝加哥的赌注。他聘请吉瑞·斯普林格(Jerry Springer)在新闻结束时做点评，斯普林格曾是一位不甚体面的市长，后来转行做了脱口秀节目主持人。斯普林格就是芝加哥人。他一直用 WMAQ 电视台的演播室录制自己的辛迪加电视脱口秀节目，内容都是些怪异的三角恋和暴力冲突。

当奇特伍德宣布他的计划时，WMAQ 电视台的员工立刻陷入了沮丧。难道他们的节目也进入惊奇节目（shock-show）的行列了？他们本以为自己是在做重要的事情，与公共服务相关的事情。最终，马林向大家讲述了她的担忧，并决定不再忍下去。她认为 WMAQ 电视台正在一步步堕落。她其实早就被管理层列为暂时留用以观后效的人员，因为她曾经拒绝解说一则健康报道，理由是电视台与当地一家医院合作，用新闻时间换取该医院在电视台购买广告。现在，她又遇上了斯普林格。马林不再抱任何幻想。虽然她不是圣人，但是就像做人要讲伦常一样，新闻工作者要讲道德，声誉就是生命。声誉是新闻工作者所拥有的一切。她决定辞职。

当马林在镜头前宣布自己的决定时，同事中爆发出热烈的掌声。观众可以在直播中看到他们。许多人热泪盈眶。一个公众人物在工作中采取这样的伦理立场意味深长。马林跳槽到另一家电视台，随着她的离开，WMAQ 电视台的收视率也开始下滑。

后来，马林收到了人们的来信，并深受感动。她说，她收到的"信件和电子邮件的数量和质量……人们的信很长，很多人会提到三点。他们会说明自己与新闻的关系……用人口统计学术语描述自己……说明自己曾经遇到的道德两难困境……重要的是，我在芝加哥认识的一位律师在信中说，每个人在生活中都会遇到这种所谓斯普林格决定。我和一些不愿缺斤短两的小贩交谈过，其中的一位还因此丢了工作。一位房地产银行家因为不愿意在湖畔森林项目的评估上弄虚作假而丢掉了芝加哥银行的两个重要客户"[11]。

对于新闻工作者面对的人格问题，作为新闻消费者的我们并不陌生，我们也通过人格判断谁是可靠且可信的人。

诚实文化

"新闻工作者能否凭个人良知做事，远比他们相信什么或把什么信仰带进了工作重要得多。"美国报业公会主席琳达·福利（Linda Foley）在我们走访全国的新闻机构，与新闻工作者讨论是什么把新闻工作与其他行业区别开时这样说。"在我们这个行业里，可信性比客观性更重要……在新闻编辑部内应该形成一种允许新闻工作者自由、开放地进行讨论的文化。"[12]

纽约协和神学院（Union Theological Seminary）荣誉退休教授唐纳德·施赖弗（Donald Shriver）曾为四本有关新闻伦理的书写了书评，并为佛罗里达州波因特研究院编写的新闻伦理手册做了这样的介绍："波因特研究院的新闻伦理学大纲最大的用处在于，它说明了关于'本能反应'的伦理如何走向对规则的观察，又如何走向成熟的反思和推理。其中，居于首位的是'合作至关重要'。这意味着，你和你的同事要一起核实新闻。考虑到大部分新闻编辑部都存在截稿日期紧张和记者互相竞争的现实，这一建议十分罕见。但是，如果承认新闻是公民对话的中介，从新闻编辑部就开始对话似乎也合情合理。"[13]

有趣的是，新闻史上一些最正确的和最难做出的决策正是通过施赖弗所说的这种难以捉摸的合作完成的。凯瑟琳·格雷厄姆在1971年决定发布五角大楼文件，这个决策过程异乎寻常地公开。格雷厄姆必须做出决定，《华盛顿邮报》是否要冒着被起诉的风险发布这些文件，此前司法部已经通过法院阻止《纽约时报》公开这

些文件。她在自传①中是这样描述这个决定的:

> 本·布拉德利发现自己夹在中间:编辑和记者坚决主张刊登,在出版自由问题上支持《纽约时报》;律师则建议妥协,并建议《华盛顿邮报》不要在星期五刊登这些文件,但是可以通知司法部部长本报将在星期日刊登这些文件。霍华德·西蒙斯(Howard Simons)百分之百支持刊登这些文件,他召集记者和律师直接对话。
>
> 唐·奥伯多弗(Don Oberdorfer)说这个妥协方案是"我听到过的最馊的主意"。查默斯·罗伯茨(Chalmers Roberts)说:《邮报》对司法部部长简直"卑躬屈膝到极点";如果《邮报》不刊登这些文件,他将提前两周退休,并改为主动辞职,并且公开谴责《邮报》胆小怕事。默里·马德(Murrey Mardcr)回忆说,"如果《邮报》不刊登这些文件,这对整个机构形象的破坏将比刊登这些文件要严重得多",因为报纸的"可信度将因为缺乏报道新闻的勇气而毁于一旦"。本·巴格迪基安(Ben Bagdikian)提醒律师注意,《邮报》要信守对丹尼尔·埃尔斯伯格(Daniel Ellsberg)②的承诺,并且宣称"维护出版权的唯一方式就是出"……吉恩·帕特森(Gene Patterson)……第一次就此事的后果向我发出警告,他说他相信无论是否刊登文件,最后的决定都将由我做出,他"知道我已经完全意识到这张报纸的精神危在旦夕"。

---

① 凯瑟琳·格雷厄姆这本自传的中文版有:《我的一生略小于美国现代史:凯瑟琳·格雷厄姆自传》(民主与建设出版社,2018)、《个人历史:凯瑟琳·格雷厄姆自传》(中信出版社,2010)、《个人历史:〈华盛顿邮报〉女总裁格雷厄姆自传》(江苏人民出版社,1999)。电影《华盛顿邮报》(*The Post*,2017)改编自这本自传中的这段历史。关于五角大楼文件案的背景,参见本书第 2 章的开头。

② 丹尼尔·埃尔斯伯格(1931—),曾任美国兰德公司军事分析员,他于 1971 年向《纽约时报》《华盛顿邮报》等报纸泄露了五角大楼文件。这份高度机密的文件披露了政府在越南战争问题上是如何决策的。

"天啊，你真的认为会严重到这个程度吗？"我问道。是的，吉恩说，他确实这么认为……

尽管充满恐惧和紧张，我还是鼓起勇气说："去吧，去吧，去吧。一起干吧。让我们登吧。"[14]

时任《纽约时报》社论专栏作者安东尼·刘易斯在17年后写道：

后来，在回顾这个事件时，哥伦比亚法学院（Columbia University Law School）教授哈罗德·埃德加（Harold Edgar）和小贝诺·施密特（Benno Schmidt Jr.）在一篇法律评论中说，该事件标志着美国新闻界"一个时代的结束"。他们说，在那个时代"政客与新闻界之间是互利共生的关系"。但是现在，新闻大报力排众议，刊登有关越南战争的秘史，"显示出新闻界的大多数人不再愿意只扮演小骂大帮忙的角色，而想成为政府的反对者"[15]。

就在五角大楼文件案发生一年后，《华盛顿邮报》开始了对水门事件的调查。

思想的多样性是真正的目标

在思考新闻的人中，越来越多的人认为，新闻编辑部内部的公开对话是实现多样性和代表性的最核心的因素。

"新闻编辑部是否形成了某种文化？"电视记者查尔斯·吉布森（Charles Gibson）在20世纪90年代末我们举办的论坛上问道。"你们会彼此质疑吗？你们会交谈吗？你们会相互激励吗？"[16]

"让我来告诉你我所在的新闻编辑部的基督徒是怎么做的。"普利策奖得主、《底特律自由新闻》的戴维·阿申费尔德（David Ashenfelder）回答说。他是基督徒，还是底特律郊区的一个大型每周圣经研究团队的成员。"他们不说话。他们害怕被人们嘲笑。他们就在我周围。我知道周围谁是基督徒。我们似乎有点儿偷偷摸摸的，我们会彼此交流，会在我们自己人之间交流。我们最近一直在问自己：为什么只能在自己人之间交流？"[17]

按照传统的看法，新闻编辑部的多样性概念主要用民族、种族和性别的数量来定义。新闻行业很晚才意识到，新闻编辑部的文化应该与整体文化保持一致。例如，美国报业编辑协会在1978年才正式确定了目标，要求在美国报社工作的少数民族人口的比例反映总人口中该族裔的比例，但是这一目标至今仍未实现。这些目标，以及其他未实现的目标，都非常重要。落实配额措施牵涉到公正性，同时也是使新闻成为所有人的新闻、使公民权和民主能触及每个人的重要一步。[18]

然而，把问题放入个人良知这个更大的语境下观察，就会发现，对多样性的这一传统定义固然重要，但是仍然过于狭隘。它有把手段和目的混为一谈的风险。让更多的少数族裔进入新闻编辑部确实是多样性的目标之一，但不是多样性的最终目标。最终目标是让新闻机构的产品准确且具有代表性。民族、性别和种族的合适配额是实现该目标的手段之一。但是，如果新闻编辑部的文化要求这些来自不同背景的人只用一种思维方式思考，那么即使实现了某种比例也毫无意义。地方报纸或电视台可能会像比尔·克林顿总统的口头禅——"看上去很美国"，但是和社群想不到一处，无法理解社群或没有能力报道它。

多样性的目标不仅是建设一个在人口比例上与社群相似的新闻编辑部，而且还应是开放和诚实的，这样的多样性才能发挥其功能。这不仅限于种族或性别的多样性、意识形态的多样性、社会阶层或经济的多样性。这也不仅是统计数字上的多样性。这是我们所说的思想的多样性，它涵盖其他所有的多样性并赋予其意义。

为多样性奋斗的人们逐渐得出了一个相似的结论。"一直以来我们在定义多样性时，过于注重性别和遗传因素。人们表面上看来虽然有所不同，但其实大同小异。"在得克萨斯大学（University of Texas）教新闻的梅塞德丝·德·尤里安缇（Mercedes de Uriarte）说。"我们过于频繁地把这种所谓的多样性推广到信源身上，他们只是在重复那些让我们觉得舒服的话，其实正反双方只代表极少数人。但是，在我们的新闻中，仍然很难看到思想的多样性。研究美国文化的学者认为，思想的多样性是美国人最难接受的事物之一。"[19]

遗憾的是，思想多样性的观念也很难被管理者支持。在种种因素的作用下，目前的趋势是建立和上司的思维方式完全一致的新闻编辑部。

让人违背良知的压力

即使在互联互通的网络时代，也存在许多导致新闻编辑部走向同质化的因素。其中之一就是人性。"编辑倾向于按自己的形象塑造他人。如果你因为某种原因不讨编辑的喜欢，你就不会出现在新闻中。因此，在这个行业内存在一个自我选择的过程。"《纽约每日新闻》的专栏作家胡安·冈萨雷斯说。[20]

时任《底特律新闻》（Detroit News）专栏撰稿人的保守派人士汤姆·布雷（Tom Bray）告诉我们："我们国家的雇佣体系很难让人敢冒着风险不拘一格地用人。被排除在我们所定义的主流之外的人……很难获得发展机会。"[21]

另一个问题是任何组织都存在官僚主义惰性——即使是成立没多长时间的新媒体创业公司也不例外。惰性导致人在任何情况下都会采取简单的方法行事。惯例成为安全港。即使像推特或红迪网这样的在线合作虚拟社区，也开始使用自己的术语，应用自己的行为规范。

即使在更偏向体制化新闻的时代，某些新闻工作者也一直游走在这类方法的边缘。忠实于真相是他们唯一的路标，他们可以为某个单纯的目标（有时这个目标十分独特）报道新闻，通常他们发现的是被别人忽略、回避或忽视的真相——这些人包括托马斯·潘恩、乔治·塞尔兹（George Seldes）、I. F. 斯通（I. F. Stone）以及更近一些的人，如戴维·伯纳姆（David Burnham）和查尔斯·刘易斯（Charles Lewis）。

在这个时代，先发布后检查比以往任何时候都容易，不首先核实就转发耸人听闻的帖子或统计数据、传播自己未仔细阅读的内容、用挑衅的方式发表评论都比之前更加容易，新的规范更倾向于行动而不是思考，夸大其词而不是谦虚、节制。在这种环境中，怀疑和审慎（有时甚至是讲文明）都是表现个人良知的形式。

建设一个能让良知和多样性茁壮成长的文化

对于新闻生产者来说，或许最大的挑战是认识到自己的长期健康状况依赖他们自己创造的文化的质量，以及在多大程度上允许人们存在差异——无论是在现实的工作场所，还是在虚拟社区。尽管应对挑战困难重重，但是新闻史上还是有大量合作与对抗的事例，甚至还有些事件正在酝酿之中。有一些新闻机构似乎自然地崇尚自由并鼓励凭良知做事的文化。但是，当行业处于压力之下，尤其是其经济健康状况面临压力时，事情就未必是这样了。

我们可以采取的一种做法是通过公开、明确的示范，制造一种氛围，使我们崇尚的文化自上而下得到推行。或许最好的例子就是已故的新闻记者戴维·哈伯斯坦曾讲述的第一次见到奥威尔·德赖富斯（Orville Dryfoos）的故事，德赖富斯当时刚刚升任纽约时报社社长：

> 那是1962年年初，好像是2月。自1961年7月以来，我一直被派驻在刚果，刚刚被召回纽约领奖。一个人走到我的办公桌前，自我介绍说他叫奥威尔·德赖富斯。"我听说你回来了，"他说，"我想对你说，我非常佩服你，我们都知道你为此面临着多大的危险。正是这些付出造就了这张报纸。"正是这种态度，以及社长和记者之间如此轻松的交谈，让这张报纸的新闻编辑部与众不同。[22]

新闻编辑部的工作人员都应该认识到，与为之服务的公民进行交流是比新闻机构本身的利益更重要的事。这是天职，在新闻编辑部工作的每个人都要为该使命服务。对管理者而言，他们的工作就是帮助新闻工作者尽最大可能完成该使命。《萨克拉门托蜜蜂报》（Sacramento Bee）前总编辑、麦克拉奇报业（McClatchy chain）副总裁格雷戈里·法夫里（Gregory Favre）后来转到波因特研究院任教，他经常向新闻工作者谈起这一更强的使命感：

> 无论是和平时期还是危急时刻，你都在帮助人们。你帮助他们彼此交流，让他们听见许多不同的声音，为他们成为合格公民提供所需的信息。你帮助他们建立跨越差异的桥梁。你也有义务质疑自己，就像质疑别人一样。你有义务像在报道中要求别人的那样生活和工作。你有义务为改变我们的文化出力，使它更具有关怀性、多样性，更具有人情味（无论是内在的还是外在的），这种文化包裹着道德的纤维，即使在危急时刻也不会裂成碎片。[23]

事实上，法夫里是在告诉新闻编辑部的工作人员，这一使命至关重要，新闻工作者有义务保护和强化该使命，这既是为了先辈，也是为了子孙。

公民的角色

最后，作为社群成员的公民该如何参与这个过程以及承担什么责任呢？

新闻工作者通常的想法是，如果新闻界失职——过于煽情或发展为娱信——那么这最终是公民的失败。他们说，如果人们想要更好的新闻，市场可以提供。我们会发现，这个逻辑最大的问题是，新闻并不是由完美的市场制造出来的。以我们在电视中看到的地方新闻为例，它在很大程度上受到华尔街所要求的利润率的影响。我们从新闻管理人员那里了解到，一张报纸的特征主要受到所有者的价值观的影响。新闻工作者日常决策的质量极大地受到编辑和新闻编辑部文化的影响。报纸曾经是垄断行业，但也不总是如此。世纪之交出现的垄断性报纸是20世纪60年代和70年代报纸大战的胜利者，它们的责任感和傲慢、专横也是那段历史的产物。电视台必须持有公共频段执照才能运营，它们基本上是寡头垄断经营，但是竞争激烈。目前，互联网的历史还不长，很难预测它的市场状况如何。

市场并不像人们常说的那样，只提供公民想看的新闻。它还按照华尔街、媒体所有者、新闻培训机构、每家媒体的文化规范和新闻传统的要求，向公民提供新闻。如果要改变这种状况，如果要使新闻工作者首先忠于公民的原则有意义，新闻工作者和公民之间必须建立起新型关系。

互联网自由、开放的观念带有神话色彩。然而，对渴望优质内容的公众而言，新的系统也带来了新的交易成本。广告可以为一小部分为公民参与提供信息的新闻提供经济支持。参与度高的用户会支付不断增长的成本流量费和订阅费。实际上，少数人将越来越多地补贴整体，以创造知情的公众。转向受众带来了另一种无形的、以责任的形式出现的交易成本。与过去相比，被称为受众的人在信息消费上需要更加专注和挑剔。公众也需要为新闻业做出贡献，不是通过履行新闻业的职能，而是通过支持新闻业，并参与新闻业多个领域的活动。这些新的领域，以及它们所传递的不断增加的责任，构成了新闻的最后一个基本原则。这个原则一直存在，但是进入新世纪后变得更加明显，更加重要——那就是公民的角色。

第11章 公民的权利与义务

2005年7月7日上午，三枚炸弹在伦敦地铁爆炸，紧接着另一枚炸弹在一辆双层公交车上爆炸。这一系列与2004年马德里列车连环爆炸案类似的自杀性爆炸袭击导致52人死亡。

英国广播公司深知这条新闻的重要性，派出了大量记者，力争在第一时间获得信息。同时，如新闻部负责人理查德·山姆布鲁克（Richard Sambrook）所言，要"保证事实准确"[1]。事发当天，英国广播公司得到了伦敦市民前所未有的帮助。袭击发生六小时后，该机构收到了一千多张照片，二十多段视频，四千多条文字信息，两万多封电子邮件——它们全都来自市民。

英国广播公司一直鼓励公民参与新闻报道，但是这种程度的参与是前所未有的。"公众来稿的数量之多和质量之高，使这种参与不再停留在追求时髦、做样子和偶尔为之的层面，这给我们的重要启示今天仍在影响我们的工作。"山姆布鲁克回忆道。

"众包"，或通过公众帮助获取新闻的观念在2005年才开始形成。记者应该在每天例行的新闻条线报道中察看公众的谈话内容，并在自己的屏幕上打开TweetDeck之类的产品，这一观念尚未被广泛接受。那时，推特还不存在，脸谱还局限在几个大学校园里使用。但是，在2005年伦敦爆炸案发生后，英国广播公司的管理者将这些材料善加利用，甚至走得更远，开办了一档新闻节目，专门播放市民提供的视频素材。山姆布鲁克把关于伦敦爆炸案的报道称为合作伙伴关系（partnership），并提到他的组织明白了"当重大事件发生时，公众可以给我们提供大量可供播出的新鲜信息"。

不到十年光景，有时看上去似乎一切都变了。但事实上，在某种意义上，这些变化把我们带回了咖啡馆，带回了新闻还是连续对话的时代。

目前在卡迪夫大学（Cardiff University）教新闻的山姆布鲁克是最早倡导在新闻工作者和公民之间建立新型关系的人之一。2001年，英国广播公司开启了数字讲述项目（Digital Storytelling Project），在各地建立工作室，以十人为一期，传授撰稿、录音、图片编辑和视频编辑的技术。在英国广播公司的帮助下，苏格兰海岸附近的当地政府实施了一个名为岛屿博客（Island Blogging）的参与性媒体项目。岛上的居民每人得到了一台可以窄带上网的个人电脑，他们可以用它发布照片和故事，还可以就许多社区问题发起讨论。英国广播公司行动电视网（BBC Action Network）为公民提供了一个讨论与自身利益相关的话题的论坛，让公民重新参与政治过程。

"作为这一新方向的支持者，我建议英国广播公司的员工不要放弃准确、公平和客观的责任，"山姆布鲁克写道，"在积极采纳公众稿件的同时，我们必须要求这些稿件与我们的编辑方针和价值观相一致。当然，我相信，通过向更多观点和视角开放，通过吸纳受众的知识和理解，真实、准确、公正和观点的多样性会得到进一步强化。"[2]

网络的发展进入第二个十年后，新闻业才开始探索如何利用它更好地吸引公众参与。探索如何将公众与新闻界结合在一起生产新型新闻的过程注定很长，而且公众和新闻工作者有可能不时地遭受挫败。正如我们在前文详细讨论过的张力一样，一些新事物的倡导者想象，职业新闻工作者目前如果不是已经过时，也是工业时代的产物，扮演着过气的角色。另一些人则怀疑偶尔扮演监督者角色的公民是否掌握了足够的技术、是否能以有组织的方式真正地监控事件的发展。社群守望项目（the community watch program）虽然做出了一些贡献，但是不能代替警察。在这本书里，我们的观点是公民和职业新闻工作者这两方，并不是竞争关系。他们必须一起工作。公民不是要复制甚至取代职业新闻工作者的工作，而是要提供信息、进行互动，并提升后者的工作水平。

时间会去伪存真，理顺这种新型关系。在这一过程中，公民会发挥各种不同的优势，专业人士则发挥另外的优势，而这些优势如何结合，取决于经验，而不是理论。但是，如果用实践的眼光而不是狭隘、保守的眼光接受这种关系，结果就会比以前更好。

从发明机械印刷技术开始，经过二百多年的知识扩散，西方社会实现了结构转型。这一转型由基于印刷文字的知识扩散推动，使人民变成了由知识武装起来的公众，能够表达意见，参与社会、经济和政治系统的运作。信息扩散到广大人民中大多是通过我们后来所说的新闻活动来完成的。正是这些信息，帮助人民成为知情的公民；正是在这种环境之下，公众意见才能形成。反过来，公众意见使自治成为可能。

在这个意义上，新闻与民主是同时诞生的。在最初阶段，新闻只是向人民提供那些控制他们生活的权力机关的活动和制度的信息。今天，当世界淹没在信息的海洋之中时，新闻界的角色发生了变化。当信息极大丰富到随时随地都可以获得时，新闻与需要信息的公众之间需要建立一种新的关系。正如新闻业的价值观在新的竞争条件下没有改变一样，新闻工作者的角色也没有发生根本变化。过去，新闻的作用只是提供信息，充当人民自治的工具，但是，现在它的作用是向公民提供他们需要的工具，帮助他们从当前传播系统生产的谣言、宣传、流言、事实、判断和指责的大杂烩中，提炼出对自己有用的知识。因此，新闻工作者不仅要帮助公民理解这个世界，而且要帮助他们理解接收到的信息的意义。

为了做到这一点，新闻工作者首先要邀请社群参与新闻生产过程。这是本书贯穿始终的主题。社群把多样的观点、专业知识、真实的生活经验带给了新闻，这些是单凭新闻工作者一己之力难以做到的。新闻工作者则把技术带进对新闻的评估，还要加上政府内部的信源提供的信息，并运用自己的叙事能力以及整理和管理集合信息的能力。

我们在第4章号召新闻工作者接受透明性这个概念，我们提出的这一概念比一些新闻工作者使用的与中立性有关的模糊概念更接近客观性的真正含义。我们相信，加强透明性是在新闻工作者和公民之间建立新型关系的第一步。它让受众有机会对新闻工作者的原则做出裁判。受众拥有的信息让他们有能力比较这些原则与其他可能的选择。最重要的是，它给了公众一个平台，可用于判断某类新闻是不是他们愿意支持和信任的新闻。

第二步是寻找社群成员，他们可以帮助新闻工作者以他们想象不到的复杂方式收集新闻。这不仅仅意味着为公民创建发帖和发布信息的场所。这意味着把他们看成新的信源群体，把他们提供的信息组织起来，并对其进行审核，将其整合成一个整体。明尼苏达公共广播电台（Minnesota Public Radio）在20世纪90年代就做了这件事。他们当时对听众的背景和专业进行了详细的调查，并把他们分成不同的小组，以便他们基于自己独特的专业知识对新闻提出意见和进行审核。这样一来，明尼苏达公共广播电台就可以打电话给附近保留地的某个美洲印第安人，或者善于治疗某种疾病的医生，请他们对那些需要运用他们独特的个人知识或专业进行判断的新闻进行策划、报道和分析。这就改变了过去对公民的模式化的呈现，改善了公民的形象，他们不再是一个街上的行人，或者拍了一张有用的照片的人。

第三步是当公众对新闻做出反应时要仔细倾听。这可以通过创建信息论坛（如由《纽约时报》《得克萨斯论坛报》和其他许多媒体主持的论坛）来实现，编辑和记者可以直接与他们的受众互动，深入讨论当前的新闻趋势，包括交流对新闻伦理和标准的看法。

公民在新闻中越活跃，他们对新闻的责任感就越强。我们不妨将其视作新闻工作的第十个基本原则，这个原则随着新型赋能技术的出现而日益重要。

公民对新闻也享有权利和承担义务——当他们自己成为新闻的生产者和编辑者时更应如此。

公民必须摒弃偏见，在判断新闻工作的好坏时，要看它是否有助于提高公民的能力、让公民以知情者的身份改变社会。当然，新闻工作者吸引公众参与的方式，不仅应该包括提供公众需要的内容，还应该包括向公众解释新闻工作的原则。通过这种方法，新闻工作者就能发现公众是否能够成为优质新闻的促进力量。

显然，市场的需求是塑造当今社会的最强大的力量。同样明显的是，尽其所能为本书所描述的新闻业创造市场是符合新闻工作者的利益的：这种新闻业承认并实践那些能保证新闻报道可信、及时、均衡、全面的原则，以帮助公民了解世界和他们在其中的位置。为了实现这个目标，首先必须想办法让构成市场的消费者了解新闻的生产过程——我们如何工作、如何决策。

这对公民来说意味着什么？更准确地说，作为公民的我们应该对新闻机构提出什么要求？如果我们认为没有得到想要的东西，应该怎么办？做一个有媒介素养的公民，知道如何参与新闻生产以及需要掌握哪些技巧，这些问题十分重要。新闻工作的原则不仅属于新闻工作者，也属于公民，原因很简单，正如我们在本书开头提到的，这些原则的来源不是某种职业精神，而是新闻在人们生活中的功能。

从这个意义上讲，新闻工作的原则既是新闻工作者的义务法案，也是公民的权利法案。伴随权利而来的自然是公民的义务——21世纪，随着公民与新闻机构互动的能力不断提高，公民的义务也在增加。那么，怎么判断我们接触的新闻是否符合新闻的基本原则？下面列出公民需要注意的几个问题。

公民的权利和义务法案

1. 关于真实性

我们有权要求新闻报道提供明确的证据，证明其诚实可信。这意味着核实的过程，即新闻工作者如何及为何做出此决定，必须透明。应该有明确的信息表明这一过程经过了无偏见的检验。我们要能够发现信息中隐藏的价值观和偏见。

为了履行这个义务，我们应该要求报道遵循哪些原则？正如我们在另一本书《真相：信息超载时代如何知道该相信什么》中详细论述的，一则新闻应该清楚地说明信源及其提供的证据，或者报道者为什么能知道相关情况。通过报道的呈现方式，读者应该能够清楚地看出其相关性和意义。要让读者注意到报道中未得到解答的重要问题。报道中出现的各方都应该有机会说明自己的观点——即使是得到较少支持的一方。如果报道涉及有争议的问题，我们应该要求有后续报道跟进。其他新闻应该继续推动这场公共讨论，这样才能做到去伪存真。换句话说，新闻不应该只顾吸引我们的注意，还应当反驳我们，促使我们思考。并不是每一则新闻都要具备上述所有特质，但是应该期待这些特质在整体上得到体现。

反过来，这也是一个双向的过程。公民同样有义务以开放的心态接受新闻，而不只是希望新闻强化现有的观点。

2. 关于忠于公民

我们希望在新闻中看到证据，证明提供这些资料的目的首先是供我们使用。这意味着新闻应该满足作为公民的我们的需求，而不只是为被报道者和政治或经济体系服务。这同样意味着新闻应该表明新闻工作者是在努力理解整个社区。

或许最好的判断方法，是观察一直以来新闻是否做到了尽量避免刻板印象。在新闻里，刻板印象通常指在某些情况下可能真实，但是在被报道的那则新闻中并不适用的抽象概括。如果一则本地犯罪新闻只关注了社区的一部分，而忽视了犯罪行为实际上已经扩散到整个社区，其中就存在刻板印象。一般来说，刻板印象是新闻报道失败导致的。这类刻板印象一般可以通过增加报道和进行多点报道加以避免，我们可以在许多态度认真的报道中看到这两种方法。

我们还应该希望明确地看到：新闻提供者（无论是商业公司、政治性的非营利组织、智库还是其他信源）为了在新闻、艺术和商业评论、消费和零售业报道中向我们提供重要信息，有些时候会把新闻机构的利益置之度外。凯瑟琳·格雷厄姆在决定刊登五角大楼文件时，正是这么做的。还有无数其他人每天也在这么做，他们有的在餐厅评论中批评报纸的广告主，有的毫不留情地报道当地的重要产业。随着特殊利益集团越来越多地进入新闻的生产过程,新闻提供的信息应该坚持同样的道德要求。那种只反映一个信源的立场或利益的作品应该被视为宣传的一种形式。

对公民忠诚,同时意味着当某条新闻涉及同一集团下的兄弟公司、合作伙伴或利益相关群体的利益时,新闻工作者要敢于直言。这也包括报道记者或新闻机构自身的游说活动——他们会向政府施加压力,让政府制定对本行业有利的政策。我们有充分的理由要求新闻提供者以透明的方式运作,就像我们期待他们这么要求其他权力机构一样。

3. 关于独立

我们有权要求评论员、专栏作家和言论新闻工作者提供有支持证据的材料,说明他们提出这个主题是为了激发公共讨论,而不是只为一小撮人的狭隘利益服务,或者导向某个预定的结论。无论是对网络上的独立博客作者,还是专业的专栏作家来说,这个标准都适用。展示思想独立的声音,即独立思考的声音更有趣,也增加了公共对话的价值。

在那些跟在某个小集团或相关利益群体后面亦步亦趋的评论中,不存在思想独立。举例来说,这意味着我们可以看到保守派评论员有时会批评共和党人,自由派评论员有时会批评民主党人。新闻工作者首先要忠诚于公民,这意味着他们虽然不必完全中立,但也不能一仆二主。我们有权要求他们:不要为被报道或被评论的人写演说词,或秘密地为他们提供意见。我们依赖言论作者帮助我们从相互矛盾和错综复杂的问题中理出头绪,因此我们有权期望在他们的文章或报道中看到确凿的证据,表明他们已经仔细研究过他人的看法。

4. 关于权力监督

我们有权要求新闻工作者监督最重要的和最难监督的权力中心，并要求它们承担说明义务。监督的对象除了政府以外，还包括其他拥有经济权力、强制权力、社会权力、道德权力和说服权力的机构和个人，后者的权力与前者相当，甚至超过前者。

由于调查的角色赋予新闻媒体相当大的权力，我们必须确保这种权力被小心谨慎地加以使用。这意味着新闻机构要承担引导的责任——发现最新的、重要的、能改变社区已有规则的事物。我们有权期待从新闻工作者扮演的监督者这一角色身上看到新闻机构对公共利益负责。这意味着我们可以期待这种权力不被浪费在鸡毛蒜皮的小事或虚假的丑闻上，比如凝固型酸奶的细菌安全标准或宾馆的床上用品中无害灰尘的数量。相反，新闻机构应该把时间和资源集中到重大问题、意想不到的大奸大恶之人，以及新的威胁之上。重要的是，那些声称自己受出版自由之伞保护的人也应该把注意力放在重要的问题上。

5. 公共论坛

我们应该要求新闻提供者创造一些我们能够与之交流的渠道。这些渠道应该不仅包括在线论坛，还包括直接的互动方式：回复电子邮件和电话，在线回答问题，并且逆潮流而动，在机构内指派工作人员发挥监督员的某些作用。这还应该包括媒体工作人员定期出现在线下的公共空间，比如论坛、市民俱乐部、家长—教师协会的会议、小组讨论，以及互动广播和电视节目中。

随着科技让交流变得更加容易，我们作为公民应该期待受邀参与新闻的生产，提供我们拍摄的照片、目击证言，从我们的经历和专业知识中找出有用的东西，为新闻采集助力。

通过这些接触方式，我们希望长此以往，新闻报道能够反映我们自己的观点和价值观，而不是只呈现重大事件中的极端看法。要实现民主制度中的妥协的理想，媒体的公共论坛建设就应向着促进社群理解的方向发展，并在此基础上实现妥协。

与此同时，作为公民，我们有义务以开放的心态接触新闻，愿意接受新的事实，当新的观点出现时，愿意对其加以考察。作为公民，我们也有义务出现在公共论坛上，行为得体、文明守礼，使得新闻业的最终目标——创建社群，有可能实现。

6. 关于代表性和吸引力

我们有权希望新闻工作者了解我们作为公民面临的最基本的两难困境：一方面，我们有及时、深入地了解社群重大问题和发展趋势的需求；但另一方面，不断增加的信息和媒体又变得越来越难以掌控。

正因为如此，我们有权希望新闻工作者利用特有的接触事件和信息的机会，把收集到的材料放到能够吸引我们关注的语境中，长此以往，帮助我们看到这些趋势和事件对于我们的真正意义。我们不希望看到那些仅具有短期重要性的热点事件被过分炒作或者因为商业目的被歪曲。

所以，作为公民，我们应该在知情的基础上对大量影响我们生活的问题做出合理的决定，我们有权要求新闻报道反映那些威胁社区的危险（比如犯罪）的真实情况，同时反映社区生活正常、良好的一面。我们的成功应该和失败一样得到表现。

尽管信息在井喷般地增加，但是作为公民，我们有责任不缩小我们的关注范围。我们不能放纵自己沉溺于娱乐性内容或能证实我们观点的内容。我们还必须寻找公民所需的、批判性的、有挑战性的信息。换句话说，关注重要的信息，是我们的责任，同样是新闻工作者的责任。正如尼尔·波斯曼警告的那样，我们的时代是一个娱乐至死的时代，如何应对这一时代的挑战，越来越取决于我们自己。

　　细心的读者会发现，本书讨论过的两个新闻的基本原则——核实和良知——没有在公民权利里出现。这是因为当从公民应该如何认知这些权利的角度重新阐述这些原则时，有一些原则最好被理解为其他原则的一部分。在这个前提下，新闻工作者的核实过程成为新闻真实的标志性特征，在"关于真实性"的小标题之下讨论过了。同样，与良知相关的内容是新闻机构的公共论坛职能中公民与新闻提供者之间的互动的一部分，因此隐含在"公共论坛"这一小标题下的内容中。

　　如果上述权利未得到实现，我们作为公民该怎么做？例如，如果报纸在报道商业或政治欺诈时没有进一步深入报道其中最具争议性的问题，我们能采取什么行动，又应该采取什么行动？效果最好的做法是提出具有建设性的意见，建议和信息强过谴责和咒骂。如果意见没有得到重视，就再提一次，或者通过多种途径提出。例如，要是电子邮件没有得到回复，就再发送一次，同时抄送给总编辑，然后拿起电话或写信。如果想让其他公民也了解你的申诉，就把你与该组织的接触过程及其反应通过博客公之于众。

　　如果我们向新闻组织做出了反馈，但是我们的贡献、想法或批评被忽视，应该怎么办？只有把权利当成不能被通融的东西，它们才会成为真正的权利。如果你的这些权利被无视，你应拒绝与该媒体继续经济层面的往来。不再访问，终止订阅，删除应用，停止收看。最重要的是，清楚地说明你这么做的原因，并把相关情况发送给媒体管理者或媒体批评家，或者在自己的网站上发布。如果我们公民过于消极，甘愿忍受质量不断下滑的产品，市场机制就会失效。过去我们没有其他选择,但是今天的传统新闻组织已经不能垄断某些内容。如果我们有理有据地发出自己的声音,他们很可能会倾听并与我们对话。如果他们没有听到,他们就是失职。

最后,可能正如电视新闻记者卡罗尔·马林所说的那样:"新闻无定则。"但是,我们的研究和与新闻工作者、公民的对话告诉我们,确实存在一些可识别的、永恒的关于新闻和新闻工作者角色的观念。这些观念经过了潮起潮落,有时被误解和滥用——通常是被那些打着它们的旗号的行为误解和滥用。但是,它们并不是虚构的。新闻的基本原则源于新闻在人们的生活中发挥的作用,经过了三百多年的经验锻造和锤炼,并在各种信息形式相互竞争的市场中经受了考验。新闻的生产者必须使用这些原则在工作中找到一条正确的道德之路。历史告诉我们,我们正在承受偏离这些原则的风险。

我们在这里列出的新闻工作的基本原则,构成了 21 世纪新闻工作的基础。21 世纪的新闻工作是建立在综合、核实和绝对独立这一基础上的解惑工作,它还是协作的、组织化的智慧,把网络、社群和训练有素的新闻工作者所具有的独特技巧结合在了一起。这些原则也是用来抵抗那些威胁摧毁新闻事业进而削弱民主社会的力量的唯一武器。这些威胁包括把新闻纳入商业话语的世界,或不加区分地把新闻当成一般性传播活动。要避免这些威胁,唯一的方法是投身于新闻工作的人进一步清楚、准确地理解这些使新闻工作更有价值的基本原则。一个透明的企业能够通过邀请公民参与信息生产过程创造属于自己的市场需求,用对话而不是说教将新闻与公民重新联结在一起,将新闻转变成改善人民生活的服务工作。这个转变不是公民或新闻工作者某一方能够控制的,双方都必须承担一些责任。

人类文明创造了一个比其他理念都强大的理念——人民可以自治。这一理念催生了大量未曾被清晰表达的信息理论来支持自己，这些理论被称为新闻学（journalism）。自治的理念和新闻理论密切相连，荣辱与共。这本书正是想清晰地表达新闻理论的一次尝试。我们最大的希望不是一个回到过去的未来，过去从来没有人们记忆中那样美好。当然，在数字化的新世纪，在对技术和企业重生的信心高涨的时代，只有不忘过去、不忘传统的新闻理论，我们才能获得自由。在过去的一个世纪里，为了对抗技术乌托邦，我们经历了两次常规的世界大战和一场很大程度上隐蔽的冷战。我们未必能在下一次战争中幸存。

致　谢

　　本书不仅仅是我们两个人的作品。它是多年来热心新闻工作者委员会和 1200 名新闻工作者的集体成果,他们不仅贡献了自己的看法和时间,还密切关注这部作品。许多人给本书提供了宝贵的信息:三百多人来到我们的论坛,提供了真知灼见,好几百人回答了我们的问卷调查,接近一百人坐下来接受了我们的研究合作者长达数小时的采访。我们写作此书的目的不是提出新闻应该成为什么样,而是勾勒出新闻工作者已有的共同看法。新闻工作者十分独立,以至于一直拒绝把这些思想集中在一起,甚至拒绝有意识地让它们指导自己的工作。但是,当新闻工作与其他信息传播方式的区别变得让人疑惑难解的时候,我们相信,和以往任何时候相比,更有必要把这些目标和职业理论清晰地表达出来。对于那些怀疑自身的新闻工作者来说,这十分重要;对于刚进入新闻编辑部的新一代新闻工作者来说,这也十分重要;对于那些迫切希望看到可信的新闻的公众来说,这同样十分重要。这就是我们的初衷。如果我们在某些方面取得了成功,那是因为得到了大家的帮助;如果失败了,那是因为我们辜负了大家的信任。

　　我们还要特别感谢一些人。新版的感谢名单由杰西·霍尔库姆(Jesse Holcomb)开始,他是我们的批评者、合作伙伴、研究者和顾问。他是第三个扮演这个角色的优秀合作者,这三个人风格各异,却都超级优秀。在本书第一版的出版过程中扮演这个角色的是丹蒂·金尼(Dante Chinni)。第二个平装版是克里斯蒂安·卢普沙(Cristian Lupsa)。我们的新同事、美国新闻研究所(American Press Institute)的米莉·特兰(Millie Tran)、凯文·洛克(Kevin Loker)和杰夫·桑德曼(Jeff Sonderman),为本书中关于新工具和新承诺的内容提供了宝贵的思想。埃米·米切尔(Amy Mitchell)是委员会成立初期的主要管理者,负责组织论坛、监督调查研究以及开展其他活动。这本书里留有她的职业精神、组织协调能力和幽默的印记。后来,汤姆·阿维拉(Tom Avila)接过了埃米的工作,带领委员会进入了第二个发展阶段。他把委员会看成自己的作品,呵护有加。卡丽·布朗-史密斯(Carrie Brown-Smith)、沃利·迪安(Wally Dean)、布雷特·米勒(Brett Mueller)和一大群杰出的新闻工作者成为委员会流动课程的新闻培训教员;他们的工作为新版提供了许多新的观点。此外,我们还想感谢霍华德·加德纳(Howard Gardner)、米哈里·契克森米哈赖(Mihaly Csikszentmihalyi)和威廉·戴蒙,他们与我们分享了他们的研究成果。戴蒙还成为我们培训新闻工作者的伙伴。还有几位重要的朋友的鼓励、意见和指导对本书的写作起到了关键作用。詹姆斯·凯里始终在深化我们的想法,刺激我们的想象力,其他人还有罗伊·彼得·克拉克、汤姆·戈尔茨坦(Tom Goldstein)、戴维·哈伯斯坦、理查德·哈伍德、约翰·科瓦奇(John Kovach)、吉姆·诺顿(Jim Naughton)、吉内瓦·奥弗霍尔泽、桑德拉·罗、马修·斯托林(Matthew Storin)和马克·特拉汉特(Mark Trahant)。

多年来,卓越新闻项目的工作人员发挥了重要作用,这一名单如下:南希·安德森(Nancy Anderson)、珍妮弗·菲姆布雷斯(Jennifer Fimbres)、斯泰西·福斯特(Stacy Forster)、克里斯·加尔迪里（Chris Galdieri）、卡尔·戈特利布（Carl Gottlieb）、肯尼·奥姆斯特德（Kenny Olmstead）、马克·尤尔科维茨（Mark Jurkowitz）、谢里尔·埃尔齐（Cheryl Elzey）、达纳·佩奇（Dana Page）、莫妮卡·安德森（Monica Anderson）、南希·沃格特（Nancy Vogt）、劳拉·桑塔南（Laura Santhanam）、史蒂夫·亚当斯（Steve Adams）、纪红（Hong Ji）、索维尼·坦（Sovini Tan）、希瑟·布朗（Heather Brown）、特里西娅·萨托尔（Tricia Sartor）、卡特里纳·麦莎（Katrina Matsa）、埃米莉·古斯金（Emily Guskin）和保罗·希特林（Paul Hitlin）。我们永远感谢已故的约翰·马谢克（John Mashek）的智慧、幽默和友情。哈佛大学尼曼奖学金项目（Nieman Fellowship）的朱莉·登普斯特（Julie Dempster）为第一版提供了重要的帮助。卓越新闻项目的管理委员会在整个写作过程中起到了关键作用。我们还要诚挚感谢那些和我们联合组织论坛的大学、报纸和个人，有几次他们还为论坛提供了资金，其中包括帕克基金会（Park Foundation）。与全国各地的新闻工作者的交谈为本书的新版提供了很多信息，约翰·S. 奈特和詹姆斯·L. 奈特基金会（John S. and James L. Knight Foundation）慷慨的资助使这些交谈得以实现，该基金会致力于改善全球新闻业的状况。我们还要感谢经纪人戴维·布莱克（David Black）的信心和热情。感谢萨拉·史密斯（Sarah Smith），以及皇冠出版社（Crown Publishing Group）的编辑，首先是鲍勃·梅柯伊（Bob Mecoy），然后是安尼克·拉法基（Annik Lafarge）以及现在的林赛·穆尔（Lindsey Moore）和德里克·里德（Derek Reed），感谢他们对这个项目的信任。

如果没有皮尤慈善信托基金会（Pew Charitable Trusts）的丽贝卡·赖姆尔（Rebecca Rimel）和唐·基梅尔曼（Don Kimelman）的资金和个人支持，这个项目也不可能完成，他们和埃里克·牛顿（Eric Newton）以及奈特基金会的霍丁·卡特始终对我们充满信心。

最后，我们还要感谢那些帮助创立《宪法第一修正案》又赋予它意义的新闻界的先驱。正是他们的遗产让我们深感有责任确保新闻界的自由和独立，并最终实现它的承诺：让人民实现自治。

注 释

前言

1. Melanie Sills, "How to Begin Practicing Open Journalism," Poynter online, http://www.poynter.org/howtos/newsgathering-storytelling/158440/how-to-begin-practicing-open-journalism.
2. State of the News Media 2011, Overview, http://stateofthemedia.org/overview-2011.

导论

1. Michael Schudson, "Theorizing Journalism in Time Fourteen or Fifteen Generations: News as a Cultural Form and Journalism as a Historical Formation," *American Journalism* 30: 1 (2013), 29-35. Mitchell Stephens, *A History of News* (Fort Worth, TX: Harcourt Brace College Publishers, 1996), 27. 舒德森关于新闻的价值是否具有严格的一致性的看法与斯蒂芬斯有所不同。我们的立场居中，既看到新闻的价值在不同时间和不同文化中的一致性，同时承认语境、经济和民族心态加起来也会影响不同时期的新闻支持什么、反对什么。《经济学人》(*Economist*) 杂志的汤姆·斯坦迪奇通过信件和其他文件，将新闻流通的历史至少追溯到了西塞罗时期。Tom Standage, "Writing on the Wall," available at http://tomstandage.wordpress.com/books/writing-on-the-wall/.
2. Harvey Molotch and Marilyn Lester, "News as Purposive Behavior: On the Strategic Use of Routine Events, Accidents and Scandal," *American Sociological Review*

39 (February 1974), 101-112.

3. Stephens, *History of News*, 12.

4. Ibid.

5. John McCain, with Mark Salter, *Faith of My Fathers* (New York: Random House, 1999), 221.

6. Poynter online, "Deprived of Media, College Students Describe Ordeal," November 14, 2012; available at http://www.poynter.org/latest-news/mediawire/195572/deprived-of-media-college-students-describe-ordeal/.

7. Thomas Cahill, *The Gift of the Jews: How a Tribe of Desert Nomads Changed the Way Everyone Thinks and Feels* (New York: Nan A. Talese/Anchor Books, 1998), 17.

8. Committee of Concerned Journalists (CCJ) and the Pew Research Center for the People & the Press, "Striking the Balance: Audience Interests, Business Pressures and Journalists' Values," March 1999, 79.

9. Pew Research Center for the People & the Press, "Press Widely Criticized, but Trusted More Than Other Information Sources," September 22, 2011; available at http://people-press.org.

10. Pew Research Center for the People & the Press, "In Changing News Landscape, Even Television is Vulnerable," September 27, 2012.

11. Pew Research Center for the People & the Press, "Press Widely Criticized."

12. C. W. Anderson, Emily Bell, and Clay Shirky, *Post-Industrial Journalism: Adapting to the Present* (New York: Columbia Journalism School Centennial, 2012).

第 1 章

1. Maxwell King, at founding meeting of Committee of Concerned Journalists (CCJ), Chicago, June 21, 1997.

2. Tom Brokaw, interview by William Damon, Howard Gardner, and Mihaly Csikszentmihalyi; unpublished interviews conducted for the book *Good Work: When Excellence and Ethics Meet* (New York: Basic Books, 2001).

3. Yuen Ying Chan, interview by William Damon, Howard Gardner, and Mihaly Csikszentmihalyi, ibid.

4. James Carey, *James Carey: A Critical Reader*, ed. Eve Stryker Munson and Catherine A. Warren (Minneapolis and London: University of Minnesota Press, 1997), 235.

5. Jack Fuller, at CCJ Forum, Chicago, November 6, 1997.

6. Omar Wasow, at CCJ Forum, Ann Arbor, MI, February 2, 1998.

7. CCJ and the Pew Research Center for the People & the Press, "Striking the Balance: Audience Interests, Business Pressures and Journalists' Values," March 1999, 79; available at www.journalism.org.

8. William Damon and Howard Gardner, "Reporting the News in an Age of Accelerating Power and Pressure: The Private Quest to Preserve the Public Trust," academic paper, November 6, 1997, 10.

9. 美国报业编辑协会记录在案的伦理法规中，有 12 条提到新闻的目的时都把这一说法描述为新闻的首要任务。24 条没有提到目的的伦理法规中，有 4 条将其纳入了具体条文。

10. Associated Press, report of Pope John Paul II's declaration of the Vatican's Holy Year Day for Journalists, by Ellen Knickmeyer, June 4, 2000; available at Associated Press Worldstream, via LexisNexis.

11. Mitchell Stephens, *History of News* (Fort Worth, TX: Harcourt Brace College Publishers, 1996), 27.

12. John Hohenberg, *Free Press, Free People: The Best Cause* (New York: Free Press, 1973), 2.

13. Stephens, *History of News*, 53-59. 设立官办日报是公元前 60 年尤利乌斯·恺撒（Julius Caesar）成为罗马执政官之后颁布的第一个正式法案的内容。

14. Hohenberg, *Free Press*, 38. The writers were John Trenchard and William Gordon.

15. Thomas Jefferson, letter to George Washington, September 9, 1792. Retrieved

from www. about. com.

16. *New York Times Co. v. United States*, 439 U. S. 713（1971）.

17. Lee Bollinger, at CCJ Forum, Ann Arbor, MI, February 2, 1998.

18. 在一个讨论未来的新闻专业课程的会议上，约翰·西利·布朗对本书作者罗森斯蒂尔这样说。该会议由哥伦比亚大学新闻研究生院主办，于 2000 年 6 月 15 日至 16 日在门洛帕克（Menlo Park）召开。

19. 保罗·萨福在同一场会议上对罗森斯蒂尔说的话。

20. Jonathan Stray, "Objectivity and the Decades-Long Shift from 'Just the Facts' to 'What Does it Mean?'" Nieman Journalism Lab, May 22, 2013; available at http://www. niemanlab. org/2013/05/objectivity-and-the-decades-long-shift-from-just-the-facts-to-what-does-it-mean/.

21. C. W. Anderson, Emily Bell, and Clay Shirky, *Post-Industrial Journalism: Adapting to the Present*（New York: Columbia Journalism School Centennial, 2012）, 22.

22. Stephen Brook, "News Reporting Faces Web Challenge, Writes New York Times Editor," *Guardian*, November 29, 2007; available at http://www. guardian. co. uk/media/2007/nov/29/pressandpublishing. digitalmedia.

23. CBS News/New York Times poll（October 1994），"Do you happen to know the name of the representative in Congress from your district?（If yes, ask:) What is your representative's name?" Data provided by the Roper Center for Public Opinion Research.

24. 这一数据来自 2012 年总统选举。在 2010 年国会中期选举中，只有 41% 的选民参与了投票。

25. 大多数人从本地电视节目中了解新闻，这一结论基于 Nielsen Media Research 的数据；本地电视节目忽视对政府的报道的判断基于下述文献："Project for Excellence in Journalism Local TV Project," *Columbia Journalism Review*, January 1999, November 1999, November 2000; available at www. journalism. org。

26. 民众的报纸阅读率数据来自 Pew Research Center for the People & the Press's

biennial survey of media consumption, September 2012。关于公共生活的知识来自 Michael Delli Carpini and Scott Keeter, "Stability and Change in the U. S. Public's Knowledge of Politics," *Public Opinion Quarterly* (Winter 1991), 583-612。

27. Pew Research Center for the People & the Press, "Public Knowledge of Current Affairs Little Changed by News and Information Revolutions," April 15, 2007; available at http://people-press.org.

28. Walter Lippmann, *The Essential Lippmann*, ed. Clinton Rossiter and James Lare (New York: Random House, 1963), 108.

29. Carey, *A Critical Reader*, 22.

30. John Dewey, review of *Public Opinion* by Walter Lippmann, *New Republic*, May 1922, 286.

31. 有两位作者明确地讨论过这一问题：Carey in *A Critical Reader*, and Christopher Lasch in *The Revolt of the Elites and the Betrayal of Democracy* (New York/London: W. W. Norton, 1995)。

32. Lou Urenick, "Newspapers Arrive at Economic Crossroads," *Nieman Reports*, special issue (Summer 1999), 3–20.

33. 有不少研究者发现了这些年来政治报道的这一趋势。最近的一些例子包括：Joseph N. Cappella and Kathleen Hall Jamieson in *Spiral of Cynicism: The Press and the Public Good*, Thomas E. Patterson in *Out of Order: How the Decline of the Political Parties and the Growing Power of the News Media Undermine the American Way of Electing Presidents*, and the Project for Excellence in Journalism in "In the Public Interest: A Content Study of Early Press Coverage of the 2000 Presidential Campaign," February 2, 2000; available at www.journalism.org。

34. Carey, *A Critical Reader*, 247.

35. 戴夫·伯金在 1980 年和 1982 年是本书作者罗森斯蒂尔的编辑，当时他们在帕洛阿托的《半岛时报》(*Peninsula Times Tribune*) 工作，他教会本书作者关于报纸排版的这一理论。

36. Byron Calame, "Turning the Tables: What the Times News Staff Thinks of You,"

New York Times, October 9, 2005; available at www.nytimes.com.

37. C. W. Anderson, *Rebuilding the News: Metropolitan Journalism in the Digital Age* (Philadelphia: Temple University Press, 2013), 164-165.

38. Pew Research Center for the People & the Press, "Broad Support for Renewed Background Checks Bill, Skepticism about Its Chances," May 23, 2013; available at http://people-press.org.

39. Pew Internet & American Life Project, "72% of Online Adults Are Social Networking Site Users," August 5, 2013; available at http://pewinternet.org.

40. Ralf Dahrendorf, *After 1989: Morals, Revolution and Civil Society* (London: Macmillan, in association with St. Antony's College, Oxford, 1997), 98.

41. Pew Research Center, "As Mobile Grows Rapidly, the Pressures on News Intensify," March 18, 2013; available at www.journalism.org.

42. Dan Gillmor, "Google, Please Be a Benevolent Internet Overlord," *Guardian*, May 16, 2013; available at http://www.guardian.co.uk/commentisfree/2013/may/16/google-io-conference-internet-dominance.

43. Rebecca MacKinnon, *Consent of the Networked: The Worldwide Struggle for Internet Freedom* (New York: Basic Books, 2013).

44. 凯里是在 2000 年 6 月 19 日于华盛顿召开的热心新闻工作者委员会指导委员会会议上做出上述评论的。

第 2 章

1. Hedrick Smith, "U.S. Drops Plans for 1965 Recall of Vietnam Force," *New York Times*, December 21, 1963.

2. Benjamin C. Bradlee, "A Free Press in a Free Society," *Nieman Reports*, special issue (Winter 1990).

3. David Halberstam, "Crucial Point in Vietnam," *New York Times*, December 23, 1963.

4. Bradlee, "A Free Press."

5. CCJ and the Pew Research Center for the People & the Press, "Striking the Balance: Audience Interests, Business Pressures and Journalists' Values," March

1999, 79; available at www.journalism.org and http://people-press.org.

6. Interviews by William Damon, Howard Gardner, and Mihaly Csikszentmihalyi with a number of journalists; unpublished interviews for the book *Good Work: When Excellence and Ethics Meet* (New York: Basic Books, 2001).

7. Patty Calhoun, at CCJ Forum, Chicago, November 6, 1997.

8. Peter Levine, *Living without Philosophy: On Narrative, Rhetoric, and Morality* (Albany: State University of New York Press, 1998), 169.

9. 这一形象先于现实的观念在这本书里有戏剧性的描写：Joe McGinniss, *The Selling of the President 1968* (New York: Trident Press, 1969)。

10. Ron Suskind, "Without a Doubt," *New York Times Magazine*, October 17, 2004; available at www.nytimes.com.

11. Claudette Artwick, "Reporters on Twitter: Product or Service?" *Digital Journalism* 1:2 (2013), 212-228.

12. John Hohenberg, *Free Press, Free People: The Best Cause* (New York: Free Press, 1973), 17.

13. Joseph Ellis, *American Sphinx: The Character of Thomas Jefferson* (New York: Alfred A. Knopf, 1997), 303.

14. Edwin Emery, *The Press in America*, 2nd ed. (Englewood Cliffs, NJ: Prentice-Hall, 1962), 374.

15. Cassandra Tate, "What Do Ombudsmen Do," *Columbia Journalism Review* (May/June 1984), 37.

16. Ibid.

17. David T. Z. Mindich, *Just the Facts: How "Objectivity" Came to Define American Journalism* (New York and London: New York University Press, 1998), 115. 明迪奇（Mindich）说，第一本质疑客观性的书是：Curtis MacDougall, *Interpretative Reporting* (New York: Macmillan, 1938)。

18. Gordon Wood, "Novel History," *New York Review of Books*, June 27, 1991, 16.

19. Clay Shirky, "Truth without Scarcity, Ethics without Force," *The New Ethics of Journalism: Principles for the 21st Century*, ed. Kelly McBride and Tom Rosen-

stiel (Thousand Oaks, CA: CQ Press, 2013), 10.

20. Richard Harwood, at CCJ Forum, New York City, December 4, 1997.

21. Everette E. Dennis, "Whatever Happened to Marse Robert's Dream?: The Dilemma of American Journalism Education," *Gannett Center Journal* (Spring 1988).

22. Mindich, *Just the Facts*, 6–7. 这三个例子都出自该书, 但是它们也代表了多年来我们从许多新闻工作者那里听来的观点。

23. 明迪奇 (Mindich) 在 *Just the Facts* 中也提到了这个观点, 141。

24. Bill Keller, at CCJ Forum, New York City, December 4, 1997.

25. Robert D. Leigh, ed., *A Free and Responsible Press* (Chicago: University of Chicago Press, 1947), 23.

26. Jack Fuller, *News Values: Ideas for an Information Age* (Chicago and London: University of Chicago Press, 1996), 194.

27. 卡尔·伯恩斯坦在不同场合, 在演讲、访谈和与本书作者的谈话中都提到这一观点。

28. Eugene Meyer, "The Post's Principles," *Washington Post Deskbook on Style*, 2nd edition (New York: McGraw-Hill, 1989), 7.

29. Wood, "Novel History," 16.

30. Hodding Carter, interview by author Kovach, April 1998.

31. Paul Lewis, "Disproving the Police Account of Tomlinson's Death (How Citizen Journalism Aided Two Major *Guardian* Scoops)," in *Investigative Journalism: Dead or Alive?* ed. John Mair and Richard Lance Keeble (Suffolk, UK: Abramis, 2011).

32. 这个故事出自杰克·尼尔森 (Jack Nelson) 身后出版的回忆录 *Scoop: The Evolution of a Southern Reporter*, 由他的遗孀芭芭拉·马图索 (Barbara Matusow) 编辑 (Jackson, MS: University Press of Mississippi, 2012), 122–123。2013 年 2 月, 在华盛顿的 Politics & Prose 书店, 吉恩·罗伯茨 (Gene Roberts) 在为该书举办的一场新书发布活动中讲述了尼尔森使用两个采访本的细节, 但书中没有提到这个细节。

33. Tom Reiss, "The First Conservative: How Peter Viereck Inspired—and Lost—a Movement," *New Yorker*, October 23, 2005, 42.

34. 这段话的不同版本被许多政治家、作家和新闻工作者引用。马克·吐温（Mark Twain）经常被引用的版本是："当真相刚穿上鞋子，谎言已经跑遍半个世界。"

第 3 章

1. Geneva Overholser, "Editor Inc.," *American Journalism Review* (December 1998), 58.

2. Ibid., 57. "美国报纸现状项目"调查了 77 名资深报纸编辑，发现 14% 的人把超过一半的时间花在经营事务上，另外 35% 的人花在经营事务上的时间在 1/3 到 1/2 之间。

3. CCJ and the Pew Research Center for the People & the Press, "Striking the Balance: Audience Interests, Business Pressures and Journalists' Values," March 1999, 79; available at www.journalism.org.

4. 这一研究结果是由我们的学术合作者发现的，见 William Damon, Howard Gardner, and Mihaly Csikszentmihalyi; unpublished interviews for the book *Good Work: When Excellence and Ethics Meet* (New York: Basic Books, 2001)。

5. Nick Clooney, interview by William Damon, Howard Gardner, and Mihaly Csikszentmihalyi, ibid.

6. CNN.com, "Top New York Times Editors Quit," March 1, 2004; available at www.cnn.com/2003/US/Northeast/06/05/nytimes.resigns.

7. Don Van Natta Jr., Adam Liptak, and Clifford J. Levy, "The Miller Case: A Notebook, a Cause, a Jail Cell and a Deal," *New York Times*, October 16, 2005.

8. 2013 年 7 月，在位于华盛顿的外国记者中心（Foreign Press Center）的一次集会上作者罗森斯蒂尔听到的。

9. The Pew Research Center for the People & the Press, "In Changing News Landscape, Even Television Is Vulnerable," September 27, 2012. Available at www.pewresearch.org.

10. Alex Jones and Susan Tifft, *The Trust: The Private and Powerful Family Behind*

The New York Times(Boston, New York, London: Little, Brown, 1999), 43.

11. *Washington Post DeskBook on Style*, 2nd ed. (New York: McGraw Hill, 1989).

12. Tom Goldstein, "Wanted: More Outspoken Views," *Columbia Journalism Review* (November/December 2001).

13. Paul Alfred Pratte, *Gods within the Machine: A History of the American Society of Newspaper Editors, 1923-1993* (Westport, CT: Praeger, 1995), 2.

14. "Dow Jones Code of Conduct," New York: Dow Jones, 2000; see ethics codes at www.journalism.org.

15. "Project for Excellence in Journalism, Local TV Project," focus groups, January 26, 1999, in Atlanta, and January 28, 1999, in Tucson.

16. American Society of Newspaper Editors, "The Newspaper Journalists of the '90s," a study, 1997; available at www.asne.org.

17. Ibid. 1988年,41%的人说他们比其他人的参与程度更低。1996年,这一数字增加到55%。

18. Tom Rosenstiel, "The Beat Goes On: Clinton's First Year with the Media," Twentieth-Century Fund essay, 30. 对《纽约时报》《洛杉矶时报》和《华盛顿邮报》头版的一项为期两个月的研究发现,到1993年为止,只有略多于一半的新闻可以被归入事实性新闻(straight news),而大约40%的新闻是对新闻事件、趋势的分析或解释。

19. Daniel Hallin, "Sound Bite News: Television Coverage of Elections, 1968-1988," *Journal of Communications* 42 (Spring 1992), 6.

20. Ibid., 11.

21. Joseph N. Cappella and Kathleen Hall Jamieson, *Spiral of Cynicism: The Press and the Public Good* (New York: Oxford University Press, 1997), 31.

22. Rosenstiel, "The Beat Goes On," 30.

23. Michael Kelly, "Farmer Al," *Washington Post*, March 24, 1999; available at www.washingtonpost.com.

24. Michael Kelly, "Gore: 'His Wife, His Public Life, It's All Been Too Perfect,'" *Baltimore Sun*, December 13, 1987; available at www.baltimoresun.com.

25. Philip J. Trounstein, at CCJ Forum, Washington, DC, March 27, 1998.

26. Lou Urenick, "Newspapers Arrive at Economic Crossroads," *Nieman Reports*, special issue (Summer 1999), 3-20.

27. Ibid., 6.

28. Ibid., 5. 根据内陆出版协会（Inland Press Association）的数据，这些百分比计算的时间段是截至 1992 年的 5 年和截至 1997 年的 5 年。小型报纸的定义为发行量在 5 万份左右的报纸。大型报纸的定义是发行量大约为 50 万份的报纸。报社的薪酬支出分别下降了 8% 和 15%。生产成本分别削减了 21% 和 12%。报纸行业没有把资金投入产品，而是投资到市场营销相关技术方面，增加了销售人员和广告展示。

29. 这一结论是基于对电视新闻管理人员的访谈，我们相信同样的做法在广播领域也很普遍。

30. Overholser, "Editor Inc.," 54.

31. Thomas Leonard, "The Wall: A Long History," *Columbia Journalism Review* (January 2000), 28.

32. 这些关于收入的数据来自波因特研究院（Poynter Institute）的里克·埃德蒙兹（Rick Edmonds），他使用的数据来自前报纸分析师劳伦·里奇·法恩（Lauren Rich Fine）和美国报纸协会（Newspaper Association of America）。

33. Newspaper Association of America.

34. John Sullivan, "PR Industry Fills Vacuum Left by Shrinking Newsrooms," ProPublica, May 1, 2011; available at www.propublica.org.

35. Peter Goldmark, "Setting the Testbed for Journalistic Values," Fourth Annual Aspen Institute Conference on Journalism and Society, August 23, 2000; available at www.aspeninstitute.org.

36. 一位此次会议的参与者向作者们复述了这一时刻。这位仍在新闻网工作的管理人员由于害怕丢掉工作而要求匿名，我们同意了这一要求。

37. Joseph N. DiStefano, "Former Knight Ridder Journalists Plan to Nominate Board Candidates," *Philadelphia Inquirer*, November 18, 2005; available at www.philly.com.

38. Ken Auletta, "The Inheritance," *New Yorker*, December 19, 2005, 76.

39. Tom Johnson, "Excellence in the News: Who Really Decides," speech delivered at Paul White Award Dinner, October 2, 1999; Walter Cronkite Award acceptance speech, November 12, 1999.

40. Joe Strupp, "Where There's a Wall There's a Way," *Editor & Publisher*, December 11, 1999, 23.

41. Edward Seaton, at the convention of the American Society of Newspaper Editors, April 13-16, 1999; retrieved from proceedings published on the ASNE website; available at www.asne.org.

42. Kevin Eck, "Louisville Station Stops Using 'Breaking News,'" *TVSpy*, June 4, 2013.

第 4 章

1. Thucydides, *History of the Peloponnesian War*, bks. 1 and 2, trans. C. F. Smith (Cambridge: Harvard University Press, 1991), 35-39.

2. Walter Lippmann, *Liberty and the News* (New Brunswick, NJ, and London: Transaction Publishers, 1995), 58.

3. *This American Life*, "Retracting 'Mr. Daisey and the Apple Factory,'" http://www.thisamericanlife.org/blog/2012/03/retracting-mr-daisey-and-the-apple-factory.

4. Mike Daisey, March 16, 2012, http://mikedaisey.blogspot.com/2012/03/statement-on-tal.html.

5. Claudia Puig, "Getting Inside the Truth, Filmmakers Accused of Fiddling with Facts Cite Dramatic Accuracy," *USA Today*, November 3, 1999; available at www.usatoday.com.

6. Dan Gillmor, "The End of Objectivity," *Bayosphere*, January 20, 2005.

7. Michael Schudson, *Discovering the News* (New York: Basic Books, 1978), 6. 该书在分析从 19 世纪幼稚的经验主义向最初的更成熟的客观性观念转变的问题上，非常有用。

8. Walter Lippmann and Charles Merz, "A Test of the News," *New Republic*, August 4, 1920, published in *Killing the Messenger: 100 Years of Media Criticism*, ed. Tom Goldstein (New York: Columbia University Press, 1989), 91.

9. Walter Lippmann, "The Press and Public Opinion," *Political Science Quarterly* 46 (June 1931), 170. 李普曼的这篇文章写于 1931 年,距他研究俄国革命已经有 12 年,这一事实说明这个问题如何一直困扰着他。

10. Lippmann, *Liberty and the News*, 74.

11. Ibid., 60.

12. Ibid., 74.

13. Schudson, *Discovering the News*, 155–156.

14. William Damon, to Committee of Concerned Journalists steering committee, February 12, 1999, private meeting.

15. Geneva Overholser, at CCJ Forum, Minneapolis, MN, October 22, 1998.

16. Paul Farhi, "Media Too Quick to Fill In Gaps in Story of School Shooting in Newtown, Conn." *Washington Post*, December 18, 2012; available at www.washingtonpost.com.

17. Robert Parry, "He's No Pinocchio," *Washington Monthly*, April 2000; available from www.washingtonmonthly.com.

18. Ibid.

19. Phil Meyer, at CCJ Forum, St. Petersburg, FL, February 26, 1998.

20. Tom Goldstein, ed., *Killing the Messenger* (New York: Columbia University Press, 1989), 247.

21. Author Rosenstiel was a member with Bradlee of the panel "Why Don't We Trust the News Media? How Can the News Media Recover Public Trust?" Oswego, NY, October 27, 2005.

22. CCJ and the Pew Research Center for the People & the Press, "Striking the Balance: Audience Interests, Business Pressures and Journalists' Values," March 1999 (available at www.journalism.org); Amy Mitchell and Tom Rosenstiel, "Don't Touch That Quote," *Columbia Journalism Review* (January 2000), 34–36.

23. Bill Kovach and Tom Rosenstiel, *Blur: How to Know What's True in the Age of Information Overload* (New York: Bloomsbury USA, 2010).

24. Amy Harmon, "Young, Assured, and Playing Pharmacist to Friends," *New York*

Times, November 16, 2005; available at www.nytimes.com.

25. The information is taken from Ron Ostrow's "Case Study: Richard Jewell and the Olympic Bombing," available on www.journalism.org.

26. Walter Lippmann, *Public Opinion* (New York: Free Press, 1965), 226.

27. Jay Mathews, interview by Dante Chinni, September 12, 2000.

28. Felicity Barringer and David Firestone, "On Torturous Route, Sexual Assault Accusation Against Clinton Resurfaces," *New York Times*, February 24, 1999; available at www.nytimes.com.

29. Michael Oreskes, at CCJ Forum, Washington, DC, October 20, 1998.

30. Jack Fuller, *News Values: Ideas from an Information Age* (Chicago and London: University of Chicago Press, 1996), 350.

31. Laurie Goodstein, at CCJ Forum, Detroit, MI, February 2, 1998.

32. 麦克勒盖奇（MacCluggage）在向本地版编辑讲话时指出："要带着怀疑的态度去编辑。如果不从一开始就表示怀疑，没有经过适当审查的新闻就会偷偷溜进头版。"Associated Press, "APME President Urges Editors to Challenge Stories for Accuracy," October 15, 1998.

33. Amanda Bennett, interview by author Rosenstiel, April 13, 2000.

34. Sandra Rowe, interview by author Rosenstiel, April 13, 2000.

35. Bennett, interview by author Rosenstiel, April 13, 2000.

36. Pew Research Center for People & the Press, "Public More Critical of Press, but Goodwill Persists," June 26, 2005; available at http://people-press.org.

37. Carol Marin, at CCJ Forum, Chicago, IL, November 6, 1997.

第 5 章

1. William Safire, in a note to author Kovach, April 18, 2006. 下文中萨菲尔的引语都来自同一记录。

2. Anthony Lewis, in a note to the authors, October 10, 1999.

3. John Martin, in William L. Rivers, *Writing Opinion: Review* (Ames, IA: Iowa State University Press, 1988), 118.

4. Maggie Gallagher, at CCJ Forum, New York City, December 4, 1997.

5. 玛吉·加拉格尔（Maggie Gallagher）在她的专栏文章中为自己辩解，见"A Question of Disclosure," January 25, 2005; available at www.uexpress.com。

6. James Carey, *James Carey: A Critical Reader*, ed. Eve Stryker Munson and Catherine A. Warren (Minneapolis and London: University of Minnesota Press, 1997), 233.

7. Carol Emert, "Abortion Rights Dilemma: Why I Didn't March—A Reporter's Struggle with Job and Conscience," *Washington Post*, April 12, 1992; available at www.washingtonpost.com.

8. Jacques Steinberg and Geraldine Fabrikant, "Friendship and Business Blur in the World of a Media Baron," *New York Times*, December 22, 2003; available at www.nytimes.com.

9. Mary McGrory, "Casualty: George Will Finds Being a 'Stablemate to Statesmen' Can Cost," *Washington Post*, July 12, 1983.

10. Howard Kurtz, "Journalists Say Their White House Advice Crossed No Line," *Washington Post*, January 29, 2005; available at www.washingtonpost.com.

11. Elliot Diringer, interview by William Damon, Howard Gardner, and Mihaly Csikszentmihalyi; unpublished interviews for the book *Good Work: When Excellence and Ethics Meet* (New York: Basic Books, 2001).

12. Louis Menand, "Everybody's an Expert," *New Yorker*, December 5, 2005, 98-101.

13. Juan Gonzalez, at CCJ Forum, New York City, December 4, 1997.

14. Richard Harwood, at CCJ Forum, New York City, December 4, 1997.

15. Tom Minnery, at CCJ Forum, Ann Arbor, MI, February 2, 1998.

16. George Washington University and Cicion, "Social Media & Online Usage Study," December 2009. See also Oriella PR Network, "The Influence Game: How News Is Sourced and Managed Today," 2012. 使用推特的数据来自 Pew Research Center's Internet & American Life Project, "Twitter Use 2012," May 31, 2012。

17. Pew Research Center for the People & the Press, "Press Widely Criticized, but Trusted More Than Other Information Sources." September 22, 2011.

18. Gonzalez, at CCJ Forum, New York City, December 4, 1997.

19. Peter Bell, at CCJ Forum, Ann Arbor, MI, February 2, 1998.

20. John Hockenberry, at CCJ Forum, Ann Arbor, MI, February 2, 1998.

21. Clarence Page, at CCJ Forum, Ann Arbor, MI, February 2, 1998.

22. Hockenberry, at CCJ Forum, Ann Arbor, MI, February 2, 1998.

23. Monica Guzman, *The New Ethics of Journalism: Principles for the 21st Century*, ed. Kelly McBride, Tom Rosenstiel (Thousand Oaks, CA: CQ Press, 2013), 206.

第6章

1. John C. Sommerville, *The News Revolution in England: Cultural Dynamics of Daily Information* (New York: Oxford University Press, 1996), 65.

2. Mitchell Stephens, *A History of News* (Fort Worth, TX: Harcourt Brace College Publishers, 1996), 226-227.

3. *Near v. Minnesota*, 283 US 697 (1931).

4. *New York Times Co. v. United States*, 403 US 713 (1971).

5. 关于亨利·梅休的工作的详细情况，请见 Anne Humphreys, *Travels into the Poor Man's Country: The Work of Henry Mayhew* (Athens, GA: University of Georgia Press, 1977)。

6. CCJ and the Pew Research Center for the People & the Press, "Striking the Balance: Audience Interests, Business Pressures and Journalists' Values," March 1999, 79; available at www.journalism.org.

7. Pew Research Center's Project for Excellence in Journalism, "News Leaders and the Future," April 12, 2010.

8. James Hamilton, "Subsidizing the Watchdog: What Would It Cost to Support Investigative Journalism at a Large Metropolitan Daily Newspaper?" presented at the Duke Conference on Nonprofit Media, May 4-5, 2009.

9. Pew Research Center for the People & the Press, "Press Widely Criticized, but Trusted More Than Other Information Sources." September 22, 2011.

10. Finley Peter Dunne, in *Bartlett's Familiar Quotations*. 这句话实际上是邓恩在其小说中通过虚构的人物杜利先生（Mr. Dooley）之口说出来的。这句话

的完整版鲜明地展现了邓恩惯用的讽刺口吻,全句是:"报纸替我们做所有的事情。它管理警察和银行,指挥民兵,控制立法机构。它给年轻人洗礼,帮傻瓜成家,让难受的人好受,也让好受的人难受,它安葬死者,然后把他们烤熟。"

11. Emilio Garcia-Ruiz, sports editor of the *St. Paul Pioneer Press*, quoted his executive editor, Walker Lundy, at the annual Premack Journalism Award presentation, Minneapolis, MN, April 10, 2000.

12. 1798年签署的《对某些罪行进行惩治的法案》(Act for the Punishment of Certain Crimes)(所谓的《煽动叛乱法案》)规定,"写作、印刷、表达或出版……不真实的、造谣中伤的以及恶意的内容或反对美国政府、美国总统的内容"都是非法的。此法案主要是为党派之争服务的措施,目的是让1800年选举中反对联邦党的人不能说话——此法案由于存在逻辑问题,1801年被废除。在此法案生效期间,共有25人因此被捕,12人受到审判,11人被定罪。

13. 开启 *Union-Tribune*/Copley News Service 调查的第一篇报道是 Marcus Stern, "Cunningham Defends Deal with Defense Firm's Owner," June 12, 2005。

14. *New York Times*, "Class Matters—Social Class in the United States of America," May-June 2005.

15. Robert Samuelson, "Confederacy of Dunces," *Newsweek*, September 23, 1996. Jack Fuller 在 *News Values: Ideas for an Information Age* (Chicago: University of Chicago Press, 1996) 一书中也提出了本质上与此一致的观点以反对"America: What Went Wrong"一文。

16. Arlene Morgan, interview by author Rosenstiel, March 2000.

17. http://shorensteincenter.org/2013/03/natures-prophet-bill-mckibben-asjournalist-public-intellectual-and-activist/.

18. Seymour Hersh, "The Intelligence Gap," *New Yorker*, December 6, 1999, 76.

19. Kirsten Lundberg, "The Anatomy of an Investigation: The Difficult Case(s) of Wen Ho Lee" (1641.0), President and Fellows of Harvard College, 2001.

20. Thomas Patterson, at CCJ Forum, Washington, DC, March 27, 1998.

21. Project for Excellence in Journalism, "Changing Definitions of News: A Look at the Mainstream Press over 20 Years," March 6, 1998, 3; available at www.journalism.org.

22. Marc Gunther, "The Transformation of Network News: How Profitability Has Moved Networks Out of Hard News," *Nieman Reports*, special issue (Summer 1999), 27.

23. Patty Calhoun, at CCJ Forum, Chicago, November 6, 1997.

24. Pew Research Center for the People & the Press, "Press 'Unfair, Inaccurate and Pushy': Fewer Favor Media Scrutiny of Political Leaders," March 21, 1997; available at http://people-press.org.

25. Pew Research Center for the People & the Press, "Public More Critical of Press, but Goodwill Persists," June 26, 2005.

26. "Watchdog Conference: Reporters Wrestle with How to Use Sources," *Nieman Reports* (Fall 1999), 7.

27. Ibid., 8.

28. Rifka Rosenwein, "Why Media Mergers Matter," *Brill's Content*, December 1999-January 2000, 93.

29. Pew Research Center's Project for Excellence in Journalism, "Nonprofit Journalism: A Growing, If Fragile, Part of the U.S. News System," June 10, 2013.

第7章

1. *Hardball with Chris Matthews*, CNBC News, transcript, May 11, 1999.

2. Gene Lyons, "Long-Running Farce Plays On," *Arkansas Democrat-Gazette*, May 26, 1999, B9; available in LexisNexis.

3. Cody Shearer, interview by Dante Chinni, June 2000.

4. Robert D. Leigh, *A Free and Responsible Press* (Chicago: University of Chicago Press, 1947), 23.

5. Warren G. Bovée, *Discovering Journalism* (Westport, CT: Greenwood Press, 1999), 154-55.

6. Tom Leonard, *News for All* (New York: Oxford University Press, 1995), 152.

7. Tom Winship, "Obvious Lessons in Hindsight," *Media Studies Journal* (Spring/Summer 1998), 4.

8. 这些数字是基于 2000 年 7 月 10 日华盛顿的电视节目播放时间计算出来的。在电视节目中，有 39.5% 的新闻节目，27 小时的脱口秀节目，3 小时的伪新闻（*Access Hollywood*, *Inside Edition*），此外还有 108 小时的有线电视新闻，其中既有新闻，也有脱口秀节目。

9. Michael Crichton, "Mediasaurus," speech delivered to National Press Club, Washington, DC, April 7, 1993.

10. Robert Berdahl, speech delivered to American Society of Newspaper Editors Credibility Think Tank, San Francisco, CA, October 8, 1998.

11. *Crossfire*, CNN, transcript, October 15, 2004.

12. 2013 年 6 月，美国有线电视新闻网新任总裁杰夫·扎克（Jeff Zucker）宣布，《交锋》将于当年晚些时候回归。

13. Jack Fuller, at CCJ Forum, Chicago, November 6, 1997.

第 8 章

1. Lara Setrakian, "Single Story Sites Like Syria Deeply Have Lessons to Offer the Rest of the News Business," January 15, 2013, available at www.niemanlab.org, http://www.niemanlab.org/2013/01/lara-setrakian-single-story-sites-like-syria-deeply-have-lessons-to-offer-the-rest-of-the-news-business/.

2. Anajali Mullany, "Syria Deeply Outsmarts the News, Redefines Conflict Coverage," *Fast Company*, December 3, 2012.

3. Ray Suarez, interview by William Damon, Howard Gardner, and Mihaly Csikszentmihalyi, unpublished interviews conducted for the book *Good Work: When Excellence and Ethics Meet* (New York: Basic Books, 2001).

4. Howard Rheingold, interview by William Damon, Howard Gardner, and Mihaly Csikszentmihalyi, ibid.

5. Project for Excellence in Journalism Local TV Project, *Columbia Journalism Review*: "Local TV News: What Works, What Flops, and Why," January 1999, "Quality Brings Higher Ratings, but Enterprise Is Disappearing," November 1999; "Time

of Peril for TV News," November 2000; available at www. journalism. org.

6. Pew Research Center, "Future of Mobile News," October 1, 2012.

7. Andy Smith, "A Touch of Glass," *Providence Journal*, April 14, 2005.

8. Leo Braudy, at CCJ Forum, Los Angeles, March 4, 1998.

9. Tom Rosenstiel, Walter Dean, Marion Just, Dante Chinni, and Todd Belt, *We Interrupt This Newscast* (Cambridge University Press, 2007).

10. Insite Research, Television Audience Survey, October 1999; available from Insite Research, 2156 Rambla Vista, Malibu, CA 90265.

11. News Lab Survey, "Bringing Viewers Back to Local TV News: What Could Reverse Ratings Slide?" September 14, 2000; available at www. newslab. org. 参加这个调查的人明确地回答说,他们"从其他渠道获取本地新闻",本地新闻中"犯罪事件过多""本地新闻总是提供相同的内容""有太多花哨的故事而不是真正的新闻""电视新闻很少提供关于我所在社区的正面消息"。

12. Insite Research, Television Audience Survey, October 1999; available from Insite Research, 2156 Rambla Vista, Malibu, CA 90265.

13. Mark Bowden, "The Inheritance," Vanity Fair, May 2009; available at http://www.vanityfair. com/politics/features/2009/05/new-york-times200905.

14. Roy Peter Clark, interview by author Rosenstiel, June 2000.

15. 杰克·哈特 (Jack Hart) 在 2004 年 10 月的《第一屏》(*Above the Fold*) 中详细解释了这种叙事方法,《第一屏》是《明尼阿波利斯明星论坛报》给内部员工阅读的有关写作与编辑的简报。

16. Roy Peter Clark, "Writing and Reporting Advice from 4 of the Washington Post's Best," Poynter Online, May 20, 2013; available at http://www. poynter. org/how-tos/newsgathering-storytelling/writing-tools/213933/writing-andreporting-advice-from-4-of-the-washington-posts-best/.

17. William Whitaker, interview by William Damon, Howard Gardner, and Mihaly Csikszentmihalyi.

18. Jim Benning, "Why Journalists Eat Up the Onion: World Media Shedding Tears

of Joy Over the Onion," *Online Journalism Review*, May 2, 2000; available at www.ojr.org/ojr/workplace/1017964709.php.

19. Alfred Kazin, "Vietnam: It Was Us vs. Us: Michael Herr's Dispatches: More Than Just the Best Vietnam Book," *Esquire*, March 1, 1978, 120.

20. Doug Marlette, News Lab retreat on storytelling, Washington, DC, April 12 and 14, 2000.

21. Annie Lang, News Lab retreat, Washington, DC, April 12 and 14, 2000.

22. John Larson, News Lab retreat, Washington, DC, April 12 and 14, 2000.

23. *Booknotes*, C-Span, April 29, 1990.

24. Boyd Huppert, News Lab retreat, Washington, DC, April 12 and 14, 2000.

25. http://www.poynter.org/how-tos/newsgathering-storytelling/178038/letsblow-up-the-news-story-and-build-new-forms-of-journalism/.

第9章

1. Valerie Crane, interview by author Rosenstiel, June 2000.

2. Project for Excellence in Journalism Local TV Project, "Quality Brings Higher Ratings, but Enterprise Is Disappearing," *Columbia Journalism Review*, November 1999; available at www.journalism.org.

3. 一些人已经注意到这一现象。赫斯是较早的一个。参见 *The Washington Reporters* (Washington, DC: Brookings Institution, 1981)。

4. 本书作者、地方广电新闻工作者、参加焦点小组讨论以及参加会议的观众都表达过这个观点。

5. Carnegie Corporation of New York, "Use of Sources for News," May 1, 2005. A slide show of the report is available online on the Carnegie Corporation website, www.carnegie.org/pdf/AbandoningTheNews.ppt.

6. John Morton, "When Newspapers Eat Their Seed Corn," *American Journalism Review* (November 1995), 52; available at www.ajr.org.

7. Newspaper Association of America. http://www.naa.org/en/Topics-and-Tools/SenseMakerReports/Multiplatform-Newspaper-Media-Access.aspx.

8. Project for Excellence in Journalism Local TV Project, "Quality Brings Higher

Ratings."

9. "Transformation of Network News," *Nieman Reports*, special issue (Summer 1999).

10. 从 Project for Excellence in Journalism 自 2004 年起每年出版的报告"State of the News Media"所收集的数据里也能看出该趋势。参见 www.journalism.org。

11. Pew Research Center's Project for Excellence in Journalism, "Coverage of Economy, International News Jump in Year of Big Breaking Stories," March 19, 2012; available at http://stateofthemedia.org/2012/mobile-devices-and-newsconsumption-some-good-signs-for-journalism/year-in-2011/.

12. Project for Excellence in Journalism, "State of the News Media 2006," March 2006; available at www.journalism.org.

13. Lucas Graves and John Kelly with Marissa Gluck, "Confusion Online: Faulty Metrics and the Future of Digital Journalism," Tow Center for Digital Journalism, Columbia University Graduate School of Journalism, September 2010.

14. John Carey, interview by author Rosenstiel, June 2000.

15. Ibid.

16. Tom Rosenstiel, Walter Dean, Marion Just, Dante Chinni, and Todd Belt, *We Interrupt This Newscast* (Cambridge University Press, 2007).

17. Tom Rosenstiel and Dave Iverson, "Politics and TV Can Mix," *Los Angeles Times*, October 15, 2002; available at www.latimes.com.

18. Lee Ann Brady, interview by author Rosenstiel, June 2000.

19. Ibid.

20. Leo Bogart, interview by author Rosenstiel, June 2000.

21. Crane, interview by author Rosenstiel, June 2000.

22. Al Tompkins, interview by author Rosenstiel, June 2000.

23. Carey, interview by author Rosenstiel, June 2000.

24. Tim Griggs, speaking at an American Press Institute workshop in New York City, June 11, 2013.

第 10 章

1. 这一描述源自 2006 年 3 月本书作者科瓦奇对利希特布劳和伯克的采访。

2. CNN. com, "Top New York Times Editors Quit," March 1, 2004; available at www. cnn. com/2003/US/Northeast/06/05/NYTimes/resigns/.

3. Carol Marin, at CCJ Forum, Chicago, November 6, 1997.

4. Benjamin Weiser, "Does TV News Go Too Far? A Look Behind the Scenes at NBC's Truck Crash Test," *Washington Post*, February 28, 1993; available at www. washington post. com.

5. Bob Woodward, Nieman Fellows seminar, Harvard University, Fall 1998.

6. Bill Kurtis, interview by William Damon, Howard Gardner, and Mihaly Csikszentmihalyi; unpublished interviews for the book *Good Work: When Excellence and Ethics Meet* (New York: Basic Books, 2001).

7. Jon Katz, interview by William Damon, Howard Gardner, and Mihaly Csikszentmihalyi, ibid.

8. Tom Brokaw, interview by William Damon, Howard Gardner, and Mihaly Csikszentmihalyi, ibid.

9. CCJ and the Pew Research Center for the People & the Press, "Striking the Balance: Audience Interests, Business Pressures and Journalists' Values," March 1999, 6; available at www. journalism. org.

10. Marin, at CCJ Forum, Chicago, November 6, 1997.

11. Ibid.

12. Linda Foley, at CCJ Forum, Ann Arbor, MI, February 2, 1998.

13. Donald W. Shriver Jr., "Meaning from the Muddle," *Media Studies Journal* (Spring/Summer 1998), 138.

14. Katharine Graham, *Personal History* (New York: Alfred A. Knopf, 1997), 449.

15. Anthony Lewis, Eleventh Annual Frank E. Gannett Lecture, Capitol Hilton Hotel, Washington, DC, November 28, 1988.

16. Charles Gibson, at CCJ Forum, Ann Arbor, MI, February 2, 1998.

17. David Ashenfelder, at CCJ Forum, Ann Arbor, MI, February 2, 1998.

18. American Society of Newspaper Editors, "1999 Newsroom Census: Minority Employment Inches Up at Daily Newspapers"; available at www. asne. org.

19. Mercedes de Uriarte, at CCJ Forum, St. Petersburg, FL, February 26, 1998.

20. Juan Gonzalez, at CCJ Forum, New York City, December 4, 1997.

21. Tom Bray, at CCJ Forum, Ann Arbor, MI, February 2, 1998.

22. David Halberstam, interview by author Kovach, June 10, 2000.

23. Favre delivered a version of this speech at the Portland *Oregonian's* annual Fred Stickel Award ceremony in April 2006.

第 11 章

1. Richard Sambrook, "Citizen Journalism and the BBC," *Nieman Reports* (Winter 2005), 13–16; available at www.nieman.harvard.edu/reports/05-4NRwinter/Sambrook.pdf.

2. Ibid.